松阪大学地域社会研究所叢書2

尾崎行雄の選挙

―世界に誇れる咢堂選挙を支えた人々―

阪上順夫［著］

和泉書院

尾崎行雄（1927年）

1947年 3 月27日、田川大吉郎候補の応援演説、新宿にて

一九二二年、叫ぶ尾崎行雄、酔える民衆

1947年４月18日、尾崎行雄の辻説法、新橋にて

1937年２月17日、衆議院本会議で辞世を懐にして演説する尾崎行雄

はしがき

二一世紀を前に日本の政治も経済も混迷している。残念ながら、二一世紀への基本的な方向性が見えて来ない。政治で言えば、五五年体制による自民党の長期政権が崩壊したが、その後の連立政権時代も、政党の離合集散が続き、党利党略が先行し、国民不在の永田町政治から脱却できていない。バブル経済崩壊後、長期的な不況が続き、不良債権による金融危機に巨額な税金が投入され、景気対策として赤字国債による公共事業が推進されているが、借金を先送りして、次の世代に付け回しするばかりで、見通しは全くついていない。このような政治で本当に良いのであろうか。政治改革も、選挙制度の改革だけに終わり、腐敗構造は依然として温存されている。その選挙制度も、政党に投票した比例代表制で、党籍を変えた議員がそのまま議員を続けたり、解散した政党の名簿が生きていて繰り上げ当選になったり、参議院議員を辞職して衆議院議員選挙の補欠選挙に立候補するなど、多くの問題点が露呈している。

二一世紀の政治をどうするか。畢竟、国民に基礎を置く真の民主政治を確立することであろう。それと共に、政官財の癒着構造を根絶し、明るい選挙を実現し、政治の腐敗体質を一掃して、正しい政治を実現することである。このままでは、政治家も国民も、期待できるものではない。その意味で、モデルとして尾崎行雄を再認識すべきである。私は、「二一世紀の尾崎行雄」が一人でも多く出現することを念願して本書を世に送り出す。

私と尾崎との関わりは、国立国会図書館に勤務中、尾崎行雄記念財団と出会ったことから始まった。尾崎に尊敬と関心を持っていた私は、近くの尾崎財団に出入りするようになり、「選挙展」のお手伝いをしたり、「世界と議会」に寄稿させて頂いたりした。相馬雪香先生をはじめ財団関係者の厚遇を受け、現在は財団の理事にして頂いている。

その私が、梅村光弘学長から松阪大学へのお誘いを受けたとき、先ず私の脳裏に浮かんだのは、尾崎行雄縁の地伊勢ということであった。その尾崎の地元松阪大学で、学生達の多くは、尾崎の名前も知らなかった。私は、講義で尾崎をできるだけ取り上げると共に、伊勢の咢風会の皆様と連携を取りながら、「尾崎行雄政治研究会」を設立した。

政治家尾崎は、何よりも二五回連続当選、六三年間の議員生活という世界記録の持ち主であるが、その選挙を理想選挙で貫いたということがさらにその価値を高めている。しかし、これは尾崎一人で成し遂げたのではない。その選挙を手弁当で支え続けた三重の選挙民がいたのである。その選挙の実態も、尾崎が亡くなって半世紀も経つと、生き証人も少なくなり、地元でも次第に分からなくなってきている。多分今が最後の機会だろうと思われた。幸いこの趣旨をご理解頂き、松阪大学地域社会研究所で「尾崎行雄選挙の実体調査」を二年間研究助成していただけることになった。上野利三先生にもご協力頂いた。梅村学長、細野義晴所長、西村高雄事務長など関係者に厚く感謝申し上げる。

本書の出版は、松阪大学地域社会研究所の叢書として刊行して頂けることになり、研究所関係者の皆様に、重ねて御礼申し上げます。また、本書の編集・制作には、和泉書院の代表取締役廣橋研三氏、担当して頂いた廣橋和美氏にお世話になり、厚く御礼申し上げます。

末筆ながら、調査研究を進めるため多くの皆様や関係機関から、聞き取り調査や資料提供などでご協力を頂きました。左記にお名前を掲げて、厚く感謝の意を表します。

二〇〇〇年三月

阪上順夫

＊調査・資料提供にご協力頂いた方々（順不同・敬称略）

相馬雪香、尾崎行信、坂内菊子、阿竹仙之助、林金之助、倉井藤三、馬瀬安男、浅香房男、竹田友三、吉田善三郎、三輪　明、土井　明、浜口　廉、三石　学、長井武彦、長井敏子、喜多静江、川北真衣、長田ふみ、阪本幸男、樋口孝治

尾崎行雄記念財団、国立国会図書館、尾崎咢堂記念館（伊勢）、咢風会、尾崎咢堂記念館（津久井町）、尾崎行雄を全国に発信する会、三重県立図書館、津市立図書館、伊勢市立図書館、松阪大学図書館、松阪大学地域社会研究所

目次

はしがき

一 私はなぜ尾崎行雄にこだわるか……1

二 尾崎行雄はどんな政治家であったか――その生涯から……5

神奈川県津久井町の生まれ…5　父尾崎行正…6　慶応義塾に入学…9
ジャーナリストへ――文筆と演説の修練…10　官吏から政界へ…11　東京府会議員に…12
第一回総選挙――三重県から立候補…12　選挙大干渉（第二回総選挙）…13
恩師門野出馬で苦しい選挙（第三回総選挙）…14　議会史に残る大演説…14
文部大臣と共和演説事件…15　東京市長十年――ワシントンに桜…15
大正デモクラシーを切開く…18　憲政擁護運動に立つ…18　尾崎の演説、桂首相にとどめ…19
シーメンス事件追求…20　司法大臣――第二次大隈内閣…20　普通選挙運動の先頭に立つ…22
軍縮運動――軍国主義と戦う…26　三大国難決議案…30　一年半の欧米生活…31

永続議員として表彰される…32　辞世を懐に演壇へ…33　西尾問題で戦う…35
翼賛選挙を戦う…35　「不敬罪」裁判で無罪を勝ち取る…38　再び脚光…39
平和・世界連邦――わが遺言…40　尾崎行雄の衣鉢を継ごう…42

三　日本の選挙の問題点と咢堂選挙……43
1　日本の選挙の問題点……44
2　咢堂選挙――二五回連続当選の要因……47
3　選挙区民と咢堂の関係……53
4　明るい選挙実現のため咢堂選挙に学ぶべきこと……56

四　尾崎行雄の選挙の足跡……61
1　日本史上初の総選挙に三重県から立候補……62
2　第一回総選挙――選挙大干渉……65
3　最も苦しい選挙　第三回総選挙……70
4　尾崎の地盤固まる、第四―六回総選挙……72
5　大選挙区時代　第七―一三回総選挙……74
6　大正デモクラシーの先頭に立つ……76

7 小選挙区時代　普通選挙運動と軍備縮小に邁進……77
8 中選挙区（男子普通選挙）時代……80
9 翼賛選挙と不敬罪事件……83
10 終戦、尾崎に春　世界連邦を提案……87
11 尾崎行雄と三重県（民）……89

五 尾崎行雄の選挙を支えた人々……93

1 世界に誇れる尾崎選挙……93
2 咢堂会について……96
(1) 南郡（南牟婁郡）咢堂会……96
(2) 咢堂会（伊勢）の設立……99
(3) 全国の咢堂会……110
(4) 咢堂会（伊勢）名簿について……112
3 尾崎選挙を支えた人々……122
(1) 伊勢の人々……122
(a) 尾崎彦麿…122　(b) 吉沢重郎…124　(c) 牛場清次郎…124　(d) 浜地文平…124
(e) 北村利平…125　(f) 吉田善三郎…125　(g) 中村茂平…130　(h) 阿竹斉次郎…130

(2) 東紀州の人々……132
(a) 喜多館の人々…132　(b) 土井左門…134　(c) 長井甚三郎・始郎…135
(d) 三石光一…135　(e) 佐藤保太郎…136
(3) 鳥羽・志摩の人々……136
(a) 御木本幸吉…136　(b) 浜口吉五郎…137
(4) 飯南郡の人々……139
(a) 戸田重吉…139　(b) 長田国三郎…141
4 名古屋咢堂会……141
5 銚子咢堂会……154
結び　尾崎行雄の選挙……156
六 尾崎行雄の有権者への警鐘……163
七 二一世紀日本の民主主義の危機と咢堂精神……170
1 二〇世紀の総括……171
(1) 戦争の世紀……171
(2) 民主主義と独裁の戦い……172

(3) 社会主義（共産主義）の実験……174
(4) 人権の拡大と侵害……175
(5) 生活の向上と自然破壊……176
(6) 議会政治と政治腐敗……177
2 二一世紀日本民主主義の危機……179
(1) 二一世紀日本の鍵は「政治」……179
(2) 政治改革は何であったか……180
(3) 政党政治の危機……182
(4) 議会制民主主義の危機……183
(5) 保守独裁の危機……183
(6) 基本的人権の危機……184
(7) 倫理の危機……185
(8) 国民主権の危機……186
3 二一世紀日本政治刷新のため、「民主主義」の原点に帰れ……187
4 咢堂精神を生かせ……190

資料編……195
1 尾崎行雄の選挙の記録……196
2 尾崎行雄の「標準」……208
3 咢堂五訓……208
4 尾崎行雄の選挙広報……209
5 尾崎行雄の政治に関する短歌……219
6 尾崎行雄の著書……242
7 尾崎行雄に関する参考文献……244
8 尾崎行雄関係の記念館・団体……246
初出一覧……250

一　私はなぜ尾崎行雄にこだわるか

日本の政治家の模範

私が尾崎行雄にこだわるのは、単に私が最も尊敬する政治家というだけではない。日本の政界に尾崎のような政治家が必要だと考えるからである。政治は、国の方向を決め、国民の生活を左右する最も重要なものである。政治によって最悪の場合は、戦争が引き起こされる。従って、政治は国民のために、正しく運営されなければならない。ところが政治の実態は、少数による支配である。政治を放置すれば、当然支配層のための政治となり、利権と結びついて腐敗する。そのため政治には、厳しく批判する政治家が不可欠である。尾崎は、文相、法相に就いたことはあるが、政治生活の大部分を在野的立場から、藩閥政府や軍国政治に、言論で立ち向かった。その政治家としての基本的姿勢は、民主主義、自由主義、平和主義、そして腐敗を正す立場にあった。現在の政治は、憲法上民主的議会政治が確立されているが、国民不在の永田町政治が横行し、政官財の癒着構造による腐敗体質は少しも改められない。「二一世紀の尾崎行雄」を待望するのは、私だけではないであろう。一人でも多くの政治家が、尾崎に学び、尾崎を目指して欲しいと願っている。

何よりもクリーンな政治家

尾崎行雄は、国会開設以来連続二五回の当選を果たし、六三年間にわたり国会議員を勤めた政治家である。これだけの長期にわたる政治家稼業であれば、スキャンダルの一つや二つあるのが当然ともいえるが、尾崎には一切そうしたことがなく、生涯をクリーンな政治家として貫き通した。これは、日本の政治風土からすれば、稀な例外といえる。それだからこそ、政治や選挙の腐敗に厳しく批判できたのである。その尾崎のクリーンさを支えたのが、選挙民であった。利権を求めず、手弁当で選挙を担い、国政に必要な政治家として尾崎を国会に送り込んだ。

言論による民主主義の戦士

尾崎行雄の最も有名な演説は、桂太郎首相を弾劾して桂内閣を崩壊させ、桂の死因とまで言われたもので、「彼らは玉座を以て胸壁となし、詔勅を以て弾丸に代えて、政敵を倒さんとするものではないか」という名文句とともに、後世まで語り継がれている。しかし、尾崎の神髄は演説の上手さということではない。政治家として正しいと信じた時は、生命をかけても言論によって真っ正面から戦ったことにある。それがイギリス流の議会政治の基本的あり方と信じ、民主主義・自由主義の本質と信じた結果であろう。それが尾崎を、憲政擁護運動や普通選挙獲得運動の先頭に立たせ、藩閥政府を弾劾し、軍国主義政権に反抗させたのであろう。これが尾崎をして、大正デモクラシーのリーダーとして、「憲政の神」とまで言われるような存在にしたと言える。

グローバルな視野に立つ平和主義者

今でこそこのことは、当然のことと受けとめられている。尾崎行雄の生きた時代は、国家主義、軍国主義の時代であり、この流れに逆らうものは、国賊扱いされたのである。軍部の軍拡主義に反対し、軍縮を主張することは、正に命懸けのことであったのである。尾崎が、辞世を懐に演壇に立ったのは、単なるパフォーマンスでは決してなかった。事実、暗殺された政治家は、犬養木堂、原敬、など枚挙にいとまがない。また、東京市長時代にアメリカのワシントン、ポトマック河畔に贈った桜が、現在でも日米親善のシンボルとして生きている。さらに戦後は、いち早く「世界連邦論」を唱え、世界の未来像を示した。この構想は、二〇世紀で実現できなかったが、ヨーロッパ連合が着実な歩みを見せ、二一世紀に世界連邦への夢を抱かせることになっている。

理想選挙で連続当選の世界記録

尾崎行雄は、連続二五回の当選を果たしたが、これは恐らく世界記録であろう。それ以上に特筆すべきは、その選挙が、選挙民による手弁当で行われたことである。これは連続当選の記録以上に、世界に誇れることである。「出たい人より、出したい人を」を地で行った理想選挙であった。二五回の選挙は、決して楽な選挙ではなかった。特に第二回総選挙の「選挙大干渉」では、干渉を受ける立場であり、第二一回総選挙の「翼賛選挙」では、非推薦候補で「不敬罪」で逮捕されるという事件まで引き起こされたが、いずれも当選を果たした。このことは、尾崎の偉大さでもあるが、三重の選挙民が反体制の尾崎を信じて投票したわけで、選挙民も高く評価されることである。

尾崎行雄だから、こういう選挙で当選できた、と例外扱いする向きもあるが、金をかけずに選挙民の手弁当で行うのが正しい選挙のやり方なのである。金権・腐敗選挙があってはならないことなのである。イギリスにおいても、一九世紀に選挙浄化が行われ、無報酬の選挙運動員による明るい選挙が実施されている。

二　尾崎行雄はどんな政治家であったか
――その生涯から

神奈川県津久井町の生まれ

尾崎行雄は、三重県から国会に出ていたので、三重県出身と思っている人も多いが、生まれたのは相模国津久井郡又野村（現在は神奈川県津久井郡津久井町又野）で、一八五八年（安政五）十一月二十日のことである。（生年は、戸籍上安政六年となっているが、実際は安政五年で尾崎行雄記念財団も一八五八年としている）尾崎の詳しい生涯については、「自伝」（『尾崎咢堂全集』第一一巻）や「伝記」（巻末の参考文献）を見て頂くとして、ここでは政治家尾崎行雄を特色付ける点を、私の視点で抽出することにする。

尾崎の先祖は、北条氏下の尾崎掃部頭で、北条氏が滅んでから又野に移り、名主を勤めていた。尾崎の祖父は、祖先伝来の彦四郎という名を継いでいたが、シゲと結婚して、貞子という娘が生まれた。シゲは、夫の暴力に耐えかねて家を出、彦四郎も若くしてこの世を去った。貞子は、一人尾崎家を守っていたが、峰尾行正を婿に迎えた。この行正と貞子の間に長男として生まれたのが、尾崎行雄である。（幼名彦太郎）

尾崎一家は、その後又野を離れることになるが、尾崎の生家の跡地に、「尾崎咢堂記念館」が建てられ、「尾崎行雄を全国に発信する会」も設立されている。

父尾崎行正

尾崎の父行正は、勤王の浪士と交わり、不在勝ちであり、維新に際しては、土佐の板垣軍に入って、会津征伐に従った。この時知遇を得たのが、土佐の安岡良亮で、行正はその引き立てで、役人生活を送ることになる。尾崎は、一八六八年（明治元）上京して、安岡邸に滞在し、安岡から講義を受けたりした。その後尾崎は、平田塾（平田篤胤の子鉄胤）に学んだ。廃藩置県により高崎県に安岡が大参事として赴任し、行正も高崎に転任した。この高崎で尾崎は、英学校で初めて英語を学んだ。

一年程で、安岡が、度会県（現三重県の南部）に転任となり、尾崎一家も伊勢に転勤した。これが、尾崎と伊勢（三重県）との初めての関係である。それと共に、高崎の英学校の小泉敦先生も、山田の英学校に転任し、尾崎は引き続き英語の学習を受けることができた。行正は、勧業課長として蚕業の指導を行い、農民らの信任を得ていった。これが後の尾崎の地盤の基礎になった。

安岡は、白川県令（現熊本県）に転任となり、行正夫妻も同行することになるが、尾崎と弟行隆は、上京して慶応義塾に入学する。安岡は、一八七六年（明治九）十月に起きた神風連の反乱で斬られ、死亡した。行正夫妻は、危うく難を逃れ、伊勢に帰った。その後行正が、どのような生活をしていたのかは、はっきりした記録がない。尾崎は「自伝」のなかで、退官後隠居生活をしていたと言っている。そして「父は三重県で役人をしていた頃から、殖産事業に熱心で、県内の各地を歩いて、有志の家などに泊り、方々に知り合いが多かった」と述べ、行正の地元での力を認めている。地元の出身者でない尾崎が、初めての選挙で当選することができたのは、父行正の築き上げた人脈のお陰であったといっても過言ではないであろう。

尾崎行雄関係図

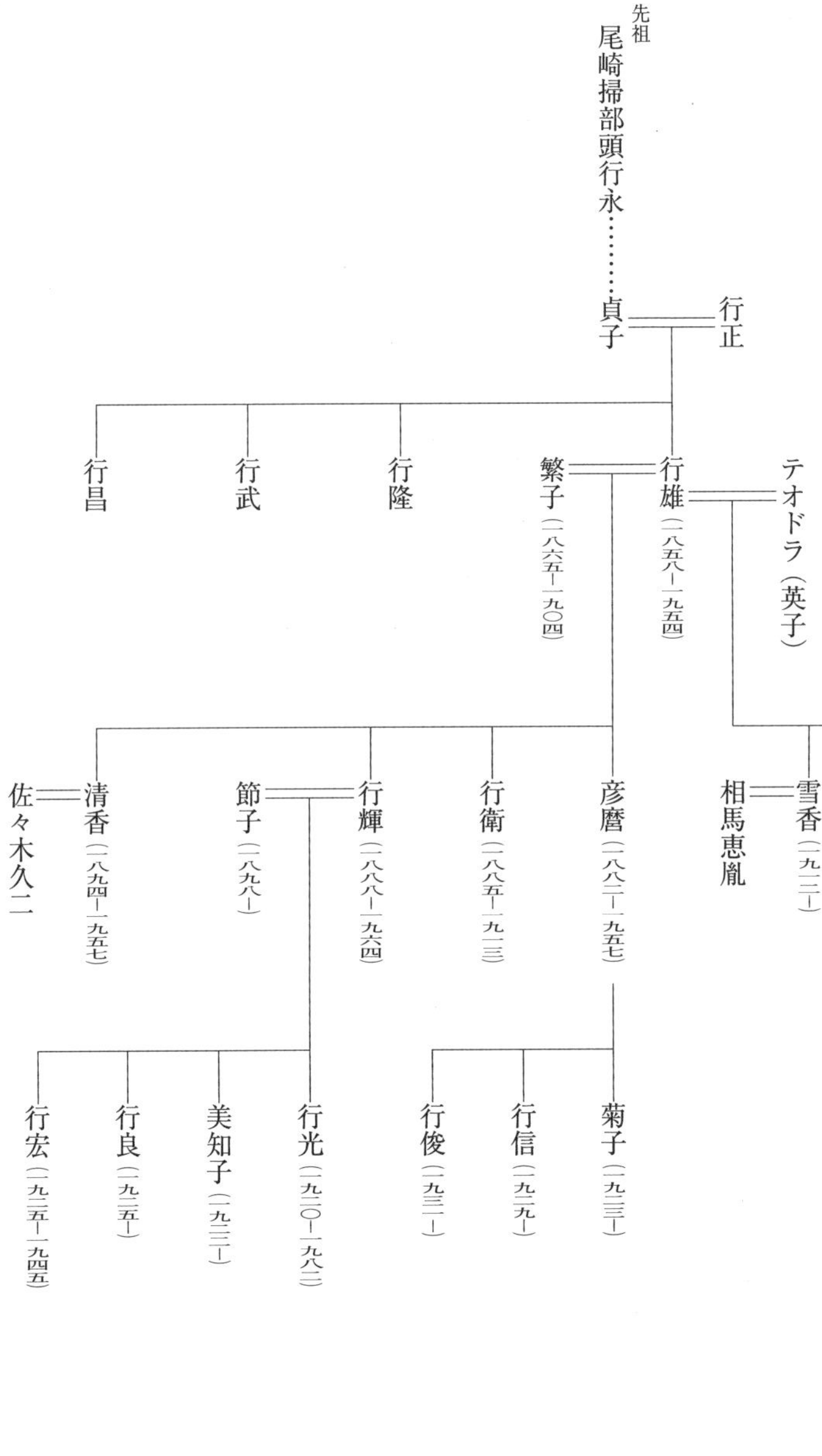
先祖
尾崎掃部頭行永
貞子
行正
行昌
行武
行隆
繁子（一八六五―一九〇四）
行雄（一八五八―一九五四）
テオドラ（英子）
佐々木久二
清香（一八九四―一九五七）
節子（一八九八―）
行輝（一八八八―一九六四）
行衛（一八八五―一九一三）
彦麿（一八八二―一九五七）
相馬恵胤
雪香（一九一二―）
品江
行宏（一九二五―一九四五）
行良（一九二五―）
美知子（一九二二―）
行光（一九二〇―一九八二）
行俊（一九三一―）
行信（一九二九―）
菊子（一九二三―）

一八六九年（明治二）一〇歳、父行正と、上京の頃

一八八一年（明治十四）七月二十日、左　尾崎行雄二三歳

慶応義塾に入学

一八七四年尾崎は、弟行隆を伴って上京し、慶応義塾に入学した。田舎から出てきた尾崎は、年齢よりずっと格下の級に編入された。そこで尾崎は、他人から馬鹿にされないために、他人と口をきかない無言戦術を採った。だが成績が良かったので、尾崎は一ヵ月毎位にどんどん進級し、忽ち上から二番目の級にまで昇級してしまった。そんなことから優秀な男として、福沢諭吉の目に止まったのであろう。尾崎は、僅か一年半で慶応義塾を去ってしまうが、福沢は後に尾崎を「新潟新聞」の主筆に推薦する。尾崎は「自伝」の中で、福沢諭吉について次のように述べている。

偉大なる建設者は、偉大なる破壊者でなければならぬ。福沢先生の如きは、実に破壊と建設との両能力を兼備した大人物であった。恐らくは明治維新前後に生まれた第一の人物であって、少なくとも私の接した人物のなかでは、先生の右に出るものは一人もなかったように思う。しかるに私は、かくのごとき大人物の門下に学習しながら、先生の没後にいたるまで、ついにその大人物たることを解するあたわず、常に反抗的態度を採って、ややもすれば蟷螂が斧をふるって竜車に当たるの狂態を演じたのは、今さら後悔の至りに堪えない。

（『尾崎咢堂全集』第一一巻、三五頁）

尾崎は、慶応義塾で教師に反抗的であり問題児であった。結局尾崎は退学し、染物屋を目指して、工学寮（後の東京大学工学部）に入学し、化学を学習することになった。僅か一年半とはいえ、尾崎が慶応義塾に学んだことは、尾崎の生涯を左右するほど大きな意味を持った。福沢諭吉の知遇を得ただけでなく、慶応義塾の門下生として、矢野文雄、犬養毅（木堂）など、有力な人脈を得たのであった。その中に教師であった門野幾之進がいた。門野は、志摩鳥羽藩の家老の家の出で、後に尾崎と同じ選挙区で立候補し、尾崎の最強のライバルとなった。

工学寮に入学した尾崎であったが、化学の学習が尾崎の性に合わず、一年程で退学してしまった。

ジャーナリストへ——文筆と演説の修練

工学寮に在学中、尾崎は、「討薩論」という論文を書いて「曙新聞」に投書し、これが掲載された。これに味をしめたわけではないだろうが、工学寮を退学した尾崎は、文筆に力を入れるようになる。この時期は、尾崎にとって、政治家へのステップの充電期間といえるものであった。尾崎の処女出版は、『公会演説法』という訳書で、福沢の影響で演説の重要性を認識した尾崎が、自分のためとも思って翻訳したのであろう。一八七七年(明治十)丸善の前身の丸屋善七から出版された。さらに同年十二月、スペンサーの著書の抄訳を『権理提綱』として丸屋善七から出版している。一八七九年五月には、ウイリアム・ドレーバー原書の『米州連邦治案策』を訳し、慶応義塾出版部から出版している。これらの翻訳は、尾崎の英語力を付けるに大いに役立ったと思われる。また、朝吹英二が経営した「民間雑誌」の編集に携わり、ジャーナリストの素養を積んだ。その関係で、演壇に立つ機会が増え、演説家としても知られるようになった。

一八七九年(明治十二)、福沢諭吉から、「新潟新聞」の主筆に推薦するという話があり、尾崎は、新妻繁子を伴って、新潟に乗り込んだ。尾崎は、二二歳の若さであった。尾崎は、「新潟新聞総理」と名乗って腕を振るった。その間、尾崎は、新聞に「尚武論」を連載し、一八八〇年(明治十三)十二月、新潟新聞社から出版した。これが尾崎個人の最初の著書であった。この『尚武論』を読んだ慶応の先輩矢野文雄が、政府に入ることを勧め、上京を促す手紙を新潟の尾崎に送ってきた。自由民権運動など中央の激しい時代の流れに関心を持っていた尾崎は、此の誘いに乗って、二年間の「新潟新聞社」の生活に終止符を打ち、上京した。

官吏から政界へ

一八八一年（明治十四）七月の末、尾崎は統計院権少書記官という官職に就いた。尾崎にとって、初めての官吏である。ところがその直後の八月に、「北海道開拓使官有物払い下げ事件」が起きた。北海道開拓使の黒田清隆が、同郷の薩摩の政商五代友厚に、北海道の官有物を不当に安く払い下げようとした事件で、新聞などによる反対の声が強まった。これにより政治抗争が激化し、大隈重信参議とその一派が追放された。「明治十四年の政変」である。これに伴い、大隈一派の矢野をはじめ、その推薦で統計院に入った尾崎も辞職することになった。僅か二ヵ月足らずで、尾崎の官吏生活は終わりを告げた。尾崎と一緒に統計院に入った犬養毅も辞職した。政府は、北海道官有物の払い下げを中止するとともに、「国会開設詔勅」が出されて、一八九〇年（明治二十三）を期して国会を開設することが公約された。その前提として、憲法が制定されることになり、伊藤博文を中心に作業が進められることになった。

十年後に国会が開設されることになったため、それに向けての民間の動きも活発化した。自由民権運動を推進してきた国会期成同盟を中心に、「自由党」が結成され、板垣退助、中島信行、後藤象二郎、馬場辰猪、中江兆民、大石正巳などが幹部となった。大隈派も政党結成に動き、一八八二年（明治十五）三月十四日立憲改進党が成立した。総理に大隈重信、副総理河野敏鎌、幹部に小野梓、犬養毅、尾崎行雄、島田三郎らが役員となった。かくて尾崎も、本格的に政界に乗り出すことになった。それとともに、大隈派ということになった。また、改進党の機関紙として「報知新聞」ができたため、尾崎は論説記者として活動した。こうした民間の動きに対し、政府は次第に弾圧を強化し、一八八二年六月三日集会条例改正、一八八三年四月十六日新聞紙条例改正、同年六月二十九日出版条例改正などが次々に制定され、新聞の発行停止も多くなった。こうした中で、一八八四年十月二十九日自由党が解党し、十二月に改進党の大隈総理と河野副総理が脱党し、事実上解党状態となった。

東京府会議員に

一八八五年（明治十八）尾崎は、日本橋区から選出されて東京府会議員となった。尾崎は二五歳で、被選挙権年齢も二五歳であったので、最年少議員であった。当時の東京府会には、鳩山和夫、増島六一郎、大岡育造、角田真平、高木正年、犬養毅、などが居て多士彩々であった。尾崎は、改進党の先輩でもある沼間守一と大喧嘩をしてしまう。この喧嘩は、一八八七年十二月の保安条例によって、尾崎が東京から退去を命じられてしまうことで終わりとなった。尾崎は、思い切って外遊を決意し、旅費を工面して、アメリカから、イギリスに渡った。一方、日本国内では、憲法の起草が進み、一八八九年（明治二十二）二月十一日憲法が発布され、同時に尾崎らの追放も恩赦で赦されることとなった。尾崎は、帰国するつもりで最後の欧州見聞をしていたところに、十月十八日大隈重信が爆裂弾で片足を切断するという遭難事件が起きたという電報が入り、急ぎ帰国の途についた。

第一回総選挙 ——三重県から立候補

帰国した尾崎を待っていたのは、国会開設のための我国最初の総選挙であった。尾崎は、何処から立候補しようかと迷っていた。出身地の神奈川県又野村は、早くから離れ屋敷跡があるだけで、選挙に立てる状況ではなかった。友人の世話で埼玉県から立候補する話もあったが、そこに父行正から三重県から立候補してはどうかと言ってきた。先に述べたように、行正は、三重県で役人をし、宮川の河畔に居住して隠居生活を送っていた。現在尾崎咢堂記念館となっている場所である。その行正の人脈の上に、尾崎の政界での名声や洋行帰りということが重なって、当選を果たした。三重県第五区は、度会郡から南の三重県を含む広い選挙区で、小選挙区が原則であったが、この区は定数が二名で、連記投票制であった。尾崎は、一七七二票でトップ当選であった。いよいよ代議士として三重県から第一歩を踏み出したのである。

議会は、民党と呼ばれた野党が圧倒的多数を占め、政府は議会に縛られない超然内閣を標榜したが、議会が予算の審議権を持ち、予算を削減する修正案を民党が主張したため窮地に立った。結局第一議会ということで解散を避けるための妥協が成立し、何とか議会を乗り切ったが、中江兆民はこれに失望し議員を辞職してしまった。

選挙大干渉（第二回総選挙）

第二議会においても、予算の削減が民党から出され、私鉄買収案など重要案件が否決されたため、松方首相は遂に衆議院を解散した。かくて議会は、一年半足らずで解散となり、総選挙（一八九二年二月十五日）となった。政府は、二度の議会運営に危機感を募らせ、野党の民党を減らし、与党の吏党を増やすために、手段を選ばぬ選挙干渉に踏み切った。その陣頭に立ったのが、内相品川弥二郎で、内務次官白根専一がその下で指揮をとった。世に選挙大干渉と呼ばれるものである。尾崎行雄も、民党の代表的な存在であり、当然様々な干渉を受けたが、尾崎は前評判が悪く、官憲の干渉も特に厳しくなかったため、辛うじて当選することができた（尾崎の選挙については後に詳述する）。

選挙大干渉は、高知や佐賀などを中心に全国で死者二五人、負傷者三八八人を出す大事件となったが、民党の圧倒的優位を揺るがすことは出来なかった。選挙後、品川内相は辞職し、松方内閣も議会で弾劾建議案が可決されるなどしたため、間もなく辞職に追い込まれた。

恩師門野出馬で苦しい選挙（第三回総選挙）

尾崎の二五回の選挙で最も苦戦をしたのが第三回総選挙であった。この選挙で尾崎は改進党から、鳥羽出身の森本確也と組んで立候補したが、同じ三重五区から自由党候補として角利助と門野幾之進が立候補した。門野は、慶応義塾時代の恩師であり、鳥羽の家老の家柄で、尾崎は窮地に立たされた。『門野は尾崎の先生だ』と宣伝され、その上尾崎はクリスチャンだという攻撃がなされた。尾崎は「左甚五郎の師匠は誰だ。偉い人はみんな師匠や先生より偉くなるはずのものだ」と演説したが、選挙の結果は、尾崎と森本の改進党勢がそろって当選した。

議会史に残る大演説

一八九六年（明治二十九）一月九日、民党各派は日清戦争後の三国干渉による遼東半島還付について政府弾劾上奏案を提出、尾崎は内閣弾劾の演説を行った。この演説について「議会史に残る大演説だ」と世間から言われた。これについて尾崎は「私の演説は何時でも評判がわるかった。議会外における演説では、犬養君や島田君のような日本一流の演説家にくらべると、まるで比較にならぬほどまずかった。ただ私は、雄弁家になろうとは思わなかったが、演説をするからには、聴く人を是非同意させてやろう、敵手をどうにかしてねじ伏せようという気が強かったので、世間でも私の演説を認めるようになったのであろう。」と言っている。この頃から、尾崎も演説に自信を持つようになり、雄弁家として名を上げて行くことになる。

文部大臣と共和演説事件

一八九八年（明治三十一）六月三十日、日本最初の政党内閣である大隈重信を首相とする憲政党内閣が成立した。板垣退助が内相としてコンビを組み、「隈板（わいはん）内閣」と呼ばれた。この内閣に尾崎行雄は、文部大臣として入閣した。憲政党は、六月十一日に自由・進歩両党を中心に民党合同が初めて実現したもので、結成直後の組閣となった。このため進歩・自由両派のバランスをとったものであった。

入閣から二ヵ月程経った八月二十二日、尾崎は、帝国教育会主催の全国小学校教員講習会に招かれて、演説を行った。その中で、拝金主義をなくし道徳の大切さを説き、その比喩として、米国を拝金の本元のように思っているが、米国では金があるために大統領になったものは一人もいない、歴代の大統領はどちらかといえば貧乏人のほうが多いと指摘した後に、「日本にては共和政治を行う気遣いはない。たとえ千万年を経るとも、共和政治を行うことはないが、説明の便利のため、日本に仮に共和政治ありという夢を見たと仮定せられよ。恐らくは三井・三菱は大統領の候補者となるであろう。」と述べた。これは共和政治を主張したのではなく、拝金主義を戒め道徳の大切さを説いたのであるが、「東京日々新聞」がこの言葉尻を捉えて、尾崎を共和主義者と攻撃した。共和主義は天皇主権を否定することになるので、最大の攻撃であった。この共和演説事件を契機に、旧自由党系と旧進歩党系の間で反目が激化し、十月二十二日尾崎は、文部大臣を引責辞任することになってしまった。

東京市長十年 ――ワシントンに桜

一九〇三年（明治三十六）六月二十九日、尾崎は、東京市長に就任した。当時は、国会議員と地方の首長の兼務が許されていた。日本は憲法についてはプロシア憲法を採り入れたが、地方制度は県知事などフランスの制度を参

1932年　米国ワシントン、ポトマック河畔の桜並木を散歩する尾崎行雄と令嬢

一九〇五年　英子（テオドラ）夫人と

考にした。国会議員と首長の兼務が可能なことも、フランスの制度から来ている。市議会で選出されることになるが、星派が中心になって、尾崎を担いだのであった。尾崎は、その後一九一二年（明治四十五）六月まで、十年近く東京市長を勤め上げた。

この間、尾崎の私的生活に大きな変化が起きた。一九〇四年九月、病気中の繁子夫人が亡くなったのである。尾崎との間には、彦麿・行衛・行輝・清香の三男一女の子があった。失意の尾崎は、二年後の一九〇六年十月、再婚することになる。相手は、尾崎三良と英国婦人との間に生まれた混血児のテオドラ（日本名英子）嬢である。この結婚によって尾崎の家庭生活は大きく変化した。日常会話が英語となり、生活様式も洋式となり、尾崎の国際化が進んだ。さらに生活が規則正しくなり、食事も改善されたため、尾崎の健康が回復した。一方、政治家達との付き合いが稀薄となり、家庭的にも先妻の子どもたちとの間にみぞが生じることとなった。

十年間の東京市長として尾崎が実績として残したことは、市区の改正、水道の拡張、下水道工事などがあるが、何といってもアメリカ・ワシントンDCのポトマック河畔の桜である。日露戦争でアメリカは、日本に対して多大の好意を示してくれた。日露の講和もルーズベルト大統領の斡旋による。丁度タフト大統領夫人の発案でポトマック河畔に日本の桜を移植しようという企画があり、尾崎は東京市からワシントンへ寄贈するという提案をして、三千本の苗木が送られたのであった。ところがアメリカに着いたところで、害虫が付いているということで全て焼却されてしまった。そこで消毒した畑に桜の種を播き、三年かかって苗木を育て、一九一二年（明治四十五）、三千本の桜が無事アメリカに送られ、ポトマック河畔に植えられ、今日まで日米友好のシンボルとして咲き誇っている。後にアメリカからお返しのハナミズキが日本に送られている。

大正デモクラシーを切開く

大正時代は、護憲運動、普通選挙獲得運動、婦人参政権獲得運動等の民主化への動きに、米騒動、労働運動などの大衆運動が加わり、第二次世界大戦後大正デモクラシーと称されるようになった。その先頭に立ったのが、尾崎行雄と犬養毅であり、「憲政の神様」と当時から呼ばれた。

衆議院議員の選挙権資格要件が、直接国税一五円以上と国民が予想した（一〇円）以上の高額で設定されたことは、国会開設当初から選挙権拡大の選挙法改正案の提出をもたらした。一九〇〇年（明治三十三）一月には、普通選挙同盟会（松本）と普通選挙期成同盟会（東京）がそれぞれ会員の連署した日本初の普通選挙請願書を衆議院に提出した。同年三月、伊藤内閣は、小選挙区制を大選挙区制に変える選挙法改正案を成立させるが、選挙権の納税要件も一〇円に引き下げられた。一九〇二年二月、花井卓蔵、中村弥六、河野広中らが、最初の普通選挙法案を衆議院に提出した。一九一一年三月には、普通選挙法案が、初めて衆議院を通過したが、貴族院で否決された。明治期においても、既にこうした選挙権拡大への動きがあった。

日本の二〇世紀は、日露戦争（一九〇四－一九〇五）で幕開けしたということができる。これ以後、日韓併合、第一次世界大戦、満州事変、日中戦争、太平洋戦争と、帝国主義的軍国路線を突っ走ることになった。そうしたなかで大正期は、民衆の力が社会を動かすまでに発展し、普通選挙という政治的成果を挙げるまでになった画期的な時代であった。尾崎は、正にこの時代の最大のヒーローであった。

憲政擁護運動に立つ

日韓併合後、陸軍は、朝鮮防衛のため二個師団増設を要求したが、緊縮財政を進める第二次西園寺内閣はこれを拒否し、陸軍と摩擦を生じて、総辞職に追い込まれた。こうした政局の動きに世論の反発も強く、政界でも政友会と国民党の有志が「時局有志懇談会」を開催し（尾崎・犬養ら五〇余名）、一九一二年（大正元）十二月十九日東京・歌舞伎座で第一回憲政擁護連合大会が開催され、第一次憲政擁護運動が引き起こされた。この大会で尾崎は、政友会を代表して演壇に立ち、次いで国民党を代表して犬養毅が演説した。十二月二十一日、第三次桂内閣が成立したが、憲政擁護運動は、燎原の火のように全国に広がった。各地の集会に、尾崎と犬養がそろって演壇に立ち、何時しか「憲政の神様」と並び称されるようになった。

尾崎の演説、桂首相にとどめ

憲政擁護運動による反政府の勢いが増大する中で、一九一三年二月五日、政友会は衆議院に内閣弾劾決議案を提出、尾崎が弾劾演説を行った。この演説は、尾崎の演説の中で最も有名であるだけでなく、日本議会史上の代表的な名演説である。特に尾崎が、桂首相を指差して「彼らは常に口を開けば直ちに忠君愛国を唱え、恰も忠君愛国は自分の一手販売の如く唱えて居りますが、其の為すところを見れば、常に玉座の陰に隠れて、政敵を狙撃するが如き挙動を執って居るのである。彼らは玉座を以て胸壁と為し、詔勅を以て弾丸に代えて、政敵を倒さんとするものではないか。」と言ったくだりは、名文句として語り継がれている。この演説を以ってこの日の議事は中断され、議会は五日間の停会となった。

二月九日東京・国技館で開かれた第三回憲政擁護大演説会には、二万人の聴衆が集まり、会場の外に人が溢れた。翌十日、議会は三度三日間停会し、怒った数万の民衆が騒擾化し、軍隊が出動する事態となった。こうした世情を見て、桂内閣は総辞職した。大正政変といわれるものである。これは民衆の力が初めて政府を倒した近代政治史上画期的な事件であった。尾崎は、終始その先頭に立って戦った。桂は、その後間もなく死去したが、「尾崎が殺した」とさえ言われている。

シーメンス事件追求

第三次桂内閣の後を継いだのは、山本権兵衛内閣であった。政友会が与党となり、原敬等が入閣した。尾崎らは、政友会が与党化したことに憤慨し、政友会を脱党して、政友倶楽部を結成した。これにより憲政擁護運動から政友会が抜け、弱体化した。犬養も離れたので、護憲運動は尾崎一人が中心となった。そこにシーメンス事件が発生した。この事件は、「大正のロッキード事件」といえる大事件で、ドイツのシーメンス社が海軍の高官に賄賂を贈っていた事件であるが、その事実が外国で暴露され、日本で問題とされるというプロセスも共通している（一九一四年一月）。疑惑は、多年海軍の実権を握ってきた山本首相や斎藤海相にまで及んで大問題となった。議会での追求は、同志会の島田三郎が中心となり、尾崎も攻撃した。また、事件を知らされた民衆も憤激して騒ぎだしたので、警察や軍隊が制圧に動きだす騒ぎとなった。さらに予算で海軍拡張費が大削減されるということになり、山本内閣は総辞職に追い込まれた。

司法大臣――第二次大隈内閣

山本内閣の後継として清浦奎吾に大命が下ったが、海軍が海軍大臣を送らなかったため、清浦は組閣を断念した。この流産内閣を、世人は鰻の香を嗅がされただけだということで、「鰻香《まんこう》内閣」と呼んだ。次いで大隈重信が指名され、第二次大隈内閣が組閣され、尾崎は司法大臣として二度目の入閣をした（一九一四年四月十六日）。その年七月末ヨーロッパに戦争が起こり、八月四日イギリスも参戦し、第一次世界大戦に拡大した。日本は、日英同盟を結んでいたので、八月二十三日ドイツに宣戦布告をして参戦した。日本は、ドイツ領の南洋群島や中国のドイツ植民地青島を占領した。そして中国に対して悪名高い対華二十一ヵ条の要求を提出し、圧力をかけて一九一五年五月二十五日に一六ヵ条の日中条約として調印された。これについて尾崎は「自伝」で次のように述べている。

私は最初から、この二十一箇条の要求には、反対であった。いま日本が、こんなものを、支那に要求することは、日本が侵略的であることを、世界に表明するようなものであるとして、極力反対したのであるが、加藤外相をはじめ他の閣僚が、「このうち幾つでも承認させればいいのだ」というので、ついに賛成の調印をしてしまった。私はこのことを深く悔い、自責の念を実証するために、今後は如何なる内閣にも入閣しない旨を公表した。その後、私には幾度か入閣の機会もあったが、すべてこれを拒絶し、一衆議院議員として終始した。

（『尾崎咢堂全集』第一一巻、五二一―二二頁）

一九一五年三月二十五日、第一二回総選挙が行われたが、この選挙は大隈内閣にとって、野党の政友会と国民党が多数をしめる議会勢力を逆転させせなければならない選挙であった。そこで大浦兼武内相を中心に猛烈な選挙干渉が行われた。尾崎は、こうした事態を予想し、閣議で「もし地方官が選挙に干渉したら、検事の力を以て、検挙させる」と宣言し、公明正大に政府を援ける議員を選出させるために、全国を不眠不休で遊説した。選挙の結果は、政友会が惨敗し、与党が多数を占めたが、選挙干渉は行われてしまった。

選挙に敗れた政友会は、政府攻撃を模索していたが、そこに浮上したのが大浦内相が、二個師団増設案を通過させるために政府の機密費で、政友会所属議員を買収したという事件である。尾崎は、司法大臣としてその処分に悩んだが、大浦の政界引退を条件に検挙しないということで省議をまとめた。結局大浦は辞職したが、連帯責任論が出て大隈内閣も総辞職した。しかし、天皇に慰留され、三閣僚が交替する内閣改造で収まった。

一九一六年一月、吉野作造が「中央公論」一月号に「憲政の本義を説いてその有終の美を済すの途を論ず」を発表し、民本主義を説いた。明治憲法の天皇主権を前提に、民主政治を論じたもので、大正デモクラシーの理論的バックボーンとなった。

尾崎は、大隈内閣の与党、同志会、公友倶楽部、中正会を合同して新党を組織する構想を立て、加藤高明を総裁とする憲政会の結成に漕ぎ着けたが、その前に大隈内閣は総辞職し、大隈の推した加藤でなく、寺内正毅に大命が下った。憲政会は、政友会とともに二大政党制を形成することになり、のちの第二次護憲運動の中心勢力となった。

普通選挙運動の先頭に立つ

世界大戦が続く中、一九一七年（大正六）三月十二日、ロシアに二月革命が起き、十一月七日十月革命が起こされた。日本は、革命を圧殺することを目的とし、一八年八月二日シベリア出兵に踏み切った。この出兵は、結局大失敗に終わった。この年日本は、物価の高騰に悩まされていたが、特に米価の高騰がひどく、米問屋の買い占めなどがあり、八月六日富山県魚津の主婦達が暴動を起こし、これが全国に米騒動として広がった。この民衆の騒動が、寺内内閣を総辞職まで追い込んだ。後継に政友会総裁の原敬が下命され、平民宰相と政友会政党内閣が生まれた。

一九一八年二月に野党の憲政会が選挙権資格を、満二〇歳以上・直接国税五円以上に、国民党が、満二〇歳以上・直接国税三円以上にする選挙権拡張の選挙法改正案を提出したが、いずれも否決された。原首相は、政友会の多数を確保するための小選挙区制と抱き合わせで、納税要件を三円以上に引き下げる政府案を提出し、一九一九年三月両院を通過させ、五月二十三日公布された。この頃から民間や労働団体に普通選挙獲得運動が高まり、四月には吉野作造の『普通選挙論』も出版された。

尾崎は、一九一九年三月、行輝、田川大吉郎、鈴木正吾などを伴い、欧米視察の旅に出た。そして同年十二月帰国した。そうしてそれまで普通選挙には未だ尚早と思っていた考えを変え、普通選挙を直ちに実現すべきだとして、普選運動に積極的に乗り出すことになった。

ところで、欧米巡遊の旅から帰って、つらつらわが国の情勢を眺めて、私はもはや、こんな悠長なことを言っている時ではないと思った。最も危険なる直接行動の思想が、怒濤の如く立憲政治の牙城を覆さんとして、迫りつつある。直接行動論の結果は、暴動内乱に至る危険が充分にある。これを予防するには、普通選挙より他にはない。「まだ自ら要求するだけの知識のない人民ではあるが、先ずこれに選挙権を与えて、使わせて見よう。適当に選挙権をつかっても、なおその目的を達することができないならば、議院政治に反対するのも致しかたがないが、選挙権をつかって見もしないで、直ちに直接行動に行くのは、早すぎるのではないか。そう鎮撫するより外に道はない」そう考えたので、それまでは普通選挙を是認しながら、実施運動を延期していた私も、断然馬を陣頭に進めて、普通選挙のために戦うことになったのである。

（「自伝」『尾崎咢堂全集』第一一巻、五九六―七頁）

一九二〇年に入って普選運動は盛り上がり、一月には全国普選期成連合会が結成され、全国各地で連日のように大会やデモが繰り返された。こうした民衆の力に押し上げられて、二月十四日憲政会と国民党がそれぞれ普通選挙法案を提出した。その討議中に衆議院は解散され、五月十日第一四回総選挙となった。この選挙は、原敬の思惑通り政友会の圧勝に終わった。この選挙の時、憲政会総裁加藤高明は、普選運動を押さえるという条件で船成金内田信也から五万円をもらい、「珍品五個」を受け取ったという手紙を書いた事実が明らかになり、「珍品問題」として世間の物笑いとなった。

一九二一年十一月四日、原首相は、東京駅で暗殺された。後継に高橋是清蔵相が首相となり、原内閣の閣僚がそのまま留任した。一九二二年二月一日、日本政治を支配していた元老山県有朋が死去し、元老政治に陰りが出た。二月二十三日、野党三派による初めての統一普通選挙法案が提出されたが、否決された。

一九二二年六月、高橋内閣は、改造に失敗して総辞職し、十二日加藤友三郎内閣が成立した。これを契機に、第二次護憲運動が始まった。尾崎は、犬養、清瀬一郎、星島二郎、植原悦二郎らと、革新倶楽部を結成し、普選断行などを政治綱領に掲げた（一九二二年十一月八日）。

一九二三年（大正十二）になり普選即行を求める大会やデモが盛んに行われ、一月二十七日には婦人参政権獲得同盟も成立した。二月二十四日、憲政会・革新倶楽部など野党が連合して統一普通選挙法案を上程したが、否決された。八月に加藤首相が病死し、第二次山本権兵衛内閣となった。山本首相は、組閣直後に普通選挙実施を声明した。ところが十二月二十七日、無政府主義者難波大助が、摂政宮裕仁（昭和天皇）を杖銃で狙撃し失敗した虎の門事件が発生し、山本内閣は総辞職した。

一九二四年一月七日、清浦奎吾内閣が成立したが、十日政友会・憲政会・革新倶楽部三党院外団が清浦内閣反対を決議、第二次護憲運動が本格化した。一月二十日これら三派が護憲三派連盟を結成した。護憲三派は、関西や東京で憲政擁護国民大会を開催、二月五日には、全国新聞記者大会が東京で開催され、清浦内閣打倒を決議した。二月十七日、東京で憲政擁護の大デモが行われた。護憲運動の高まりの中で、清浦内閣は衆議院を解散し、五月十日、第一五回衆議院総選挙が行われ、普通選挙実現を公約した護憲三派が圧勝した。その結果、六月十一日、護憲三派による加藤高明内閣が成立した。加藤内閣は、公約通り普通選挙法を成立させたが（一九二五年五月五日公布）、そ

1924年３月　尾崎行雄の乗馬姿、軽井沢にて。
英子夫人から三輪信太郎に送られたもの

れと抱き合わせに治安維持法を成立させ、反体制弾圧のための禍根を残した。

かくて大正デモクラシーは、普通選挙制の実現によって結実するが、軍国主義の擡頭によって、次の時代に引き継がれなかった。

軍縮運動――軍国主義と戦う

欧米旅行で尾崎が得たもう一つのものは、戦争の惨状であった。戦場の跡を視察して、ポンペイの廃墟以上の惨憺たるもので、市街が全く破壊されて影も形も無くなっている状況を見て次のように述べている。

戦場はまるで鉄・銅・鉛などの大鉱山である。こういう風にいろんなものが散らばって、実に惨憺たる光景をていしてはいるが、感心したのは、死体の取り片付けてあったことだ。三日歩いたが、その間一つも死体を見なかった。どんな天変地異でも、とてもあれだけの破壊はできない。私はなんとかその光景を言い表そうと思って、

天の魔も地の魔も怯じん人の子が国のためとてなせるこの業

と歌ってみたが、これではまだ足りない。実に呆れはてた。国家のためだとか何だとかいってだまされて、実は結局国家をも、人類をも亡ぼすものであるのに、あんな破壊をやるというのは、人間というものも実に呆れ果てた馬鹿なものだと思った。

（「自伝」『尾崎咢堂全集』第一一巻、五八五―六頁）

こうして尾崎の意識に、国家観念を超えた世界連邦思想への素地が形成されていく。この頃は、日本全体が国家主義的傾向を強め、日本を世界の列強と肩を並べる国にしようと考え、軍事力を強化しようとするのが当然の方向であった。尾崎の存在は、貴重なものであったが、孤立化せざるを得なかった。尾崎の偉大なところは、それで怯

1927年 6 月21日　北海道富良野町公会堂前にて

一九二九年四月四日　名古屋駅下りホームにて
鶴見祐輔と尾崎行雄

んで妥協せず、政治信条を貫き通したことにある。当時軍部に楯突いて、軍縮を主張することは、正に命懸けのことであった。

尾崎は、国家について次のように述べている。

これまでは、人民の安寧幸福を維持増進するためには、国家以上の組織はなかった。しかるに現在の程度までに文明が発達し、世界の組織が変化すると、狭隘な国家観念は、かえって人類の不幸を醸成するような場合も起ってくる。現に偏狭な国家観念がなかったならば、世界大戦は起らなかったろう。たとえ起っても、あれほど広く、かつ長くはつづかなかったろう。時代錯誤の旧思想が、あの大惨禍を来したのだ。もしそれが今後なお数十年も継続し、その間にさらに進歩すべき文明の利器を以て戦うならば、人類はついに滅亡するほかはない。どうしても国家観念を改造し、世界組織と調和のとれるようにしなければならぬ。

（「自伝」『尾崎咢堂全集』第一一巻、六〇七頁）

残念ながら、尾崎のこの思いは実現せず、日本は国家主義・軍国主義の道を突っ走り、太平洋戦争にまで進んでしまった。そして戦後半世紀を経た現在においても、この尾崎の警鐘が必要な状況となっている。

いよいよ尾崎は、軍縮への戦いを始める。海軍の軍備制限を提案しようとすると、憲政会を除名された。尾崎は、第四四議会に軍備制限決議案を提出した（一九二一年二月八日）。これは海軍の「八・八艦隊」（戦艦八・巡洋艦八）計画に反対し、米英二国と協定してこれを制限すること、陸軍軍備は国際連盟規約に基づきこれを整理緊縮すること、を内容とするものであった。二月十日決議案が本会議に上程されると、尾崎は二時間にわたって説明演説を行ったが、賛成わずか三八票、反対二八五票の大差で否決された。

この演説は、尾崎が最も力を入れたものであったが、決議案があっさり否決されたので、尾崎は直接世論に訴え

一九二九年十二月十八日　長崎市旅行
尾崎行雄、品江、行輝、三輪信太郎

1931年　広島県鞆町仙酔島にて。尾崎行雄と飛行機に同乗する三輪信太郎

ようと、全国を遊説し、併せて入場者に葉書で賛否の返事を求めた。その結果、三万一千五一九票のうち、賛成二万九千二五〇票で九割以上が賛成であった。尾崎は、この遊説の演説会で、初めて入場料を徴収した（一〇銭から五〇銭）。大阪では、五〇銭であったが、それでも満員であった。それと演説後に聴衆からの質問に応じる試みを行った。これも日本では新しいことであった。この遊説中、尾崎は何度か危険にあった。刺客が捕えられたり、暴徒が乱入したりした。軍縮を唱えるということは、それ程大変なことであったのである。

尾崎が、遊説を終えて間もなく、アメリカからワシントンで軍縮会議を開きたいという申し出があり、結局日本はこれに応じ、英米との間で五・五・三の比率で合意し、八・八艦隊計画は中止となった。尾崎の警告通りとなったのであった。しかし、一般人は、これを「国辱」とし、尾崎を「国賊」「非国民」「米国の傭兵」などと呼び、身辺は更に危険になった。

三大国難決議案

一九二五年に成立した普通選挙法に基づく総選挙が、一九二八年（昭和三）二月二十日実施された。初めての普通選挙であり、新しく選挙権を得た有権者と無産政党の動向が注目されたが、田中義一内閣の鈴木喜三郎内相は、露骨な選挙干渉を無産政党に行った。その結果、社会民衆党四、労農党二、日本労農党一、民憲党一、の八名の当選に止まった。また、二大政党の政友会二一九、民政党二一七、と与野党の差がほとんどなくなったため、田中政友会内閣は、苦境に立たされた。尾崎らは、三大国難決議案を上程した。三大国難は、思想・政治・経済の三方面から国難が来ていることを警告するものであったが、鈴木内相弾劾決議案と受け取られた。尾崎の提案理由の説明演説が終わると、直ぐに三日間の停会の詔勅が下った。結局、鈴木内相は、五月三日辞職に追い込まれた。田中首相は、満州の武力占領を主張する軍部の急進派と対立し、関東軍急進派は張作霖爆破事件を引き起こした。この事件の処理の不手際から、田中内閣は総辞職することになったが、この軍部の暴走をきっちり処分しなかったことが、満州事変にまで発展することになった。

一年半の欧米生活

一九三一年（昭和六）、尾崎の許にアメリカのカーネギー財団から招請状が届いた。その時テオドラ夫人が前年五月以来アメリカで療養中であったため、その見舞いを兼ねて渡米することになり、八月十三日、品江、雪香の二人の娘を伴って浅間丸で横浜港を出航した。その直後の九月十八日、柳条溝で満鉄の線路が爆破され、これを中国軍の仕業と偽って関東軍は軍事行動を起こし、満州事変へと発展した。一五年戦争の始まりである。日本は、国際的に苦しい立場に置かれたが、尾崎はそうしたなかで国際主義を説いていた。尾崎はアメリカからイギリスに渡り、病身のテオドラ夫人も後を追った。

一九三一年十二月十三日、友人犬養毅が首相になった。三二年一月八日、天皇暗殺未遂事件が起こり、犬養内閣は総辞職したが、慰留されて留任した。しかし、一月二十一日、与党少数を理由に、衆議院を解散した。咢堂会（会長吉沢重郎）から立候補の要請が届き、尾崎は、選挙に帰れないことを条件に承諾する。ジェット機のある現在と違い、一ヵ月もかかる船旅では、帰りたくても帰れなかったのであった。尾崎の留守でも、咢堂会の力は十分に発揮され、二月二十日の総選挙で、尾崎は二位で悠々当選を果たした。イギリスでは、候補者不在でも当選したということで、尾崎の株は高く上がった。皆が驚いたと、尾崎は「自伝」で誇らしげに語っている。異国の地での当選の報に、心から喜んだ様子が浮かんでくる。

一九三二年三月一日、満州国が建国された。日本では、テロの嵐が吹き荒れていた。血盟団事件で前蔵相井上準之助、三井の団琢磨が暗殺され、五・一五事件で犬養首相が殺された。「話せばわかる」という犬養を「問答無用」と射殺したことは、軍部による政党政治の抹殺を示唆するものであった。この凶報に接した尾崎は、「我が友の殺されたるを夢として聞かんと祈り真かと問う」と詠んだ。この年の暮れ、テオドラ夫人が生まれ故郷のイギリスで亡くなった。傷心の尾崎は、身の危険も省みず帰国することにした。そのために尾崎は、遺書を執筆した。死を覚悟して、日本への最後の思いを書き綴ったものである。満州国にも厳しい批判をし、軍国主義的国家主義を改め、国際協調主義に転換することを強調している。帰国後、この遺書は、「墓標に代えて」と題されて「改造」に連載された。尾崎は、一九三三年二月二十五日、夫人の遺骨を胸に、照国丸で帰国した。

永続議員として表彰される

一九三五年三月、憲法発布五〇周年に当たり、尾崎は永続議員として表彰された。尾崎は、その挨拶で、「今日もしわが国の両大政党を初めとし、その他の政党がみな健全に発達して、両党が代わる代わる内閣を組織するという時代になっておって、もしこの表彰に会ったならば、私の喜びは今日に数倍するものであります。」と述べ、お礼の言葉の代わりに、政党や議会に苦言を呈した。そして、「議会の信用のだんだん地に落ちたということについては、政党にも責任がある。全国人民にも責任がある。殊に行政部に立っているところの人は、一層責任があるかと思います。」と糾弾した。尾崎の懸念は、終局的に政党の解体にまで進んでしまうことになった。三六年二月には、二・二六事件が起き、いよいよ日本は軍部ファッショ体制が形成されていくことになる。

辞世を懐に演壇へ

一九三六年（昭和十一）十一月七日、現在の国会議事堂が完成した。尾崎は「立憲政治がしだいにその実を奪われようとするとき、皮肉にも、巨万の富を投じた新議事堂が落成し、第七〇議会から、我々はそこに移ることになった。」と言って、「物言わぬ家にもわかれ惜しまれぬわが一生の戦いの跡」と詠んだ。その新議事堂での最初の議会で、尾崎と同じ三重県二区選出の浜田国松が、陸軍大臣寺内寿一と「腹切り問答」を引き起こした。浜田が軍部の独善を追求したところ、寺内が軍を侮辱したとして怒り、浜田が「どこに侮辱があるか、あったら俺が腹を切る。なかったら君が腹を切れ」とやったので大騒動となり、結局広田内閣は総辞職に追い込まれた。その後、宇垣一成に組閣の大命が下ったが、陸軍が大臣を出さなかったので、宇垣は組閣を断念した（宇垣流産内閣）。結局軍部の意向で、陸軍大将林銑十郎が組閣した。

尾崎は、こうした軍部の横暴を黙視できず、辞世を懐に林内閣や軍部を糾弾するため演壇に立った。辞世は、

大君も聞こしめせかし命にも代へて今日なす我が言あげを
正成が陣に臨める心もて我は立つなり演壇の上

の二首であった。尾崎は、自分は恥ずかしいほど臆病な人間で、普通の人なら平気で出来ることも、自分にとっては命懸けの仕事になると言っているが、命を懸けて演壇に立つことは、勇気と強い政治信条を持った政治家でなければ出来ないことである。

また、暗殺について次のように述べている。

立憲政治の国においては、国家に害をなす人があれば、まず事実と道理を挙げて言論に訴えるべきである。彼奴は悪い奴だと自分が信ずるという、簡単な理由で、いきなり殺してしまうというのは、昔の封建大名が、

1933年２月21日　尾崎を照国丸まで迎えた三輪信太郎ら

一九三三年四月二十五日　紀州那智滝前にて
右より　中村茂文、三輪信太郎、尾崎行雄、尾崎行輝、千穂館主

自分の気に入らぬものは、どしどし殺してしまったと同じ、切り捨て御免である。こうした悪習は是非改めなければならない。しかも暗殺は何れも未熟な独断的判断を基礎に行われるものが多い。殺した人が裁判所などで言うところを聞くに、一つも補足すべき事実も道理もないのみか、他日に至ればみな後悔している。実に馬鹿馬鹿しいことのかぎりである。

（「自伝」『尾崎咢堂全集』第一一巻、七一七頁）

西尾問題で戦う

日本は、戦争への歩みを続け、一九三七年六月四日、近衛内閣が成立、七月七日北京郊外の蘆溝橋で日中軍が衝突し、日中戦争が勃発した。これにより本格的な戦時体制作りが進められることになり、国民総動員法が成立した。この法案の審議中、政府委員として出席していた陸軍省の佐藤中佐が、議員を「だまれ！」と一喝する事件が起きた。軍部が強権的に支配体制を築く象徴的な事件となった。この法案の最終討議の衆議院本会議において、社会大衆党の西尾末広の演説が問題とされ、懲罰に掛けられることになった。尾崎は、その理不尽な懲罰に怒り、西尾の弁護に立ち上がった。尾崎は、西尾を除名するなら、その前に自分を除名しろと迫ったが、懲罰委員会は、西尾だけを一言の弁明もさせずに除名してしまった。こうした風潮の中で、尾崎の出る幕も無くなっていった。

翼賛選挙を戦う

近衛文麿は、新体制運動の推進に取り組み、政党の解党が進められ、一九四〇年十月十二日大政翼賛会の結成となった。その前年一九三九年九月三日、英仏がドイツに宣戦を布告し、第二次世界大戦が勃発していた。四〇年九月二十七日、日独伊三国同盟が調印された。これで日本は、ヒトラーのドイツと運命共同体となり、第二次世界大

1933年 8 月13日　逗子尾崎宅にて　尾崎家族と三輪信太郎

1934年11月 4 日　天竜川下り。向かって右より　水谷（源）、水谷（勘）、三輪（元）、後、益川、前田、三輪（信）、尾崎雪香、同品江、天野夫人、佐々木夫妻と尾崎行雄、前に尾崎彦麿。

戦にまきこまれることになる。

尾崎は、議会を無視する大政翼賛会の成立と、日本を危険な道に追い込む三国同盟を看過することができず、第七六議会が開かれると、「時局の変遷と政府の指導に関する質問趣意書」を提出し、またも死を決して演壇に立とうとした。しかるに軍部を恐れて質問演説するに必要な二五人の賛成者を集めることも出来なかった。

一九四一年（昭和十六）十月十八日、東条英機内閣が成立、十二月八日、真珠湾攻撃によって遂に太平洋戦争が勃発した。日本は各地の緒戦で大勝利を挙げ、国民も有頂天になっていたが、尾崎はかえって心配でたまらず、次の歌を詠んだ。

桶狭間の奇勝に傲り本能寺の奇禍を招ける人な忘れそ
詰め手なき将棋さしつつ勝ち抜くとうそぶく人のめでたからずや

衆議院議員の任期は、一九四一年まであったが、議会史上初めて任期を一年延長した。そして翼賛選挙という選挙法を変えずに推薦方式で政府の意向に沿う議員を確保しようとした。一九四二年二月、閣議で翼賛選挙貫徹国民運動要綱・翼賛選挙貫徹基本方針を決定、翼賛政治体制協議会を結成して、候補者の推薦母体とした。候補者は、協議会が推薦する推薦候補と非推薦候補の「自由候補」に分けられた。この時期は、「自由」「自由主義」は、反体制と同じ意味を持ち、「自由候補」は非国民的イメージをもって受け取られた。尾崎は、当然推薦を受けない自由候補であった。推薦候補には、様々な便宜が与えられ、一方自由候補には、選挙干渉が行われた。尾崎は、東条首相に公開状を送って抗議し、演説でも鋭く政府を攻撃した。その演説の中で、「売り家と唐様で書く三代目」という川柳を引用したのが、三代目の天皇を誹謗したものだとして、投票日直前の四月二十日、「不敬罪」の容疑で尾崎を起訴し、三重県の選挙区を回っていた尾崎を東京に召喚し、巣鴨拘置所に留置した。これは明らかに尾崎への重大な選挙干渉であった。尾崎は、一晩で釈放されたが、投票日直前の「不敬罪」による起訴は、尾崎に当時の最もひどい天皇への不忠者というレッテルを貼り、落選させようとしたものであった。それにも拘らず、尾崎は、定数四人中、第三位で当選した。これだけの攻撃を受けながら、咢堂会を中心とする三重の選挙民の尾崎支持は、微動だにしなかったのである。

「不敬罪」裁判で無罪を勝ち取る

尾崎の不敬罪裁判は、四二年十月二十六日、東京地裁で始められた。弁護士は、鵜沢聰明（後に明治大学総長となった）と海野晋吉という大物弁護士が付いた。尾崎は、冒頭に自分の政治的経歴や政治信条について大演説を行い、近衛首相や東条首相の批判を滔々と論じた。十二月二十一日、懲役八ヵ月、執行猶予二年の判決が出された。尾崎は、直ちに上告した。大審院の裁判は、第一審の判決の一年四ヵ月後の一九四四年四月十四日を第一回として三回開かれ、六月二十九日に無罪の判決が下された。裁判長は、三宅正太郎であった。（この裁判については、尾崎行雄「不敬罪事件回想録」『尾崎咢堂全集』第九巻。『現代史資料』四二「思想統制」みすず書房。『日本政治裁判史録、昭和後編』第一法規参照）

尾崎は、その後池の平に籠もって生活していたが、日本の敗戦を見越して「休戦と新世界建設の構想」と「平和的新世界建設の要件」の二つの論文を執筆した。これらの論文は、終戦が尾崎の予想より早かったので、世に公表されなかった。

再び脚光

一九四五年八月十五日、終戦。ポツダム宣言の受諾によって、軍国主義・国家主義の時代は、一挙に民主主義・平和主義の時代に転換した。尾崎の時代になった。大正デモクラシーのヒーローは、再び脚光を浴びることになった。尾崎は、早速講和談判の根本方針についての意見書を議長を通じて政府に提出した。その中で、戦争を根絶する新世界の建設、道義による解決、敗者による賠償はなしにする、台湾・朝鮮・満州はこちらから開放すること、教育を改善して人民を養成すること、などを提言している。さらに衆議院議員総辞職を提案したが、同調者は出なかった。十二月二十九日、宮中から招かれ、天皇に拝謁した。尾崎の歌、

今日は御所昨日は獄舎《ひとや》明日はまた地獄極楽いづち行くらん

一九四六年四月十日、戦後初めての総選挙が行われることになったが、尾崎は、戦時中の議員は辞職すべしという主張であったので、立候補しない心算でいた。しかし、三重県の咢堂会の推薦で立候補の届出がなされ、候補者不在のまま選挙となり、三重県全県区で、トップ当選となった。咢堂会代表が上京して尾崎を説得し、議員を続けることになった。

尾崎は、岩波茂雄、稲田正次等と、憲法懇談会を結成し、日本国憲法草案を発表しているが（一九四六年三月五日）、新憲法の制定作業も急ピッチで進められ、一九四六年十一月三日に公布された。尾崎は、新憲法に賛意を表したが、憲法について必要なのは、条文の善悪よりも運用が大切であるとして、「良い憲法さえつくれば、国が良くなるなどという、軽率な考えを以て、これに御賛成になりまするという、非常な間違いである。憲法で国が救われるならば、世界に滅亡する国はありませぬ。良い憲法をつくることは、まことに容易なことである。しかしこれを行うことは非常に難しい。」と警告している（「自伝」『尾崎咢堂全集』第一一巻、七六五—六頁）。

平和・世界連邦 ——わが遺言

尾崎は、平和条約を結ぶ前に、平和会議を開き、日本の方針を世界に示そうということで、一九四七年六月二十三日、「平和会議に関する決議案」を国会に提出した。これには、賠償は公正に彼我の損害を計算してその差額とする、戦勝国もし理数を無視して賠償を要求せば、我は道理と計数を以てこれに反対し、その取引に協力せざること、といった内容を含んでいた。このため、国会だけでなく海外にも大きな反響を及ぼしたため、上程されなかった。同年十二月十一日、尾崎はかねての持論である「世界連邦建設に関する決議案」を議会に提出した。尾崎の世界連邦は、廃藩置県のような「廃国置州」で、世界中央政府は、国際紛争の予防と裁決のみを主として担当し、独立国家に近い州で連邦を構成するというものである。尾崎は、『我が遺言』のなかで次のように述べている。

私がもっとも念願とするところのものは、世界連邦建設の提唱にある。あの惨虐な戦争はなにから起るかといえば、国家と国家の対立から起る。しかもこれからの戦争は一国と一国の戦争ではなく、国家群と国家群の戦争である。その規模はすこぶる大きい上に、科学の進歩によって使用されるところの兵器はいままでの比ではない。もしつぎに大戦争が勃発したら人類はほとんど破滅するであろう。私は、どうしてもこの戦争というものを防止せねばならぬと考える。文明の進歩によって世界は数日のうちに一周できる。談話のごときは一日に数回も世界のどこの国とも通話ができる。かくのごとく狭くなった地球上に、国家と国家が対立することはまことに不合理である。

（尾崎行雄『我が遺言』国民図書刊行会、一九五二年、七—八頁）

世界連邦も夢物語と思ってきたが、EUが政治的統合と通貨の統合まで実現した。世界連邦の夢も、二一世紀に具体化出来るであろうか。

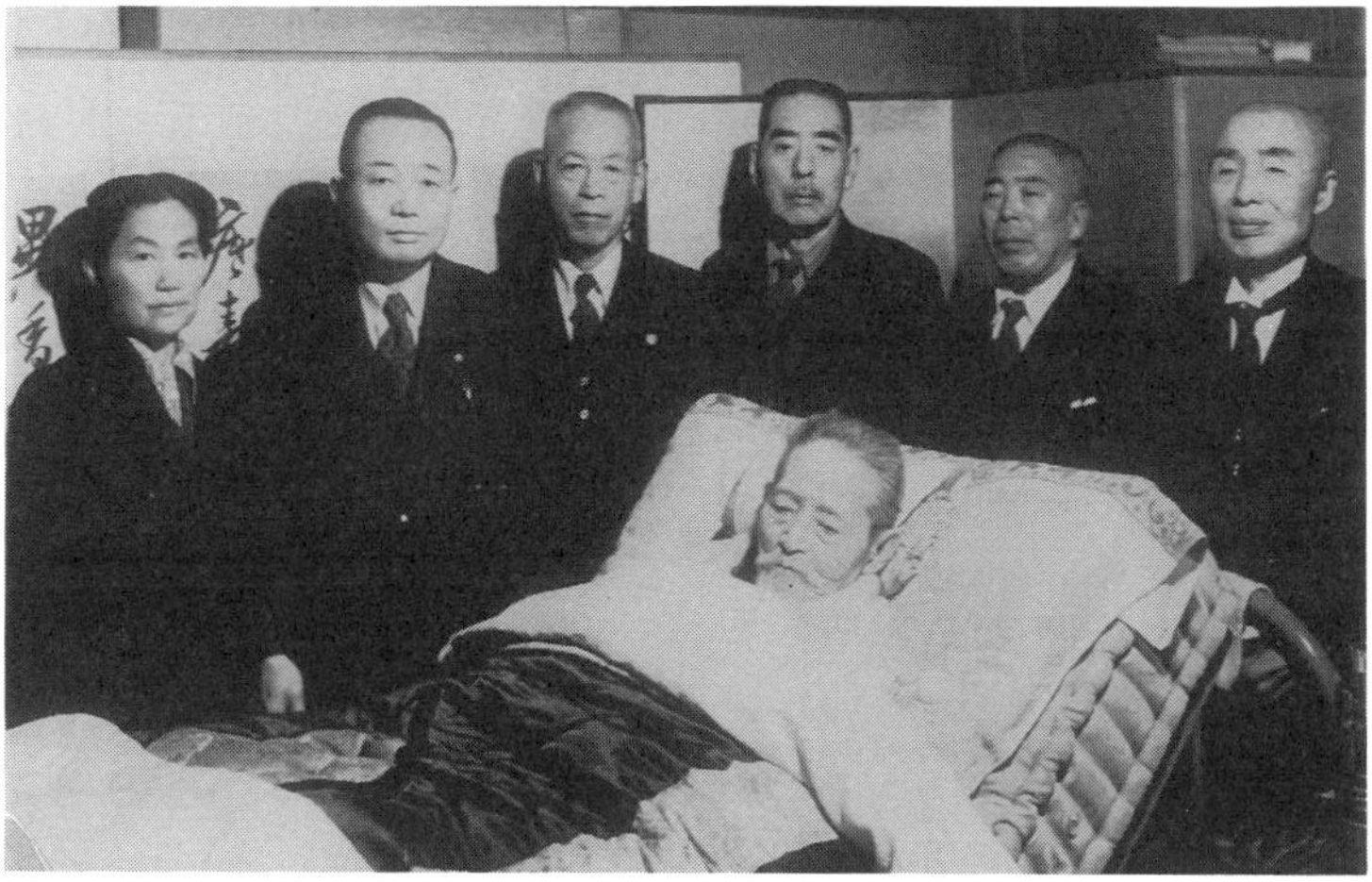

1953年２月16日　逗子尾崎邸にて、病床の尾崎行雄。
この直後３月14日衆議院解散（バカヤロー解散）、４月の第26回総選挙で
尾崎落選する。翌年10月６日死去。

毎日新聞　The Mainichi　昭和29年10月8日　（金曜日）　（8）

三重版A

故尾崎翁に尽きぬ思い出

失った郷土の誇り　惜しむ県民

育てた議会政治の道

県政界に大きな足跡残す

選挙民に不動の"信仰"

県民のさみしさ一しお

共に闘い励ます

奇しくも築地本願寺に相よる魂

秘められた両翁の友情

もう一度当選を

残念だった名誉議員

苦難の中でも都

都逸口ずさむ

翁ゆかりの住家

桂公とは仲が悪かった

尾崎への思いを語る新聞報道（一九五四年十月八日付、毎日新聞）

尾崎行雄の衣鉢を継ごう

一九五〇年（昭和二十五）尾崎は九三歳、アメリカの日本問題審議会の招待に応じて、渡米した。同行したのは、行輝、雪香、服部フミ、伊佐秀雄の四人。五月十六日、羽田を出発、大歓迎を受けて、六月二十七日帰国した。一九五二年一月、病床につき、国会にも出席出来なくなった。この年八月二十八日、吉田首相は衆議院を憲法第七条に基づいて「抜き打ち解散」を行った。これにより総選挙が、十月一日行われることになった。尾崎は病床にあったが、三重咢堂会が立候補から選挙運動まで取り計らい、第三位で当選を果たし、連続二五回当選の記録を作った。ところがその翌年五三年三月、吉田首相の「バカヤロー」暴言で、またもや解散となり、四月十九日総選挙が行われた。この二六回総選挙で遂に落選となった。そしてすべてに使命を果たしたかのように、一九五四年十月六日、九五歳一〇ヵ月の生涯を終えた。

尾崎の死後、尾崎行雄記念財団が設立され、国会前の公園に尾崎行雄記念会館が建設された。その後、この記念会館は憲政記念館に吸収合併され、尾崎メモリアル・ホールが開設されている。その他、神奈川県津久井町の尾崎の生家跡地に尾崎咢堂記念館が、三重県伊勢市の尾崎旧宅が尾崎咢堂記念館となっている。

日本の政治を良くするためには、尾崎のような政治家が必要である。権力は腐敗するという政治の実態を、放置していたのでは、政治は何時まで経っても良くならない。政治を良くするには、まず政治家が自らを正しく律しなければならない。一人でも多くの二一世紀の尾崎行雄の出現を待望している。それとともに、国民も、尾崎精神を踏まえ、政治に参画することが、民主政治を確立する道である。

政治家も、国民も、尾崎行雄の衣鉢を継いで、民主国家と世界平和を確立しよう。

三　日本の選挙の問題点と卾堂選挙

第二次世界大戦後、日本は戦禍の廃墟から立ち上がり、奇跡とさえ言われる経済復興を成し遂げ、高度経済成長により世界の超大国の一つとなった。それと共に、日本国憲法を制定し、国民主権に基づく民主主義体制を確立した。しかるに、日本の経済は一流であるが、政治は三流というのが、世界の定説とされている。政党政治の未熟さや、日本独特の派閥政治なども一因であるが、最大の要因は、黒い霧事件、ロッキード事件、リクルート事件など、相次ぐ疑獄・汚職事件である。これらの事件が、マスコミで大きく報道されるため、日本政治のイメージが極度に損なわれる結果となっている。このことは、マスコミの責任ではなく、汚職事件を引き起こす日本の政界の責任であることは言うまでもない。

政治家が汚職事件を引き起こす最大の要因は、選挙に金がかかることにある。これは、選挙のみではなく、選挙区培養行為としての後援会活動などを含めてのことである。日本の公職選挙法は、選挙期間以外の選挙運動を一切禁止している。このため、政治活動としての後援会活動が、実質的な事前運動として盛んに行われることになる。国会見学や時には温泉旅行までが、政治家の負担で実施されている。名目は政治活動であっても、実態は買収・供応に近い。これに加えて、選挙での腐敗行為も跡を断たない。イギリスでは、一九世紀に選挙の浄化に成功し、その他の先進国でも、現在腐敗選挙が行われている国は殆ど無い。日本の政治を一流にするには、何よりも政治汚職と金権・腐敗選挙を根絶しなければならない。

第一回総選挙より連続二五回の当選を果たした尾崎行雄は、手弁当の後援者に支えられ、文字どおり「出たい人より、出したい人を」が実践された実例である。今こそ政治家としての尾崎行雄と、それを支えた有権者の在り方を、日本の政治家と有権者は学ばなければならない。リクルート事件に端を発した政治改革は、選挙制度を小選挙区比例代表並立制に変えたといってよいほど政治腐敗の根絶には、程遠いものに終わった。僅かに連座制の強化が評価できる。選挙区制よりも、基本的な政治汚職と腐敗選挙の根絶が、政治改革の何よりの課題である。まず尾崎行雄から学ぶことが政治家と国民にとって急務なことである。

1　日本の選挙の問題点

リクルート事件は、野党の政治家をも含め、政官財の各界を巻き込んだ日本の政治史上最大の汚職事件であった。国民の政治への批判と不信の高じる中で、竹下首相は、政治改革のための「有識者会議」を招集し、自民党にも「政治改革委員会」を設置した。有識者会議は、「緊急に講ずべき処置」として、閣僚の資産公開、パーティ規制、冠婚葬祭等への寄付規制の強化などを打ち出すと共に、「中長期的に改革すべき事項」として、衆参両院の定数の在り方、選挙区・選挙制度、政治献金の在り方、政治資金の透明性の確保、政党法・政党への公的助成の在り方、国会運営の在り方、参議院制度の改革、政治浄化運動、地方自治の改革、を提示した。自民党政治改革委員会も、「政治改革大綱」を答申し、「いまこそ事態を深刻かつ率直に認識し、国民感覚とのずれをふかく反省し、さまざまな批判にこたえ、政治は国民のものと宣言した立党の原点にかえり、党の再生をなしとげて国民の信頼回復を果たさなければならない(1)」と述べ、自民党としては思いきった改革案を打ち出した。

その第一に、「政治倫理の確立」がうたわれている。大綱は、「かつてわれわれは、衆参両院において、「政治倫理綱領[2]」を定めたが、政治家が保つべき政治姿勢の指針は、まさにここに言い尽くされている。したがってわれわれは、政治倫理綱領の遵守を政治家としての資格の第一義とし、自らにきびしくこれを課す決意をあらたにする[3]」としている。このように、政治家が守らなければならない処方箋はすでにあったのである。それが実際に守られなければ、全く意味がなく、同じ過ちが何度でも繰り返されることになる。大正末期後藤新平は、「政治倫理化運動」を展開している。尾崎行雄も、三重で理想選挙同盟会を発足させている。その後、行政主導の形で、戦前は選挙粛正運動、戦後は、公明選挙運動、明るい選挙運動と引き継がれて来たが、政治家や有権者が実行しなければ、少しも実効が上がらない結果となる。

政治改革の動きは、一応政治改革三法案として国会に提出されたが、争点が小選挙区比例代表並立制に絞られ、自民党内からも反対が出て、結局廃案となってしまった。「政治倫理の確立」も、それと共に棚上げの形になっている。しかし、政治改革の動きを、このまま放置してしまって良いのであろうか。政治疑獄・汚職事件の再発は、当然のように予想される所である。それは、政治家の体質や有権者の対応に、少しの変化も見られないからである。このように政治汚職が繰り返されるのは何故か。そのなによりの理由は、当選するために金がかかることである。政治家になるには、選挙で当選しなければならない。そのためには、絶えず選挙区の面倒を見、有権者に働きかける必要がある。冠婚葬祭を初め、後援会活動、陳情の世話など、選挙以上に実質的な事前運動に金がかかることになる。その金は、主として企業や支持団体から集めることになるが、そのなかに賄賂が含まれることが出て来るのである。「政治家は国を考え、政治屋は選挙を考える」という言葉があるが、二五回も連続当選できた尾崎行雄は、例外中の例外といえるであろう。

尾崎行雄がイギリス滞在中に、日本の衆議院議員選挙があり、尾崎は不在中にもかかわらず当選した。このことについて、尾崎は次のように言っている。

元来、不在当選ということは、難中の難事である。ところが、私が不在中に当選したので、そのことを知った私の知人たちは、みんな大いに驚いた。殊に私が、わが議会始まって以来の継続議員であることを知ったときには、彼らはますます驚いた。英国には、最も長く議会にいる議員をば「議会の父」と呼んで、尊敬する習慣がある。故に英国流に言えば、私は日本の「議会の父」である。しかもロイド・ジョージと同じに、四〇年以上議員をしていることを知った彼らは、ますます驚かざるを得なかった。彼らは私を、五十代の人間と思っていたから、それでは十歳ばかりで議員に当選したことになる。驚いたのは無理もない。[4]

このように尾崎行雄が連続して当選できたのは、尾崎のために手弁当で選挙運動をする支持者がいたからである。金権選挙で当選していたのでは、金の切れ目が縁の切れ目になってしまう。

政治改革の何よりの課題は、政治倫理の確立にあるといえる。日本が、政治一流国を目指すのであれば、何としても達成しなければならないものである。その第一は、政治の浄化、すなわち政治腐敗を無くすことである。江戸時代でも田沼時代は賄賂の横行で有名である。明治以後の政治の歴史は、汚職・疑獄の歴史と言っても過言ではないほどである。これは政治家の倫理の問題であるが、その背景に当選の為に金を必要とする政治家のニーズがあり、それと結び付く企業や業者の利権がからんでいる。政治倫理の第二の課題は、選挙の浄化である。広義では政治の倫理化の一環であるが、昔から選挙粛正運動、公明選挙運動、明るい選挙推進運動など選挙浄化の運動が、伝統的に続けられて来た歴史があり、別個に考えるのが普通である。選挙の浄化には、買収・供応を中心とする腐敗選挙を浄化すること、金権選挙・情実選挙・地区推薦などの強制的選挙を排除することや、棄権の防止など有権者にたいして啓発することなどがある。選挙が議会政治の基礎であり、金のかかる選挙が政治腐敗の一因となっていることを考えると、選挙の浄化・倫理化が政治倫理の確立の根本ということができる。

政治倫理の第三の課題は、政治の在り方を正すということである。第一と第二の主眼が、不正や腐敗を正すという点に置かれているのにたいし、第三の政治の在り方とは、国民の政治に対する在り方を中心に考えることである。換言すれば、民主主義を確立するということである。戦後日本国憲法によって国民主権が実現したが、本当に国民が政治の主人公になったであろうか。国民一人一人が、主権者意識を持ち、政治に積極的に拘わっているであろうか。貴重な選挙権を売り渡したり、遊びに出掛けて棄権したり、健全な主権者といえないものが少なくない。尾崎行雄は、二度の大臣経験と東京市長官職経験があるが、大部分は在野的であり、権力志向ではなかった。したがって、地元への利益導入行為も少なかった。その尾崎の連続当選を支えたのは、政治家尾崎を信頼し、その政治行動に理解を示し、手弁当で選挙運動を実行した三重咢堂会の人達であった。政治家と有権者の在り方のモデル的存在である。有権者の在り方という点からも、尾崎行雄の選挙を考察する必要がある。

2　咢堂選挙――二五回連続当選の要因

尾崎行雄が生まれたのは、神奈川県津久井郡又野村（現在津久井町）である。一八九〇年七月一日に、第一回衆議院議員総選挙が行われることになったが、又野村とは縁が薄く、選挙に出られる基盤がなかった。尾崎はそのためどこから立候補しようか迷った。そこへ三重県の父親から、三重県で立てば容易に出られそうだと伝えて来た。父行正が役人をしていて、殖産事業に熱心で、県内各地に知り合いも多かった。そこで尾崎は、第二の故郷三重県から立候補することになった。第一回総選挙について、尾崎は次のように言っている。

これは私にとっては、六十余年の議会生活が始まるべき、記念すべき選挙であったが、印象に残るほどのこともなかった。この時の選挙には、別に競争者という人もなく、あっても一区二人の選挙であったので、競争者は北川矩一君の方に向かい、私は有効投票千九百十九票のうち、千七百七十二票を占めて、易々と当選した。[5]
このように第一回総選挙は、圧倒的勝利で当選を果たした尾崎であったが、第二回総選挙で早くも困難に遭遇した。民党が圧倒的多数を占めた議会は、第一議会から政府と議会の厳しい対立となり、第一議会こそ初めての議会ということで何とか乗り切れたが、第二議会は初めての解散となった。政府は、内相品川弥二郎を中心に選挙大干渉を行った。尾崎は民党側であり、当然干渉の対象であった上に、地価修正問題で反対派と誤解され苦境に立った。

こんなわけで、政府の干渉が猛烈なうえに、地価修正問題が祟って、帰ってみると、とても不評判である。誰一人私に、立てという者はない。最初の選挙に私に賛助した町村長のごときは、ほとんど全部私に反対することになった。その他の同志も、いずれも逡巡して、一人も助けようという人はない。私の参謀長ですら、「どう考えても勝算がないから、一期だけお休みなさい」といい出す始末であった。これでは仕方がないと思ったが、退くにも退かれぬ立場であるから、私は旧同志者の集まった席上で、「よし、そんなならもう皆様のご援助は求めぬ。独力でやる。」と言い放った。すると妙なもので、では負けるまでも、運動してみようかという人が、ポツポツ出て来た。しかしそれは極く少数であった。[6]

この選挙で尾崎は、悪戦苦闘の末、一一〇四票を獲得し、定数二の第二位で当選した。その理由について尾崎は、「こうして私は、辛うじて当選することができたが、これは何が幸になるか分からぬもので、私は前に述べたとおり、大層不評判であったので、内務省の秘密報告にも、負けということになっており、政府側も安心して、非常手段を取らなかったためであった。[7]」と言っている。

第三回総選挙は、一八九四年三月一日行われたが、尾崎にとってこの選挙は一番苦しいものとなった。対立候補となった門野幾之進は、慶応時代の教師であり、鳥羽町の名家の出身でもあったので、難しい選挙戦であった。尾崎は、先生を超えることが必要だと反論して選挙民に訴えた。このようにして尾崎は、改進党の同志森本確也とともに、自由党の二候補を退けて、当選を果たした。

これら三回の選挙で尾崎は、選挙区における基礎的な地盤を築きあげた。これは尾崎の政界や論壇における名声と、当時は珍しい洋行帰りということが有権者を引き付けたということもあったが、父行正が役人時代に培った勢力がものをいったのは否定できない。行正の知人の有力者たちが、尾崎のために働いてくれ、これがよそ者扱いされない要因となった。その後尾崎の支持者たちは、尾崎に心酔し、六三年にわたり、尾崎に投票し続けた。伊佐秀雄は、そうした実情を次のように述べている。

これらの人々は祖先の位牌を守るような気で尾崎を守り、尾崎を崇めた。尾崎が一度も選挙区へ顔を見せないその後の外遊中でも尾崎を当選させ、太平洋戦争中、尾崎が不敬罪という忌まわしい罪名で起訴されていたときですら尾崎に投じた。尾崎の晩年の選挙には著者も毎回行って選挙を手伝ったが、選挙運動に働く人々はいずれも尾崎の崇拝者であることはいうまでもなく、尾崎に投ずる選挙民の大多数もやはり尾崎を尊敬しているので、演説の日時を知らせるビラや演説会場に吊すチョウチンなどには「尾崎行雄先生推薦演説会」と書かれてあった。つまり尾崎は選挙区にいないものとして運動が進められる仕組みになっていた(8)。

このような政治家と支持者の人間関係は、地元利益誘導型の政治家などでは考えられない、本当の政治家としての人間性や政治信念への信頼関係として生み出されるものである。そのため支持者は、手弁当で選挙運動を行った。

選挙事務所には世話人や労務者が忙しく働いていたが、いずれも名利を超越しているものばかりだから、事務所で出す粗末な食事に少しの不平の色はなく、中には自分で携帯した風呂敷包みからむすびを取り出して食い、サッサと与えられた任務につくという有り様で、選挙事務所というよりは敬虔な信者の集まった伝導所に見るような風景であった。[9]

イギリスの選挙は、日本では考えられない一五〇万円程度の法定選挙費用で行われている。その何よりの理由は、選挙運動が運動員の戸別訪問中心であり、その運動員が無報酬で働くからである（運動員への報酬の支払いは、法で禁止されている）。尾崎の選挙が正にこのイギリス方式であった。そのイギリスでも、議員は日常的に選挙区の世話をするのであり、尾崎のように選挙中外遊するといったことは考えられず、尾崎のことを驚きかつ羨んだことは先に触れたところである。

選挙中も尾崎は同志の応援などに忙しく、自分の選挙区へ詰めきるわけにいかないので、選挙会場をくまなく回るなど思いもよらず——六十余年間一度も顔を見せない村も多数あった——大多数の演説会場には候補者の姿はなく、候補者の演説の録音板をもって推薦者や応援者が回るだけであった。中には内容のお粗末な演説もあるが、聴衆は一人残らず尾崎ファンであるから、熱心に耳を傾け、妨害もやじもなく和やかなものだった。[10]

尾崎は、普通選挙の実施がきまった一九二五年四月に、「普通選挙後の政界」という演題で政談演説会を開き、その中で金権選挙を痛烈に批判している。

今日の議員候補者は選挙の度毎に多額の費用を行使しておる。すなわち先年の選挙においても最高は三十万円、四十万円を使い、少ないものでも三万円から五万円行使しておる。これがそもそも間違いの元だ。イタリアでは議員を挙げるには、その費用は人民が出しておる。これは自分らの弁護人を頼むのに先方に費用を出させるということは理屈に合わぬという点からである。しかるに我国のは前述のように先方が金を出す、出せば人間としては取り戻したくなるのが常である。そこで当選すれば人民側につかず党議をもって商人と結託し数十万という金儲けをする。結局困るのは人民である。選挙運動のときにいささかの金を取り弁当を与えられたとしても後で諸種の税金を取られるのであるから、ひっきょう運動費も人民お互いが出しているより以上である。この点にお気付きにならぬとは誠に残念である。日本の選挙は犯罪の大演習をやっているようなものだ。法律では運動に金を費消せぬよう定めてあるが、みんな法律の裏をくぐって犯罪をやるとて選挙違反事件の多いこと。我国の選挙は政府党が常に優勢で野党が微力であるのは何のためだ。これ全く選挙民が選挙の二字を解せぬからだ。[11]

尾崎が、このように金権選挙に厳しい批判が出来たのは、自分自身がそうした選挙を一切していないからである。政治家は、自ら正さなくては他人の批判は出来ない。イギリスも一九世紀の初期までは、ひどい腐敗選挙であった。イギリスの代表的な画家ホーガス（一六九七―一七六四）の作品に「選挙」という一連のシリーズがある。酒場で供応している図、街頭で買収している図、投票所に病人までかつぎ込んでいる図、当選した候補者を椅子で担ぎ挙げて当選パレードしているそばで反対派と暴力沙汰が繰り広げられている図など、皮肉たっぷりに当時の選挙風景を風刺的に描いている。酒場を借り切り、飲み放題で酔っ払った有権者を馬車で投票所に連れて行くといったことは普通のことであった。このような腐敗選挙を助長した一因に、投票が公開で口頭によって行われたことがある。これらの腐敗行為は、決して野放しにされていたのではなく、一六九六年には供応法が制定され、買収・供応を行ったものは選挙権を失い、選挙は無効になると規定された。一七二六年には、買収法が制定され、すべての選挙人は買収に応じないことを宣誓しなければならないなど更に厳しい規定が作られ、一八〇九年法で間接的買収も処罰の対象となった。しかし、これらの法律は結局十分な効果を上げることが出来なく、腐敗選挙が半ば公然と続けられた。

イギリスで選挙浄化を含めた選挙改革が本格的に進められたのは、一八三二年の選挙法改正（第一次）からのことであった。この選挙法改正は、大改革法と呼ばれ、イギリスの「合意による革命」といわれるほどの大きな社会的改革の始まりとなった。この選挙法改正の中心は、選挙区の再画定であった。長い間選挙区がそのまま放置されていたため、不合理性が大きくなり過ぎていた。海に沈んだ選挙区や有権者が少なく地主や貴族の私有財産のような選挙区がある一方、都市化が進んで有権者が多くなり過ぎた選挙区も多数あった。この改正法も難航したが、一四三議席が再配分された。しかし、選挙権はほとんど拡大されなかったので、この点の不満が、チャーチスト運動や選挙権拡大運動に結び付き、社会改革の第一歩となったのである。

だが腐敗選挙は、この法改正では根絶出来なかった。一八四一年総選挙は、腐敗が特にひどかったので買収議会とさえ呼ばれた。その最大の原因は、当時の国会議員をはじめ社会全般が選挙犯罪を軽視していたことにあった。候補者も選挙運動員も買収を犯罪とは見ていなかったし、一般の人も同様であった。政治道徳の水準も低く、腐敗行為が一般的であったため、当たり前のことと考えていたのであった。一八三二年以後の二〇年間で「選挙浄化」は、下院で最も多く論議された問題であった。それほど大きく政治問題化されながら、効果的な対策はなかなか具体化しなかった。しかし、選挙に金がかかり過ぎ、政治倫理上からも放置出来ないと、積極的にその対策を考える議員が現れ、関係の法案が提出されるようになって来た。一八四一年に買収法が改正されたが、一八四七年総選挙は、またもや腐敗選挙であった。これに対し一八五二年に腐敗選挙の調査を行う選挙委員会の設置を規定した法律が出来た。この法律は、委員会に証人の免責を与えることが出来るという画期的なものであった。こうした議員が先頭に立った選挙浄化の運動で、一八五四年に厳しい内容をもった腐敗行為防止法（Corrupt Practices Act）が制定され、選挙浄化に大きな一歩を進めた。一八六七年に第二次選挙法改正が行われ、選挙権の資格要件が大幅に引き下げられ、有権者が二倍近く増加した。このことも選挙浄化に役立った。そして一八七二年秘密投票法が成立し、選挙浄化の切札の一つとなった。このようにイギリスの選挙浄化は次第に効果を上げて来たが、八〇年代に決定的な改革が行われた。まず一八八三年に、腐敗および違法行為防止法（The Corruptand Illegal Practices Act）が制定され、罰則の強化、選挙費用の厳しい規制などが決められた。

この法に対して議員から苛酷過ぎるなどの反発を招いたが、腐敗行為や選挙費用は着実に減少して行った。翌一八八四年第三次選挙法改正が成立し、選挙権がさらに拡大された。一八八五年議席再配分法が成立、人口と議席の不均衡が是正され、小選挙区制が確立された。こうしてイギリスでは、二〇世紀の初めには、腐敗選挙はなくなり、理想選挙といわれる今日のような選挙が実現した。イギリスの理想選挙は決して一朝一夕になったのではなく、長い年月と、選挙権の拡大、秘密投票制の導入、世論の力などがその推進の要因となったが、何と言っても国会議員が先頭に立ち、厳しい罰則や公民権の停止などの重荷を自らに課したことにあると言える。

日本で腐敗選挙の根絶が出来ないのは、せっかくの規制や罰則が、骨抜きやざる法化で少しも実効が上がらないからである。尾崎行雄のように自ら理想選挙を実践し、選挙浄化に先頭に立って取り組む政治家が出て来ないと、日本の政治の倫理化は達成されないし、選挙の浄化は不可能である。なにしろ法律を作るのは、国会議員以外にいないのであるから。

3　選挙区民と甹堂の関係

国会議員は、国民全体の代表であり、同時に選挙区から選ばれる選挙区民の代表でもある。その意味で、選挙区の陳情などの世話をしたり、地元の利益のために働くのは、議員として当然のことと言える。しかし、地元への利益誘導が、選挙民による議員の評価の基準となっては、国会議員の働きが歪められるだけでなく、有権者としての在り方も問われることになる。それでなくても国会議員は、次の選挙での当選を図るために、公的な選挙区の世話のみでなく、私的な冠婚葬祭や進学・就職などの世話まで、選挙区民の世話に追われている。この点については、有権者の態度にも大きな問題がある。

尾崎は、二度の大隈内閣に文部大臣と司法大臣として入閣したことがあり、また、東京市長になったが、多くは在野的あるいは中立的立場を取り、権力志向ではなかった。一九一六年ごろからは、憲政擁護運動、普通選挙獲得運動など反体制運動の先頭に立ち、中でもシベリア出兵反対や軍縮論で軍部に抵抗したため、上からの圧力が強く、地元への利益誘導どころではなかった。三重の有権者が、尾崎を支持したのは、その政治信条や政治行動を支持したのであって、地元への利益に期待したのではなかった。

伊佐秀雄はこう言っている。

尾崎と選挙民との間には親子のような親愛の情がただよい、選挙民が候補者から投票の代償に金や物を求めることなどは夢にも考えられなかった。また尾崎の選挙にたずさわる人々を中心として三重咢堂会という団体があり、平生から選挙費用を積み立てておいて、イザ選挙となれば候補者を煩わすことなく、すぐ運動に取り掛かれる仕組みになっていた。こうして自分たちで積み立てた金で選挙を行うのだから、みんな費用をなるべくかけないように心掛けるのは当然である。選挙費用が余って、それを咢堂会から尾崎に献金したことさえ珍しくなかった。(12)

また尾崎が、国政の為に働き、国民の立場で運動していることを、選挙区民は理解し、そうした尾崎に期待していた。したがって、選挙区の問題にかかわらなくても、選挙中に尾崎がいなくても、選挙区民はそれほど気にかけなかった。

イギリスにおける一流政治家でもその選挙民に対しては常に深く意を用い、有力者には旅先からハガキを寄せたり、折にふれてその訪問を受けて雑事を手伝ってやったりして、日頃から選挙区を培養しているというが、尾崎はほとんどそういうことはやらず、国のためには生命を賭して働いたが、選挙区の利害問題には深い関心を示さず、また選挙民もそれを当然とし、小さな地方問題で尾崎を煩わそうとするものはなかった。尾崎が渡英中、選挙を全く人任せにしておいて当選したと聞いて、イギリス人も驚きかつ羨ましがったそうだが、これは選挙の苦労を知るものなら誰でも感ずるところであろう。[13]

この尾崎と選挙民の関係を、現在の政治家に要求するのは無理であろうが、政治力を利用して地元に利益をもたらすのが国会議員の第一の仕事であるという考えは持ってもらいたくない。国政が第一である。有権者にもこの認識が必要である。選挙区民のために汚職をやる議員では困るのである。

尾崎は、政党の腐敗を厳しく糾弾すると共に、それは全国民の腐敗でもあると言っている。

政党の腐敗ということは、とりもなおさず全国民の腐敗ということになる。

政党は外国人を雇って来て誂えるものではない。みな日本人をもって組織しているのであるから、全国民が腐敗しなければ政党だけで腐敗することは出来ない。もし政党だけ腐敗することがあれば、腐敗しない国民は、その政党には投票しないから、すぐ悔悟するか消滅するかいずれかになる。幾ら選挙を繰り返しても、政党の勢力が衰えないというのは全国人民が政党の程度に腐敗しているからである。その証拠は政党が腐敗しているばかりでなく、官僚からも、軍部からも一流の人が監獄に行く。どこを見ても、政党の程度までは官僚も軍部も、民間の者もみな腐敗している。[14]

政治・選挙の腐敗は、政治家に第一次的責任があることは否定できないが、尾崎のいう通り国民全体にも同等の責任がある。汚職で言えば、賄賂を受け取る側と送る側は同罪である。選挙でも、票を買収するものと、買収されるものとは同罪である。ところが選挙では、買収するのは罪になるが、買収されるのは罪にならない、と思っている人も少なくない。汚職となると金額も大きいが、選挙の買収や供応では、一般の有権者が受け取るのは金額も小さく、受け取る物品も、砂糖一キロとか下着、タオルなど手土産程度の物が多いことも一因である。たとえそれが罪になると知っていても、知っている人がみんな貰っているとなると、つい気楽に受け取ったり、断りにくいと受け取ったりするのが普通である。それが汚職や腐敗選挙の土壌になっていることを考えると、有権者の責任は重大であると言える。

4　明るい選挙実現のため咢堂選挙に学ぶべきこと

尾崎がその生涯をかけて追及したのは、民主主義と平和主義の実現である。尾崎の生きた二〇世紀は、それに反する独裁と戦争の世紀であったといっても過言ではない。日本もその例外ではなかった。天皇制、藩閥政府、元老政治、軍部ファシズムなどと、尾崎は絶えず戦わねばならなかった。その尾崎を支えたのは、六三年間尾崎を信頼して議会に送り込んだ、三重の選挙民である。単なる在野人であったなら、尾崎といえども、あれだけの活躍や影響力を発揮することは出来なかったであろう。その意味で、日本が逸早く議会の開設に踏み切ったことは、日本の近代化にとって非常に幸いした。

尾崎が、何よりも心砕いたのは、その議会政治の確立であった。

全世界の人類が数千年間にわたる悲惨な歴史を繰り返した後、その手段方法として発見せられたものが、立憲代議政体である。人知の進歩は、際限がないから、今後いかなる名案妙法が発明されるかも知れないが、今日までのところでは、立憲政体の右に出る方法は、まだ実際上においては勿論のこと、机上の理想論としても、まだ案出されていない。立憲代議政体の運用法は一にして足らないが、君意民心（治者と被治者といってもよい）を融和一致せしむるの点においては、議会政治又は政党政治の右に出るものはない。[15]

尾崎は、このように議会制を高く評価している。

その議会政治を担うべき政党と政党内閣について、その転落の要因を尾崎は次のように鋭くついている。政党が解体される直前の一九三八年の論説であるが、今日でも遺憾ながら適合すると言える。

政党内閣がその出現後僅か数十年にしてたちまち転落し、今日の惨状を呈するに至ったのは、何故であるか。これを大別すれば、（甲）一般人民の知徳の欠乏と、（乙）政党員の不心得に帰着する。政党内閣制の下においては、政党は総選挙に当たって、多数の当選者を得なければ、大命を拝して内閣を組織することはできない。しかるに我国選挙人の大多数は、まだ主義政策の是非善悪を判断して投票するの知識と道徳に欠乏しているから、概して運動費を多く使うものに投票する。それがため大政党の首領株は、総選挙毎に少なくも二、三百万円、多きは一千万円近くの運動費を作らなければならぬ。この大金は実業家なら格別だが、政治家では、収賄請託等の不正手段に出るほかに、これを作り出す道がない。ここにおいて、いかなる清廉潔白の人物といえども、一たび政党首領となり、長くその位置を維持せんとすれば、各種の不正手段を施して、該党必要の選挙費を調達せざるを得ない。立派な政党員が、続々破廉恥罪を犯して監獄につながれるに至ったのは、全く選挙人の無知腐敗の結果、多額の選挙費用を散布せねばならぬ必要から起こったのである。[16]

尾崎が指摘しているように、有権者が政策や主義から判断して投票すれば、世論が政党勢力に正しく反映することなり、政党も多額の選挙資金を必要とすることがなくなり、政治汚職もなくなるということは、現在でも当て嵌まることである。有権者の姿勢が厳しく問われている。

かくの如くしてせっかく実行期に入った所の政党内閣制は、選挙の腐敗と政党首領の行政上の非行とによって、自ら没落を招くに至った。これを換言すれば、全国多数人民の知識道徳の欠乏と政党自身の堕落腐敗に帰着する。この経路を検討理解すれば、将来政党内閣を復活せしむべき手段方法も、自ら分明に悟了せられるであろう。我国人は封建的専制的忠愛心には富んでいるが、まだ立憲時代の忠愛心を理解し得ない。戦場においては、身命を投げ出して、君国の為に働くが、選挙場裡においては、理性も良心もなきもののごとき振る舞いをなす。選挙人も議員も、この点においては、少しも異なる所はない。この弊風を改めざる限りは、政党内閣は到底復活することはできない。さりとて政党内閣以外には、善良な内閣を作り、君意民心の融和一致をもたらすべき手段方法がない[17]。

戦後尾崎は、推薦を求めてきた候補者に、一〇項目の条件を示している[18]。「議員は元来選挙人の希望に応じて、その任務に当たるべきものにして、候補者が選挙人に哀訴嘆願して、その任務に当たるべきものに非らざることを認識すること」「たとえこの原則を実行する能わざるまでも、なるべくこれに背反せざるよう心がけること」「選挙に当たり、多くの資金を濫費して、インフレーションを助長するがごとき運動をなさざること」「当選後は良心の判断に基づき、正邪曲直及び国家の利害得失を主眼として、常に賛否を決すること」「議会は国家国民のために懇談熱議すべき場所であって、討論会でもなく、喧嘩口論の場所では勿論ないことを熟知しなければならぬ。議事堂の内外において暴行を用いるごときは、これを厳罰すること」「自他の幸福を増す言行を正しとし、これを減らす言行を邪悪とするの習性を養うこと」「良心に背いて党議又は組合の決議に屈従するがごとき悪習慣を矯正すること」これらは現在の政治家にも要請されることである。

政治を改革するには、まず国民の範たるべき政治家が襟を正さねばならない。衆参両院で決議された「政治倫理綱領」は、「政治倫理の確立は、議会政治の根幹である。われわれは、主権者たる国民から国政に関する機能を信託された代表であることを自覚し、政治家の良心と責任感をもって政治活動を行い、いやしくも国民の信頼にもとることがないよう努めなければならない。」とうたっている。

それ以上に責任があるのが国民である。尾崎も、政治腐敗は日本全体の罪である、と指摘している。良い政治の基本は、国民が良い政治家を選ぶことである。その意味で、尾崎と三重の選挙区民の在り方は、範とすべきものである。

二一世紀の日本の課題は、真の民主主義の確立である。議会政治の確立のためと独裁政治に抵抗して生涯を戦い抜いた尾崎を、私達は今もう一度見直すと共に、謙虚に学ぶ必要がある。

注

(1) 自由民主党政治改革委員会「政治改革大綱」一九八九年五月。
(2) ロッキード事件を契機に、衆参両院に政治倫理協議会が設置され、一九八五年に「政治倫理綱領」とそれにもとづく「行為規範」が両院で決議されたが、法律でないため効果がなかった。
(3) 自由民主党政治改革委員会「政治改革大綱」。
(4) 尾崎行雄「咢堂自伝―日本憲政史を語る」『尾崎咢堂全集』第一一巻、六九九頁（以下『尾崎・自伝』）。
(5) 尾崎行雄『尾崎・自伝』、二〇九頁。
(6) 尾崎行雄『尾崎・自伝』、二三二頁。

（7）尾崎行雄『尾崎・自伝』、二二四頁。
（8）伊佐秀雄『尾崎行雄』、一九八七年、吉川弘文館、七四―五頁。
（9）伊佐秀雄、前掲書、七五頁。
（10）伊佐秀雄、前掲書、七五―六頁。
（11）三重県『三重県史一資料編』一九八八年、三重県、三八二頁。
（12）伊佐秀雄、前掲書、七六頁。
（13）伊佐秀雄、前掲書、七六～七頁。
（14）尾崎行雄「日本はどうなる」『尾崎咢堂全集』第九巻、五六九頁（以下『全集』と略す）。
（15）尾崎行雄「政党内閣の将来」（一九三八年「改造」六月号）『全集』第九巻、六四七頁。
（16）尾崎行雄『全集』第九巻、六四八頁。
（17）尾崎行雄『全集』第九巻、六四九～六五〇頁。
（18）尾崎行雄『尾崎・自伝』、七七二～三頁。

四　尾崎行雄の選挙の足跡

私が、初めて梅村学長から松阪大学へのお誘いを受けた時、先ず私の脳裏に浮んだのは、尾崎行雄ゆかりの地ということであった。松阪といえば、誰でも本居宣長と松阪牛を連想するであろう。私も、小学校で習った本居宣長と賀茂真渕の出会い「松阪の一夜」を先ず思い起こす。されど私にとっては、何よりも「尾崎行雄」なのである。その第一は、私が最も尊敬する政治家であるということである。尾崎は、六三年間の最長議員生活を送ったというだけではなく、護憲運動・普通選挙運動など日本政治の民主化運動の先頭に立ち、さらに弁舌を武器に時の権力藩閥政府や軍部ファッショに敢然と戦いを挑んだ闘士であり、世界平和のための世界連邦の提唱者であった。その尾崎を日本のため国会に送り続けたのが三重県民であった。第二は、尾崎行雄記念財団との縁である。三十数年前、私が国立国会図書館に勤務していた時、尾崎行雄に関心を持ち財団に出入りするようになった。相馬雪香先生をはじめ財団関係者の厚遇を受け、「選挙展」などのお手伝いや「世界と議会」への寄稿などをさせて頂き、近年は理事にして頂いている。

尾崎の三重県の住居は、現在「尾崎咢堂記念館」になっている伊勢市川端町にあり、当然地元との繫がりが深いが、選挙区は大選挙区時代には三重県全域であり、中選挙区では中・南伊勢にわたっていたので、三重県の生んだ政治家ということができる。松阪大学は、そのゆかりの地にあり、しかも政治経済学部ということで、私も尾崎行雄とのご縁を感じ就任を快諾した。だが、教壇に立ってみると、尾崎が亡くなって半世紀も経ったこともあり、学生の多くは名前も知らないほど無関心であった。私は、「政治学の基礎」や「現代政治」の講義で尾崎行雄を取り上げるとともに、ゼミの学生を「尾崎咢堂記念館」と「咢風会」に連れていき、尾崎行雄とその精神・思想について認識させるように努めた。そして後期に「松阪大学尾崎行雄政治研究会」を設立した。

尾崎行雄と三重県の関係であるが、『尾崎咢堂全集』全一二巻を調べたが、三重県について書かれたものはほとんど無いといって過言ではない。ほとんどがいわゆる天下国家を論じたもので、地元三重県にどのような貢献したかといったことは全く述べていない。これは利益誘導型の政治家が多い今日では考えられないことであるが、そうした尾崎を三重県民は、日本のためということで国会に送り続けたのである。その尾崎の選挙の足跡を検証しながら、尾崎と三重県民との繋がりについて考察することにする。

1　日本史上初の総選挙に三重県から立候補

尾崎行雄は、三重県の出身ではなく、神奈川県津久井郡又野村（現在津久井町）に、一八五八年（安政五）十一月二十日、生まれている。尾崎家は、又野村随一の名家であり、名主などを勤めた家柄であったが、父行正は、勤王の浪士として活動し、土佐の板垣軍に従って会津征伐にも参加した。その後行正は、安岡良亮の下で役人となって東京に住み、尾崎も一八六八年一一歳で上京した。一八七一年、安岡が高崎県の大参事として赴任したのに伴い、行正も高崎に移り、尾崎も同行した。翌一八七二年、安岡は度会県に転任となり、尾崎一家もこれに同行することとなり、ここで初めて三重県との関係が生まれることになった。尾崎は、高崎で英学校に入り初めて英語を学んだが、山田に英学校が新設され、高崎で指導を受けた小泉敦が招かれて転任してきたので、尾崎にとって幸運であった。

一八七四年（明治七）一月十八日、「民撰議院設立建白書」が提出されたが、尾崎は自伝のなかで次のように述べている。「私も山田の英学校で、この建白書を読んで、全身が電気にうたれたような感激をおぼえ、一生涯の進むべき方向が決められたような気がした。私の政治家たらんとする志は、このときかたまったのである。[1]」その年の七月、尾崎は上京し、慶応義塾に入学した。ここで尾崎は、福沢諭吉やイギリス思想の影響を受けた。一八七六年十月、熊本に神風連の乱が起こり、行正の上役であった安岡知事が殺され、行正は官を辞して熊本を去り、かねて土地を入手していた伊勢の山田に移った。この年、尾崎は、慶応義塾を退学し、染物屋を目指して工学寮（後に東京大学工学部）に入学した。しかし、ここは尾崎の性に合わず一年足らずで退学してしまったが、その在学中に「討薩論」という論文を書きこれが曙新聞に掲載された。これが尾崎が文筆や新聞と関わる契機となった。訳書の『公会演説法』や「権理提綱」、著書『尚武論』などがこの頃の出版物である。一八七九年、尾崎は福沢諭吉の推挙で二二歳の若さで「新潟新聞」の主筆となった。その間、自由民権運動や国会開設運動が激しさを増し、尾崎も中央の動きに関心を持っていたが、そんな折矢野文雄から政府に入るため上京を促す手紙が届いた。そこで尾崎は、一八八一年夏、統計院権少書記官という官職に就いた。犬養毅も同職に就いた。ところが二ヵ月で明治十四年の政変が起こり、大隈一派が追放され、尾崎も辞職することとなり、大隈を総理とする改進党の結党に参加することとなった。

一八八五年、尾崎は日本橋から推薦されて東京府会議員に当選した。一八八七年、尾崎は保安条例によって東京から追放され、それを機に外遊を思い立ち、アメリカを経由してイギリスに滞在した。このイギリス滞在中の一八八九年二月十一日、大日本帝国憲法が発布され、東京退去命令も恩赦で解消された。その年十月十八日、大隈重信が爆弾を投げ付けられて隻脚を失うという遭難事件の報に接し、尾崎は急ぎ帰国した。帰国した尾崎を待ち受けていたのは議会設立のためのわが国初の総選挙であった。その選挙に尾崎は、父行正の縁で三重県から立候補することなったが、その経緯について尾崎は「自伝」で次のように述べている。

この選挙で、最初私はどこから立候補しようかと迷った。生れ故郷は神奈川県だが、幼少時代の数年間を送っただけで、縁は薄いし、出生地の又野村には屋敷跡があるだけで、選挙に打って出るにも手蔓さえなかった。結局、友人がいろいろ心配してくれて、加藤政之助君などの世話で、埼玉県から立つことに、ひそかに決めていた。そこへ、退官後山田市の郊外に隠居生活をしていた父の行正から、三重県で立てば容易に出られそうだと伝えてきた。父は三重県で役人をしていたころから、殖産事業に熱心で、県内の各地を歩いて、有志の家などに泊り、方々に知合いが多かったし、私も少年時代、数年間を父母とともに山田市で過ごしたので、三重県はいわば第二の故郷であった。そこでにわかに三重県から出馬することになった。(2)

尾崎の選挙運動は、一八九〇年三月頃から始められ、三月十二日田丸町扇屋で、発起人荘司守、高部章二の両名で八〇人が集まって懇親会が開かれ、宇治山田町の懇親会が、三月十三日一志町の吸霞園で一三〇人の盛会で開かれたことが伊勢新聞に報じられている。(3) 伊藤丈吉が発起人代表で挨拶し、次に尾崎行雄が謝辞を述べそれより欧米漫遊中の来歴を流暢の弁をもって縷々演説したりと記されている。こうした会合が、尾崎の帰省の度に行われたものと思われるが、伊勢に戻って選挙運動に専念するということはなかったようである。

初めての選挙制度は、選挙権資格が男子二五歳以上で直接国税一五円以上という厳しい制限選挙で、小選挙区制であった。そして例外的に連記投票制の二人区があった。尾崎の選挙区は、三重県第五区で二人区であった。選挙区域は、度会郡、答志郡、英虞郡、北牟婁郡、南牟婁郡、で現在の伊勢市以南の地域であった。この選挙について、尾崎は「これは私にとっては、六十余年の議会生活が始まるべき、記念すべき選挙ではあったが、印象に残るほどのこともなかった。この時の選挙には、別に競争者という人もなく、あっても一区二人の選挙であったので、競争者は北川矩一君の方に向かい、私は有効投票千九百十九票のうち、千七百七十二票を占めて、易々と当選した。(4)」と言っているが、伊佐秀雄が指摘しているように、父行正の実績に助けられた結果であった。「尾崎の政界及び論壇における名声に当時は珍しい洋行帰りという魅力も加わってこの好成績となったのであろうが、一つには父行正が役人時代に培った勢力も大いに役立ったに違いない。尾崎が演説に廻ると、土地の有力者は大抵行正と顔見知りのものばかりで、尾崎のために手弁当で働いてくれた。(5)」

伊勢新聞の「本県衆議院議員列伝」で、第五区選出の尾崎行雄について「不羈直行の士と称するもの、動もすれば軽挙に失するの弊あり。着実温厚の士と称する者、動もすれば優柔に流るるの弊あり。その中庸を得る実に難しというべし。而してよくこの二者を兼ね備えるの士。之れを尾崎行雄君となす。」この後経歴が書かれ、最後に「今や衆議院議員の選挙に際し、本県第五区の選挙に応ぜり。君資性快活。弁舌豪壮、筆力勇健。以てよく時弊を痛論す。然れども決して過激に失せず。切にその急所を刺すのみ。嗚呼君は実に希世の名士と言うべし。」と絶賛している。(6)

2　第二回総選挙 ――選挙大干渉

日本で初めての第一回衆議院議員総選挙は、政府も超然主義を唱え選挙に干渉せず、候補者や選挙民も初めての選挙ということで自重したため、理想選挙に近いものであった。政府は、与党工作をしなかったため、多数を占めたのは、民党といわれた野党であった。このため第一議会から予算を巡って紛糾し、陸奥宗光の働きで辛うじて切り抜けることができたが、第二議会ではついに衆議院を解散させた。松方内閣は、民党征伐という意識で野党勢力の抑圧を図ったので、選挙戦での干渉が必然となった。

尾崎は、選挙大干渉への成り行きを批判的に次のように述べている。

第一議会、第二議会ともに、政府と議会との正面衝突となって、政界は非常の紛乱に陥ったのであるが、承るところによれば、明治天皇にはこれをいたくご憂慮あらせられ、解散を奏請した松方首相には、今日の議会の現状では、解散もやむを得まいが、総選挙には大いに注意せねばなるまい。もし解散後、同じような議員が出て来たのでは、解散の効なく、同じことを繰り返すことになりはしないか。今後は議員の改善につとめ、一層良民が議員になるよう注意せねばなるまい。という意味のことを、告げたもうたということである。明治天皇が如何なるをこれ良民と仰せられたのか、推測の外ないが、松方内閣はただ、政府に味方するを良民と考え、反対する者を棄民となし、官憲の力をもって選挙に干渉したので、ついに未曾有の大騒動を引き起こした。憂国の至誠あまりあるも、立憲政治の要諦に通ぜざるものは、ついに聖旨に奉答する道を知らなかったのである。殊に時の内相品川弥二郎子は、藩閥政府の勇将であって、陛下の信任し給う政府に反対するものは、すなわち朝敵であるという考えの持主であったから、王政維新の際「トコトンヤレ節」をつくって、朝敵征伐にむかった時と同じ意気込みで、これに臨んだ、現に内相は、議会の解散はすなわち陛下の譴責であるから、旧議員の再選は、陛下のおぼしめしに背くと、ひそかに旨を地方長官に下すに至った。(7)

尾崎には、この選挙干渉だけでなく、地価修正問題が立ちはだかって容易ならざる事態となった。地価修正問題とは、課税標準の法定地価が特別に高い所があり、その修正を求めるものであったが、尾崎は地価軽減が必要であると考え、地価修正と軽減の併行論を唱えた。地価修正派は、尾崎の併行論は地価修正をできなくするものだとして尾崎に反対した。このため選挙区に帰ってみると、とても評判が悪く、参謀長までが一期休んだらどうかと言い出す始末であった。そこで尾崎は、独力でもやると宣言して選挙運動に乗り出した。「選挙区を廻ってみると、果たして非常な不人気である。紀州などでは、あんな謀反人を入れることは相成らぬと、宿屋も泊めてくれなければ、演説会場も貸してくれない。やっと演説会を開くと、政府側の暴客が、抜刀で会場に躍り込み、警官がかねて申し合わせてあったとみえ、取り締まり不可能と称して、すぐ解散を命じた。」[8]といった状況であった。

こうして第二回総選挙は、一八九二年二月十五日の投票日を期して選挙運動が展開されることになったが、それは同時に選挙干渉の開始でもあった。品川内相と白根次官を中心に全国的な選挙干渉が展開された。官吏は暴徒と組んで白昼から選挙区を横行し、甘言や金力をもって吏党候補者のために投票を勧誘し、あるいは権力や暴力をふりかざして民党の同情者を威嚇した。更に進んでは、剣を抜き、鉄砲を打ち、人を傷つけ、人を殺し、家を壊したりの暴挙をしきりに行った。警官の代わりに憲兵までが出動し、一月十八日には緊急勅令をもって予戒令を公布、これも選挙対策として大衆への圧迫として利用された。尾崎も当然こうした干渉を受けた。先述したとおり、尾崎は特に不利であり、内務省でも落選とされていたために、それが幸いしてひどい干渉から免れた。そのため尾崎は、辛うじて当選することができた。

尾崎はこの選挙について、「政界腐敗の害毒」と題して「自伝」で次のように語っている。

この松方内閣の選挙大干渉は、ひとり日本の憲政史に、一大汚点をしるしたばかりでなく、後世憲政の運用に、一大害毒を流したものであった。第一回の総選挙は、候補者も選挙民も、不慣れであったが、割に立派に行われた。しかるにその後、味方の候補者に莫大な運動費を与えて、選挙の腐敗を招くというような、悪い習慣がついたのは、この干渉選挙以来である。反対党側に対しては、料亭・宿屋ないしは古物商・質商のごときまで、厳重な監督を行って威嚇しながら、味方の運動員はこれを庇護して、贈賄を容易ならしめるというような悪習も、この時以来行われはじめた。政府の与党には、犯行があってもこれを不問に付し、反対党は微罪と

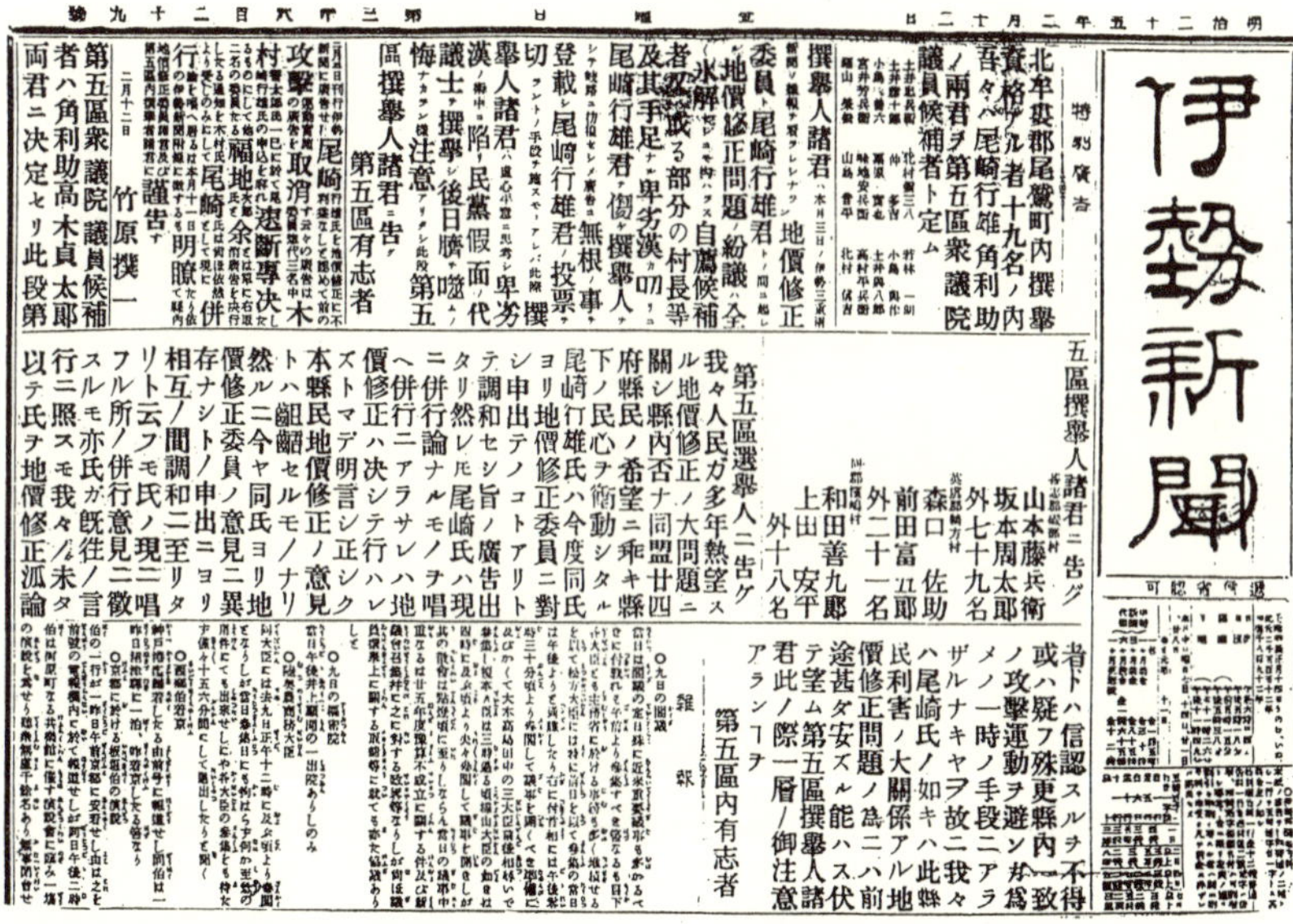
伊勢新聞

特別廣告
北牟婁郡尾鷲町内撰擧資格アル者十九名ノ内吾々ハ尾崎行雄角利助ノ両君ヲ第五區衆議院議員候補者ト定ム

撰擧人諸君
委員ト尾崎行雄君 地價修正
地價修正問題ノ紛議ハ全氷解セシモ 自爲候補者ヲ以テ或る部分の村長等及其手足ナル卑劣漢ハ叨リ尾崎行雄君ヲ傷ケ撰擧人登載レ尾崎行雄君ノ投票ヲ切 撰擧人諸君ハ 卑劣漢ノ術中ニ陥リ民黨ノ假面ヲ代議士ニ撰擧シ後日臍ヲ噬ムノ悔ナキ 注意 第五區撰擧人諸君ニ告グ
第五區有志者

二月十二日 竹原撲一
第五區衆議院議員候補者ハ角利助高木貞太郎両君ニ決定セリ此段第

五區撰擧人諸君ニ告グ
山本藤兵衛
坂本周太郎
外七十九名
森口佐助
前田富五郎
外二十一名
和田善九郎
上出安平
外十八名

第五區選擧人ニ告グ
我々人民ガ多年熱望スル地價修正ノ大問題ニ關シ縣内否ナ同盟廿四府縣民ノ希望ニ乘キ縣下ノ民心ヲ痛動シタル尾崎行雄氏ハ今度同氏ヨリ地價修正委員ニ對シ申出テノコトアリテ調和セシ旨ノ廣告出タリ然レ圧尾崎氏ノ現ニ併行論ナルモノヲ唱ヘ併行ニアラサレハ地價修正ハ決シテ行ハレズトマデ明言シ正シク本縣民地價修正ノ意見ト全ク齟齬セルモノナリ然ルニ今ヤ同氏ヨリ地價修正委員ノ意見ニ異存ナシト申出ヲ 相互ノ間調和ニ至リタリト云フモ氏ノ現ニ唱フル所ノ併行意見ニ徴スルモ亦氏ガ既往ノ言行ニ照スモ我々ハ未ダ以テ氏ヲ地價修正派論者ト信認スルヲ不得或ハ疑フ殊更縣内一致ノ攻撃運動ヲ避ンガ爲メノ一時ノ手段ニアラザルナキヤヲ故ニ我々ハ尾崎氏ノ如キハ此縣民利害ノ大關係アル地價修正問題ノ爲ニハ前途甚ダ安ズル能ハス伏テ望ム第五區撰擧人諸君此ノ際一層ノ御注意アランヿヲ
第五區内有志者

第2回総選挙で、地価修正問題をめぐって、尾崎派と反対派の新聞広告合戦が繰り広げられた。（1892年（明治25）2月12日付、伊勢新聞）

いえども、甚だしきに至っては、何らの犯行がなくともこれを拉致するごとき、あるいは何らかの口実を設けて、反対派の参謀を拘束し、もしくは運動員に一々尾行を付してこれを抑圧するごとき、あるいは良民の歯《よわい》するを屑《いさぎ》よしとせざる博徒をかりあつめて、選挙民を脅迫するごとき、人心を悪化せしむるこれより甚だしきはない。選挙民にしてみれば、反対党に味方すれば、正しいことをしていても、生命財産の安堵が期せられぬのに、政府党についていさえすれば、悪事を働いても安全で、しかもお金が貰えるというのであるから、人心の帰趨もって知るべしである。(9)

選挙大干渉は、高知で死者一〇名・負傷者六六名、佐賀で死者八名・負傷者九二名を出すなど、政府発表でも死者二五名・負傷者三八八名を出す大事件となった。それにもかかわらず選挙の結果は、民党側が定数三〇〇のうち一六三の過半数を占め勝利を収めた。しかし、干渉がなければ当然当選していたと思われる民党の有力候補者たちが、無名の候補者たちに次々と落選の憂き目を見た。例えば、大阪の大井憲太郎、愛知の内藤魯一、高知の片岡健吉、林有造、佐賀の松田正久、武富時敏、天野為之、熊本の嘉悦氏房、東京の楠本正隆、高木正年などである。

尾崎は言う、

後に――政党堕落・選挙腐敗――の声が起こったとき、官僚の一部では、政党と選挙民とが憲政を毒する張本人のごとく罵ったけれども、いずくんぞ知らん、こうした悪事を発明して、政党と選挙民とに実物教育でつぎ込んだのは、官僚自身であったのである。その点では官僚が先生で、政党は弟子の又弟子ぐらいにしか過ぎない。地方長官はいわゆる牧民官であるから、最初の山県内閣の訓示にあったとうり、政争に対しては絶対に関係すべきものではない。しかるに政府がこれを命じて、選挙に干渉せしめたのだから、選挙界が腐敗するのは、当然のことである。この害毒は、選挙ばかりでなく、議院内にまで及んで来た。そのころの政治社会では、暴行することが一種の流行となって、議院内でも暴漢に襲われることが珍しくなく、包帯姿で登院する議員も、かなり多かった[10]。

この未曾有の選挙大干渉は、単に民党やその支持者側からの非難攻撃のみならず、与論の批判はもとより、政府部内からも強い非難がなされた。農商務大臣陸奥宗光は、当初から品川内相の非立憲的態度を糾弾していたが、逓相後藤象二郎も陸奥とともに品川の暴挙を責めて、その対処を求めた。しかし、品川は選挙干渉を当然の事としていたので、なお内相の座に頑張っていた。ところが元老の伊藤博文が、強く糾弾するところとなり、品川も安閑とできなくなった。松方首相もそのまま放置できず、二月二十三日、官邸に元老会議を開いたが、品川の引責辞職も伊藤の納得も得られず、問題は解決しなかった。これを不服とした伊藤は、翌二十四日、枢密院議長の辞表を奉呈して小田原に引き上げてしまった。これには政府も狼狽して種々手を尽くしたが、伊藤は承知しなかった。しかし、辞職の件は、天皇のお許しが出なかった。事ここに至っては、品川もその職に止まる訳に行かず、ついに三月十一日辞職した。

第三議会では、民党側が、政府の選挙干渉にたいする責任を糾弾する「政府弾劾上奏案」をいきなり提出するという作戦に出た。一方、貴族院においても、「選挙干渉の非違匡正に関する建議案」が提出され、なんとこれが可決されてしまった。貴族院議員ですら、政府の選挙干渉が目に余るものと感じられたのである。これに勢いを得て衆議院では、激しい論戦が展開されたが、上奏案にたいする採決では、一四三対一四六の僅か三票差で否決されてしまった。天皇への上奏という強行手段をできるだけ避けたいという穏健論者たちが賛成しなかったことによる。そこで民党側は、内閣不信任案を提出し、これは可決された。現行憲法では、この場合内閣が総辞職するか、衆議院を解散するか、どちらかということになるが、明治憲法下の内閣は、天皇の補佐機関であり、天皇にたいしてのみ責任を有するものであった。そのため松方内閣は、総辞職も解散もせず、七日間議会を停会にして居直ってしまった。しかし、無理は続かず、閉会後一カ月程で瓦解してしまった。

3　最も苦しい選挙　第三回総選挙

第三回総選挙は、一八九四年（明治二十七）三月一日に行われたが、この選挙は尾崎にとって最も厳しい選挙となった。それは慶応義塾の先輩であり教師であった門野幾之進が対立候補となったからであった。尾崎は次のように述べている。「私は今日まで、何十回の選挙を経験したが、ほんとに苦しいと思ったのは、この時であった。この時、解散を受けて選挙区に帰ると、意外にも門野幾之進君が、私と選挙を争うという注進があった。私はギョッ

●尾崎行雄氏基督教徒たるの確証を表白せん

第五区改進党員は自由党の候補者たる門野幾之進氏を倒くるの欠点なきを以て中傷の策丸に尽き陰謀奸策到らざるなく終に政教混同の忌感を抱て氏を陥るにアーメン信者を以てしたる如心事の陋劣は已に破裂して余す所なし誰か久保徒の術計に陥りて門野氏を目して宗教者視する盲者あらん而して改派の候補者にして好友会に視て以て天帝を仰げる尾崎行雄氏は東京市麻布区の安特烈教会に於て洗礼式を受け信徒名簿の上に歴然尾崎行雄の名あるを記せるとは已に本社の報ずる所にして其確証拠は掴つて正義の手に落ち在り然れども自由党は政教創立の本義を是認するが故に従来曾て之を言はざりしなり然るに改派は之を知らず門野氏の推されて尾崎氏を争ふに及んで其人物の才学、其の智識共に尾崎氏の及ばざるのみならず門野氏は士官の名族にして尾崎氏は然らず門野氏は師にして尾崎氏は弟子たり其の関係は総て尾崎氏をして戦はざるに已に敗るの状を呈し来れるを以て終に無頁の宗教に仮托して選挙人の感情を害はんと欲し反つて尾崎氏の基督教信徒たるを掩ふに至つては義、黙す可からざるを以て若し尚ほ改派にして改めざる上は公然其の実証を発表すべしと云ふ

●尾崎愕堂外教信者たるの確証

第五区の改派候補者尾崎行雄氏の基督教徒たることは已にこれを報せしが反対派の候補者は自己候補者の外教徒たるが故に教徒ならざる門野氏を陥れて区民を欺かんとせし所ありしも遂に後め〔ん〕

数派は白昼の弁理夢中に迷ふに至つては吾人も亦之を見逃がすに忍びず宗教の事を以つてせよる可からず、新聞党の候補者尾崎行雄氏は外教信者として左の戒名を受け居るなり曰く

十二大徒弟聖馬太尾崎行雄

而して氏が何時に於てクリストの徒弟となりしやを知らんと欲せば東京市麻布区霊南坂なる所属麻布教会の聖安得烈教会堂に行て其記録を一閲すべし氏は西暦一千八百七十五年ず二月二十五日即はち耶蘇降誕日即ち我が明治七年十二月廿五日日本人Yamato Yorhikiなる者の名に於て顧り時の英国公使館付英国々教監督アルチデイコン、ショウ氏を教父として麻布の安得烈教会堂に於て洗礼を受け同宗の教儀に由りて耶蘇十二大徒弟の一人の名を受け馬太と命名せられクリストが純粋無二の徒弟たるべき誓ひを之れが教徒と為り、以て今に至れるなり、抑も第五区の地たる度会郡を大なる渡会川は五十鈴川の清く流れて吾が神国祖神の跡を垂れさせ玉ふ処なるに此の神区を以てクリストの徒弟――聖馬太――尾崎行雄を推して候補と為す

尾崎行雄をキリスト教徒として攻撃した記事
（上、1894年（明治27）2月13日付、伊勢新聞
下、　　同　　　　　　2月21日付、伊勢新聞）

とした。門野君は、私のような他郷の風来坊とはちがって、選挙区たる鳥羽町の出身で、しかも名家の御曹子であった。私が慶応義塾に学んでいたころは、若手のバリバリの教師で、子供心にも偉い人だ、自分の手本にしようと思い込んだほどの人物であるから、私は大いに困った。[11]」門野陣営も門野は尾崎の先生だと盛んに触れ回ったので、尾崎の形勢はひじょうに不利になった。その上、尾崎が、キリスト教徒だという悪質な話が流布された。尾崎は苦し紛れに、「左甚五郎の師匠は誰だ。偉い人はみんな師匠や先生より偉くなるはずのものだ。いつまでも教師に劣るような人間が、何の役に立つか。[12]」と演説しているうちに形勢を挽回することができてきた。この選挙区は二人区で、改進党から尾崎と森本確也、自由党から門野と奥野市次郎が立候補していたが、自由党側から双方一人ずつ当選させるようにしてはという妥協の申し出があったが、尾崎はこれを拒否した。選挙の結果は、尾崎と森本の改進党が独占的に議席を確保して終わった。

4　尾崎の地盤固まる、第四—六回総選挙

第三回総選挙後の国会は、一八九四年（明治二十七）五月十二日召集されたが、民党側が伊藤内閣の弾劾上奏案等で攻勢を強めたため、六月一日議会はまたもや解散させられた。総選挙が行われる以前の八月一日、日清戦争が開始され、挙国一致体制ということで、国内の政治抗争は休戦状態になった。このため九月一日に行われた第四回総選挙は、極めて平穏に実施され、ほとんど前職が再選され、尾崎も森本とともにトップで当選した。

日清戦争は、一八九五年四月、下関で講和条約が結ばれて終結したが、日本に譲渡されることになった遼東半島について、ロシア、ドイツ、フランスの三国が、清に返還するように勧告してきた（三国干渉）。日本はこれを受け入れ、この弱腰外交に対し国民の怒りが沸き起こったが、尾崎は議会で政府を問責する大演説を行い、議会史に

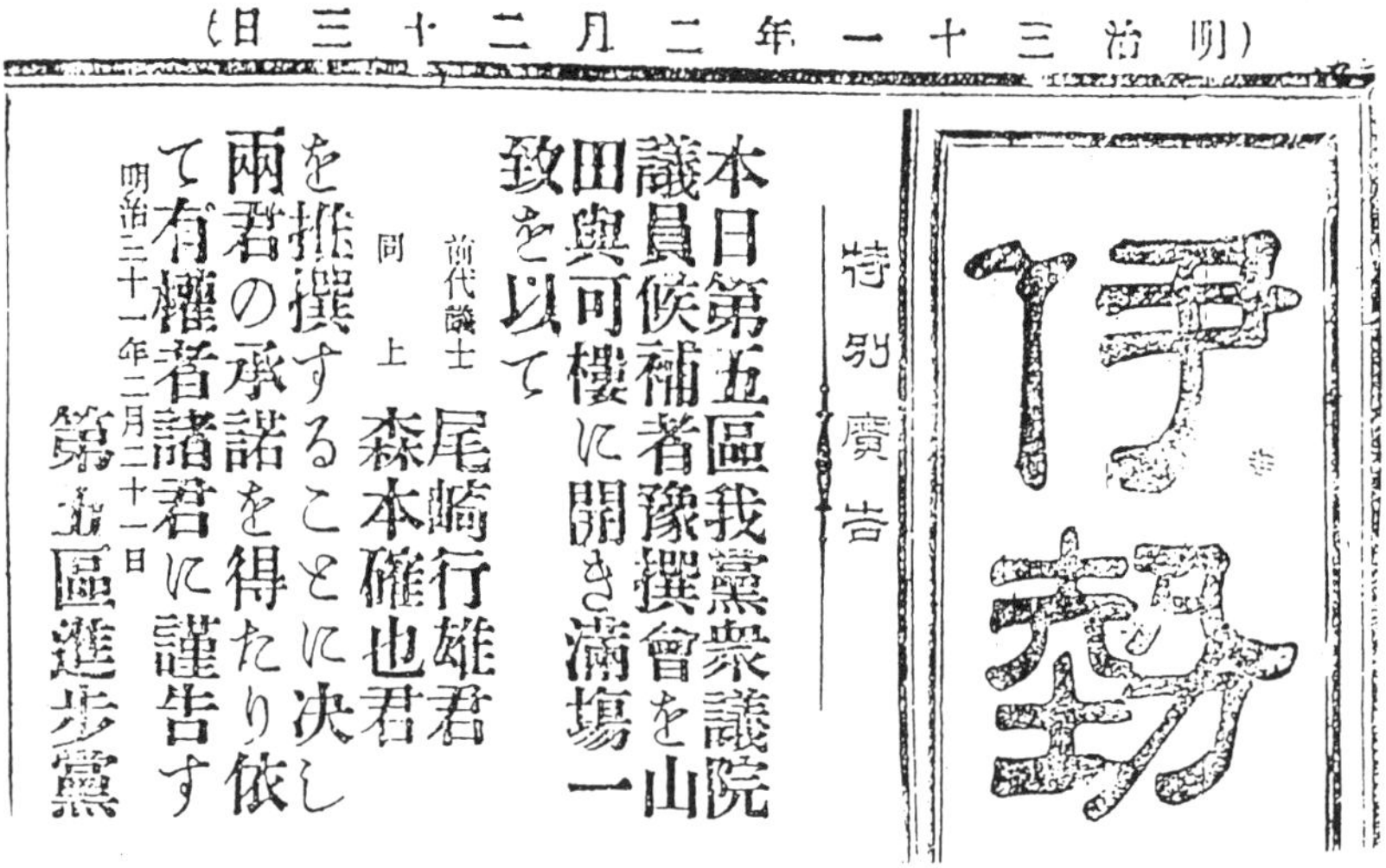
（明治三十一年二月二十三日）

伊勢

特別廣告

本日第五區我黨衆議院議員候補者豫選會を山田與可樓に開き滿場一致を以て

前代議士　尾崎行雄君

同　上　森本確也君

を推撰することに決し兩君の承諾を得たり依て有權者諸君に謹告す

明治三十一年二月二十一日

第五區進歩黨

尾崎行雄推薦広告（1898年（明治31）2月23日付、伊勢新聞）

残る大雄弁だとの評判を勝ち得た。これ以降尾崎は、屈指の雄弁家という定評が与えられるようになった。一八九六年九月、松方内閣が成立し、大隈重信が進歩党を代表する形で入閣した。尾崎は、新しく設けられた外務省の勅任参事官となった。その在任中、尾崎は倒閣運動に加わったため、懲戒免職になってしまった。その後大隈も辞職し、松方内閣は弱体化した。一八九七年十二月二十五日、第一一議会が開かれ、その本会議の冒頭、緊急動議で内閣不信任決議案が提出されると、突然解散の詔勅が下り、松方内閣も総辞職してしまった。

第五回総選挙は、一八九八年（明治三十一）三月十五日実施され、尾崎はトップ当選した。この二回の選挙で、尾崎の地盤はほぼ固まり、以後連続当選を果たすことになる。第一二議会が、一八九八年五月十八日開会されたが、地租増徴案が否決されたため、六月十日またもや議会は解散となった。六月二十二日、自由・進歩の二大政党が合同し、憲政党が成立した。これに対して伊藤博文は、自ら政党を組織しようとしたが山県らに妨げられたため、首相の座を降りた。その後任として憲政党の大隈・板垣に組閣の大命が下り、初めての政党内閣が成立した。

この大隈内閣（隈板内閣）に尾崎は文部大臣として入閣した。尾崎は時に四一歳、当時としては最年少であった。第六回総選挙は、一八九八年八月十日行われ、森本にトップの座を奪われたが、尾崎は二位で当選した。その直後の八月二十二日、尾崎が帝国教育会で行った演説で、「共和演説」問題が発生した。仮に共和政治であればという例え話の言葉尻が捉えられ、共和主義者として批判されたのであるが、これが政争と絡んで、十月二十二日文部大臣を辞職せざるを得なくなった。

5　大選挙区時代　第七—一三回総選挙

伊藤内閣は、地租増徴案が否決されたため議会で多数を占める地主層を減らすことを考え、選挙権を拡大するとともに、資本家・都市の代表を増加させようとして、選挙法の改正を図った。この改正案は、三度目に議会を通過し、一九〇〇年（明治三十三）二月二十二日成立し、二十九日公布された。この改正によって、選挙権の納税要件が一五円から一〇円に引き下げられ、小選挙区制が府県を単位とする大選挙区制にされた。例外として、人口三万人以上の市は独立の選挙区とされた。三重県は、津市と四日市市が独立の選挙区で、その他は定数七人の大選挙区となった。当然尾崎の選挙区は、全県の郡部であった。

一九〇〇年、伊藤博文の新党準備に尾崎は参画し、大隈から離れて立憲政友会（九月十五日設立）に籍を置くことになった。山県内閣は、その直後の九月二十六日、総辞職し、伊藤がその後を引継ぎ、第四次伊藤内閣を組織した。政友会による日本で初めての政党単独内閣であった。この内閣は、僅か七ヵ月で瓦解した（一九〇一年五月二日）。

新しい選挙制度による第七回総選挙は、初めて任期満了による通常選挙として、一九〇二年（明治三十五）八月十日行われた。尾崎は、定数七人の第六位で当選した。桂内閣の野党であった政友会は、一九〇議席を獲得して過半数を占めた。第一七議会は、十二月六日召集されたが、野党勢力が強く、十二月二十八日衆議院は解散となった。第八回総選挙は、一九〇三年三月一日行われ、尾崎はトップ当選を果たした。政友会は、一九七議席を獲得した。このため桂は、山県を頼って伊藤を抱き込んだ。伊藤が独断で政府と妥協したため、尾崎を始め片岡健吉などが、政友会を脱党した。

その尾崎に、東京市会の推薦で東京市長にという話が持ち込まれ、一九〇三年六月二十九日、第二代の東京市長に就任した（当時は国会議員との兼職が認められていた）。尾崎はその後約一〇年、一九一二年（明治四十五）六月まででその職にあったが、その間市区改正、上下水道、路面改良、街路樹、電車市有、ガス合併、等に実績を挙げたが、何といっても特筆すべきはアメリカ・ワシントンのポトマック河畔に送った桜である。この桜は、今尚毎年見事な花を咲かせて、日米親善に大いに役立っているのである。

この間、日露戦争（一九〇四―一九〇五）があり、家庭的には、一九〇四年九月繁子夫人が亡くなり、一九〇六年十月尾崎英子（テオドラ）と再婚した。テオドラ夫人は、尾崎三良と英国女性との娘で、英国育ちであり、会話は英語で行われるなど、尾崎の生活環境が大きく変わった。

第九回総選挙は、一九〇四年三月一日、日露戦争開戦直後に行われ、尾崎は連続してトップ当選を果たした。

第一〇回総選挙は、任期満了による通常選挙として行われ、尾崎は五一一六票を獲得したが第三位での当選となった。第一一回総選挙も任期満了によるもので、一九一二年五月十五日行われ、尾崎は前回同様第三位で当選した。その二ヵ月後の七月三十日、明治天皇が崩御し、大正と改元された。

6　大正デモクラシーの先頭に立つ

一九一二年（大正元）十二月十九日、尾崎や犬養毅らを中心に憲政擁護大会が開催され、第一次護憲運動が開始され、大正デモクラシーの幕が切って落とされた。尾崎は政友会を代表して演壇に立ち、次いで犬養が国民党を代表して演説した。こうして護憲運動の先頭に立った尾崎と犬養を世人は「憲政の神様」と呼ぶようになった。一九一三年二月五日の議会に、桂内閣への不信任案が提出され、尾崎はその演説で「彼等は玉座を以て胸壁と為し、詔勅を以て弾丸に代えて、政敵を倒さんとするものではないか」という今でも名句とされる激しい攻撃を加え、桂内閣を辞職にまで追い込んだ。桂は、辞職後間もなく死亡したので、尾崎の演説が桂を殺したとさえ言われた。桂内閣を継いで、山本権兵衛内閣が成立したが、政友会を与党としたため、尾崎らは政友会を脱党し政友倶楽部を組織して護憲運動を続けた。犬養はこれを機に護憲運動から離れたため、尾崎一人が先頭に立って続けることになった。一九一四年（大正三）一月二十三日、シーメンス事件が起こり、尾崎等の強い攻撃で山本内閣は総辞職に追い込まれた。その後、清浦が組閣に当たったが、海軍と衝突し、流産した。次いで大隈重信が組閣し、尾崎は法務大臣として入閣した。その年（一九一四）七月二十八日、第一次世界大戦が勃発し、八月二十三日日本も参戦した。一九一五年三月二十五日、第一二回総選挙が行われ、尾崎は八四三二票を獲得してトップ当選した。この選挙で大浦内相を中心に激しい選挙干渉が行われ、野党であった政友会は大幅に勢力を減らした。このため政友会は、大浦を贈賄事件で告発し、大浦は辞職した。一九一六年一月、吉野作造が「中央公論」一月号に「憲政の本義を説いてその有終の美を済すの途を論ず」を発表、大正デモクラシーの理論的中核となった民本主義を提唱した。一九一六年十月四日、大隈首相は突如辞表を提出、総辞職した。後継は陸軍大将寺内正毅が首相となった。尾崎等は、新党組織

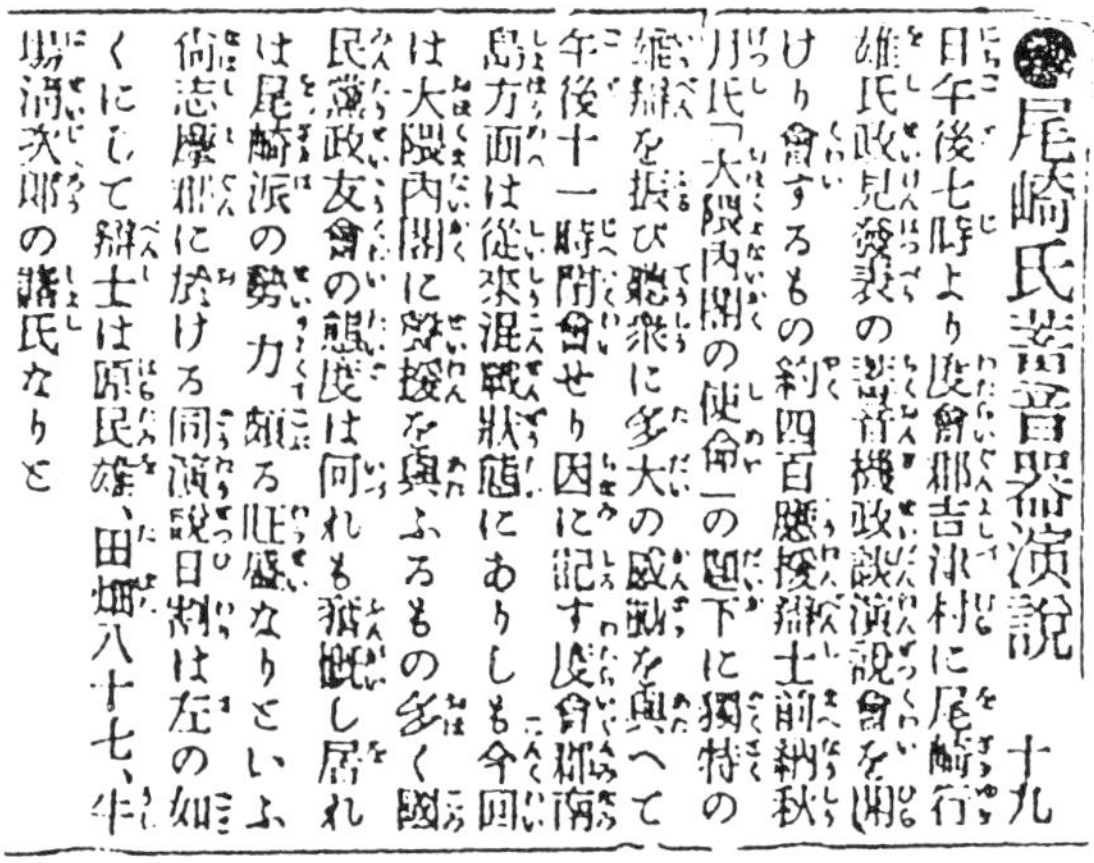
尾崎氏蓄音器演説 十九日午後七時より度会郡吉沢村に尾崎行雄氏政見発表の蓄音機政談演説会を開けり会するもの約四百應援弁士前納秋月氏「大隈内閣の使命」の題下に独特の雄弁を振ひ聴衆に多大の感動を與へて午後十一時閉会せり因に記す度会郡南島方面は従来混戦状態にありしも今回は大隈内閣に声援を與ふるもの多く国民党政友会の態度は何れも猶豫し居れは尾崎派の勢力頗る旺盛なりといふ尚志摩郡に於ける同演説日割は左の如くにして弁士は原民雄、田畑八十七、牛場消次郎の諸氏なりと

尾崎行雄が蓄音機演説会を行った新聞記事
(1914年(大正3)3月22日付、伊勢新聞)

の運動を始め、憲政会を結成し、政友会との二大政党制を確立した。この憲政会が後に第二次護憲運動の中心勢力となった。

一九一七年一月二十五日、寺内内閣への不信任案が衆議院本会議に上程され、尾崎が演壇に上がろうとしたところで突如議会は解散させられた。第一三回総選挙は、一九一七年四月二十日行われ、尾崎は第二位で当選したが、選挙干渉で与党の政友会が大勝し、憲政党は大敗した。

これらの時期は、尾崎が政治的に最も精力的に活動した時で、選挙中はほとんど自分の選挙区を留守にして同志の応援に奔走し、「そうして例のごとく、いよいよ投票日という三日前に発熱して、身動きもできないような重体に陥った。」と尾崎が記しているような状況であった。(13)

7　小選挙区時代　普通選挙運動と軍備縮小に邁進

一九一七年、ロシアに二月革命・十月革命が起こり、日本は一八年八月シベリア出兵を実施した。尾崎はこれに強く反対したが、大勢を動かすことはできなかった。この時国内では、米騒動が発生し全国に広がった。九月二十一日、寺内内閣は総辞職し、初めての本格的政党内閣として原敬内閣が成立した。十一月に、第一次世界大戦が終結した。尾崎は、戦後の欧米諸国の実情視察のため、一九一九年三月十七日横浜を出航し、約一〇ヵ月の旅を終え

1915年（大正４）３月20日、司法大臣として津市丸の内泉座での演説会を大きく報じる記事

（1915年３月22日付、伊勢新聞）

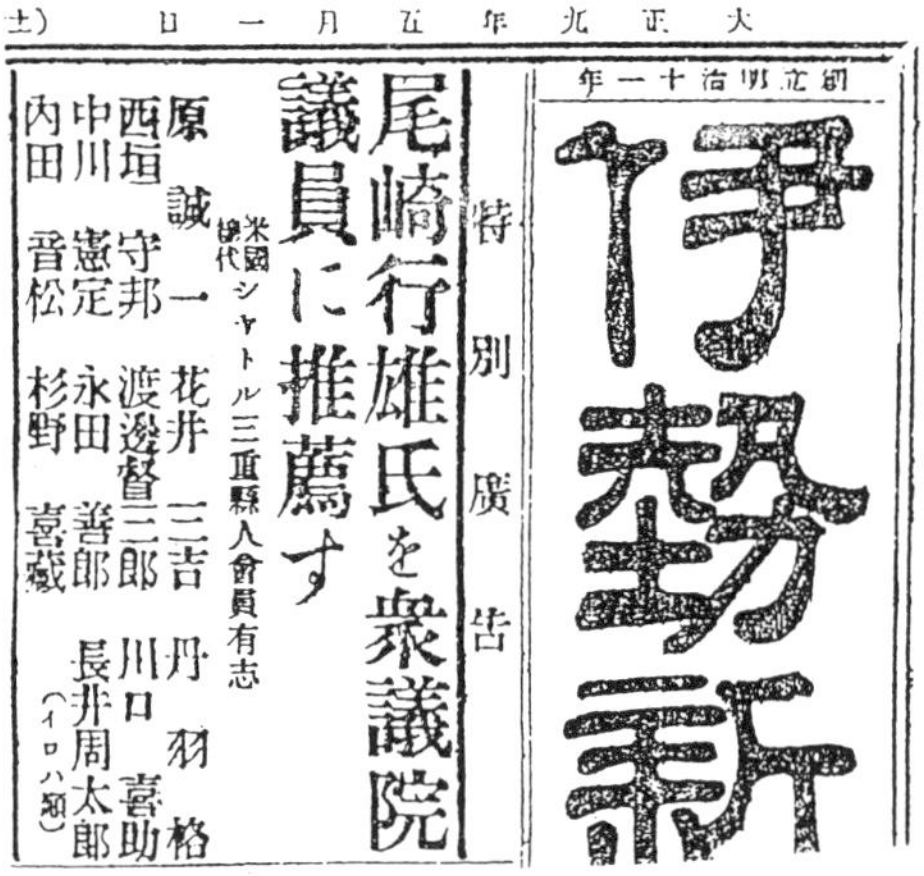

米国シアトル三重県人会の有志から寄せられた新聞広告（1920年（大正９）５月１日付、伊勢新聞）

て、十二月三十一日帰国した。この旅行で尾崎は、普通選挙と軍備縮小の必要性を痛感し、帰国後これらの実現に邁進することになった。原首相は、かつて内務大臣の時、小選挙区制に取り組み実現できなかった経験を持っていたが、政権をとって政友会の安定のため小選挙区制への改正を図った。それと抱き合わせで選挙権の拡大が行われ、納税要件の一〇円が三円にまで引き下げられた。選挙法改正は、一九一九年五月二十三日公布された。尾崎は、第八区で、渡会郡と志摩郡が選挙区となった。

普通選挙運動は、一九二〇年（大正九）に入ると最高潮に達し、一月三十一日には全国普選期成連合会が結成され、二月には憲政会と国民党が別個に普通選挙法案を衆議院に提出したが、二月二十六日衆議院は解散させられてしまった。第一四回総選挙は、五月十日実施され、尾崎は独走的に当選となった。選挙結果は、原の思惑どおり政友会の圧勝に終わった。

尾崎は、第四四回帝国議会に、軍備制限決議案を提出したが、二日後には否決されてしまった。尾崎は議会に失望し、直接世論に訴えようと、全国遊説を行った。この遊説では、入場者にはがきを渡して賛否を問い、また入場料をとるなど、新しい試みがなされた。その当時、軍拡路線を歩む軍部に対し、軍縮を提唱することはとても出来ないことであったが、尾崎が予想した通りアメリカからワシントン軍縮会議の提案があり、日本も応ぜざるを得なかった。

一九二二年二月、野党三派の統一普選法案が成り、提出されたが政友会の多数に否決された。次いで一九二三年二月にも統一普選法案が上程されたが、これも否決された。このころから憲政会・政友会・革新倶楽部が護憲三派として第二次護憲運動を起こし、清浦内閣出現から本格化した。第一五回総選挙が、一九二四年五月十日行われ、尾崎は岸本康通の挑戦を退けて当選した。選挙では、普選断行を公約した護憲三派が勝利し、普通選挙制が実現する運びとなった。普通選挙法は、一九二五年（大正十四）五月五日公布され、男子二五歳以上であるが初めて納税要件がなくなったのであった。しかし、それと同時に鞭としての治安維持法が用意されたのである。選挙区制は、中選挙区制という日本独特の制度が妥協的に成立し、その後の日本の政治風土を形成することになった。

8　中選挙区（男子普通選挙）時代

初めての普通選挙である第一六回総選挙は、一九二八年（昭和三）二月二十日、実施された。三重県は、南北の二区に区分され、第一区は定数五人、尾崎の第二区は定数四人となった。尾崎は、第二位で当選した。この選挙でも、選挙干渉が行われ、尾崎は内相の弾劾を含めた思想・政治・経済の三方面からの三大国難決議案を臨時議会に上程した。この頃から軍部の力が政界をも動かすようになり、軍国主義化の傾向を強めることになった。

第一七回総選挙は、一九三〇年二月二十日行われ、尾崎はトップ当選を果たした。選挙としては与党の民政党が圧勝した。

一九三一年（昭和六）アメリカのカーネギー財団から尾崎に招請状が届いた。丁度テオドラ夫人がアメリカで療養中であったこともあり、八月十三日横浜を出航して渡米した。尾崎が帰国したのは一年半後の三三年八月二十一日のことであったが、この間満州事変や犬養首相が殺された五・一五事件など軍部ファシズムが進行していた。そして一九三二年二月二十日、第一八回総選挙が行われ、外遊中の尾崎は第二位で無事当選した。このことについて尾崎は次のように述べている。「私が英国滞在中に、日本に衆議院議員の総選挙があって、私は不在中に当選した。元来、不在当選ということは、難中の難事である。ところが、私が不在中に当選したので、そのことを知った私の知人達は、みんな大いに驚いた。殊に私が、わが議会始まって以来の継続議員であることを知った時には、彼らはますます驚いた。英国には、最も長く議会にいる議員をば「議会の父」と呼んで、尊敬する習慣がある。故に英国流に言えば、私は日本の「議会の父」である。しかもロイド・ジョージと同じに、四〇年以上議員をしていることを知った彼らは、ますます驚かざるを得なかった。」[14]尾崎と選挙民との間には、此れ程までの信頼関係が成立していたのである。

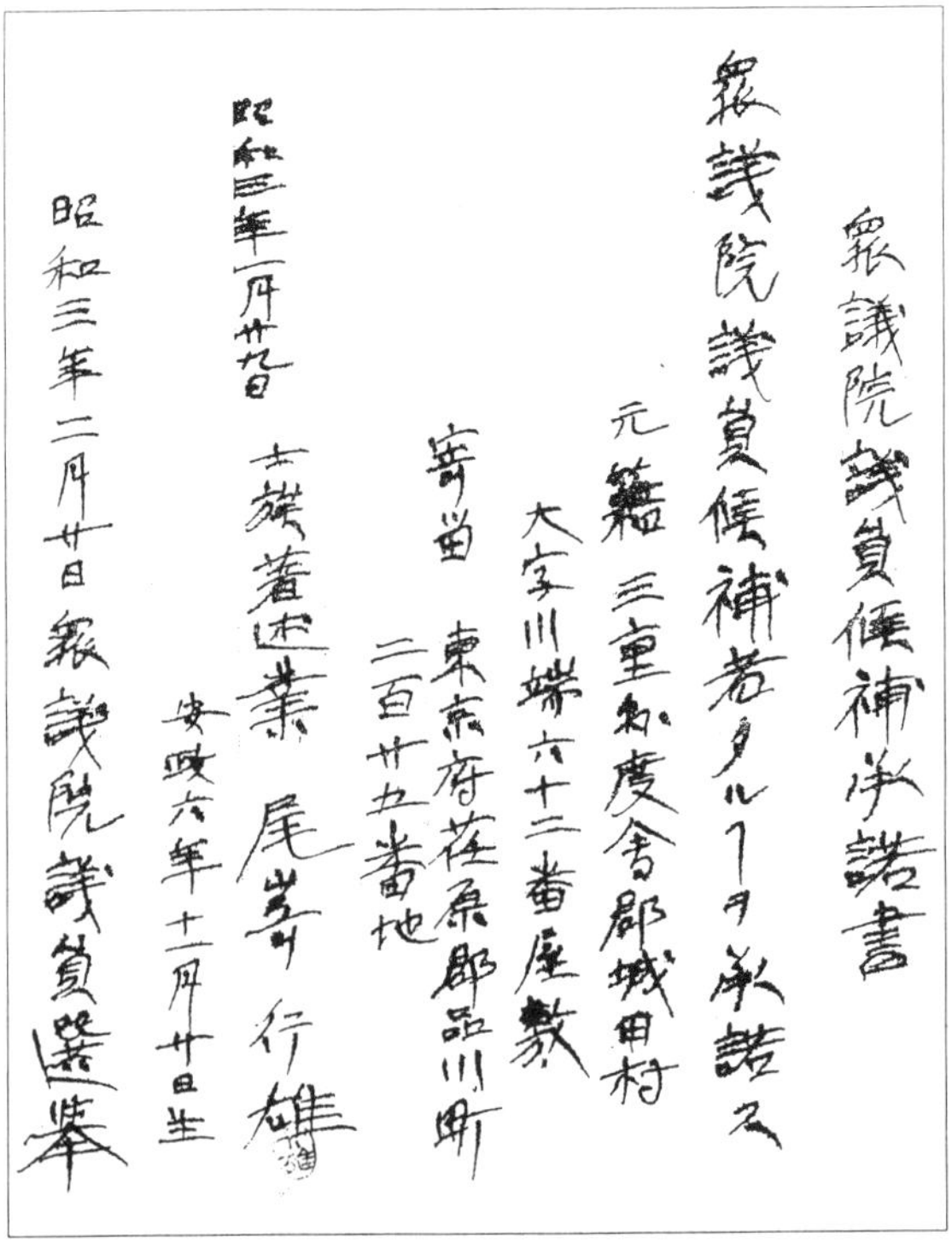
衆議院議員候補承諾書
衆議院議員候補者タルコトヲ承諾ス
元籍　三重県度会郡城田村
大字川端六十二番屋敷
寄留　東京府荏原郡品川町
二百廿五番地
士族　著述業　尾崎行雄
安政六年十一月廿日生
昭和三年一月廿日
昭和三年二月廿日　衆議院議員選挙

1928年第16回総選挙への候補承諾書

尾崎は、国際連盟を中心とした国際協調主義を信条としていたが、日本は一九三三年三月、国際連盟を脱退し、国際孤立主義に陥っていった。尾崎はその思いを「墓標に代えて」という意見書にまとめ「改造」に掲載され、英

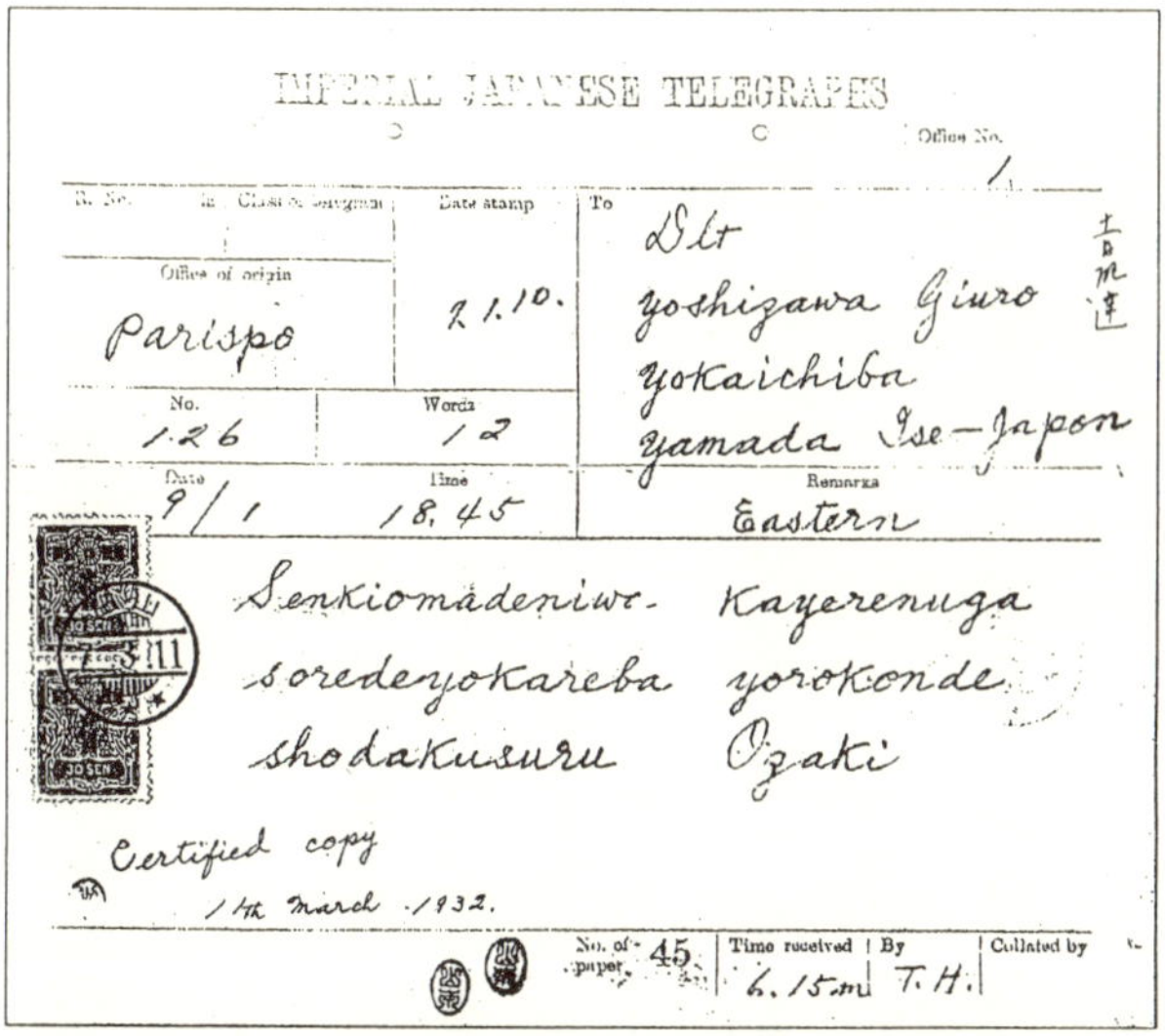
IMPERIAL JAPANESE TELEGRAPHS

Office No. 1

Date stamp: 21.10.

To: Dlt yoshizawa Giuro yokaichiba yamada Ise-Japon

Office of origin: Parispo

No.: 126

Words: 12

Date: 9/1

Time: 18.45

Remarks: Eastern

Senkiomadeniwa- Kayerenuga
soredeyokareba yorokonde
shodakusuru Ozaki

Certified copy
14th march 1932.

No. of paper: 45 | Time received: 6.15m | By: T.H. | Collated by

吉沢重郎への電報　総選挙への推薦の承諾を求めた電報への返事
選挙までには帰れぬがそれでよければ、喜んで承諾する　尾崎
1932年(昭和７)１月10日

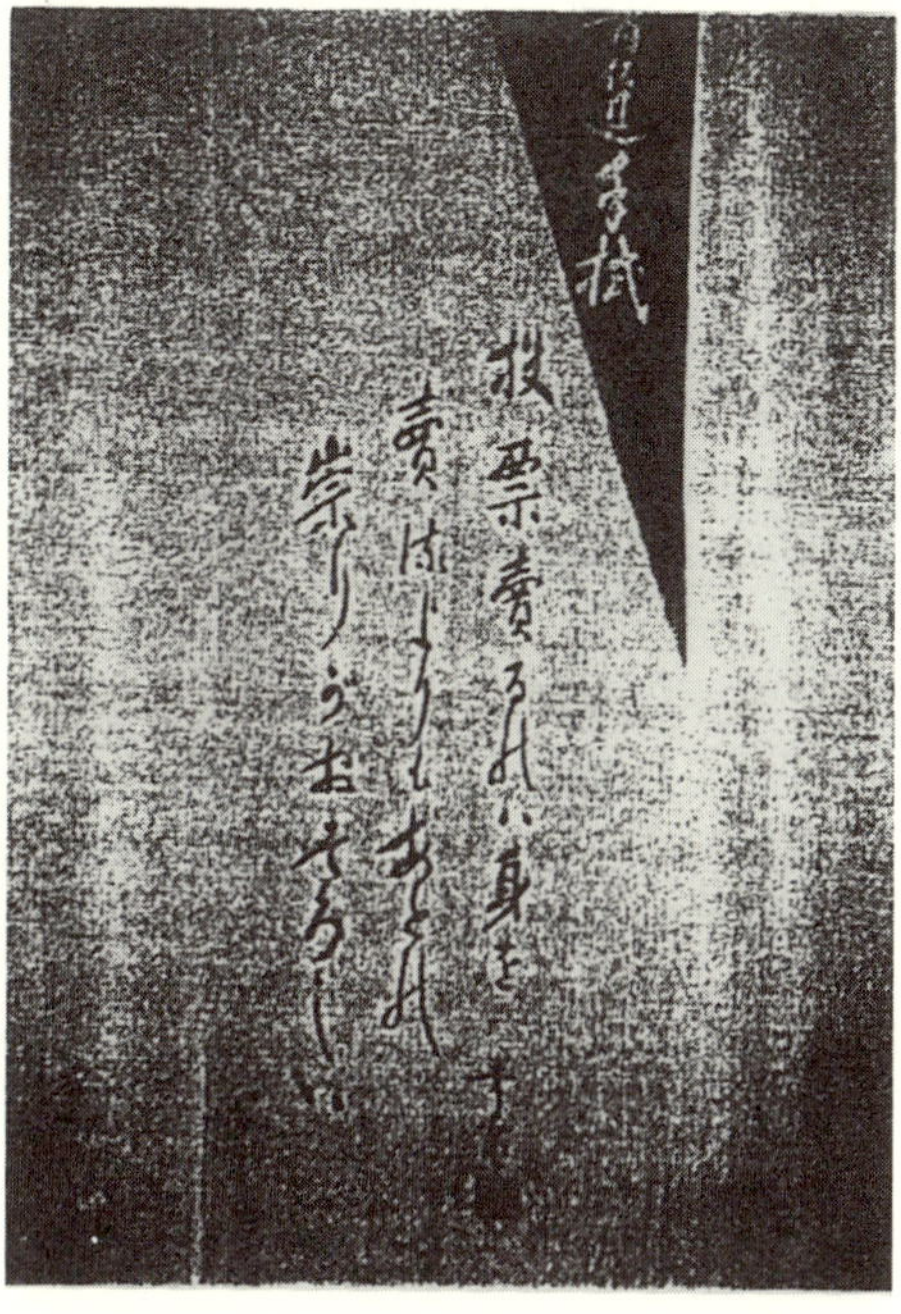

普選手拭　一九二七年頃から普選の啓発のため作られた。

「投票売るのは身を売るよりもあとの祟りがおそろしい」

その他
「貧すりゃ鈍するならひはあるが清い一票売るものか」

「貧富貴賤の差別はあるが、議員選挙にゃ一票ずつ」

訳が英国で出版された。

尾崎の思いに反し、二・二六事件など軍部の支配力はますます強まっていった。尾崎は、辞世を懐に久しぶりに登壇し、二時間にわたる大演説を行った。一九三七年二月十七日のことであった。「正成が陣に臨める心もて我は立つなり演壇の上」しかし、尾崎の正論も軍部や議員を動かすことはもはや出来なかった。

第二〇回総選挙は、一九三七年（昭和十二）四月三十日実施されたが、非国民のような立場に置かれた尾崎であったが、三重県民はトップ当選させた。

9　翼賛選挙と不敬罪事件

一九四一年十月十八日、陸軍大将東条英機が内閣を組織し、十二月八日には米・英にたいする宣戦が布告され、ついに太平洋戦争に突入した。真珠湾奇襲など緒戦は想像もつかないような戦果を上げたため、一般国民は有頂天になったが、尾崎は先行きを憂慮して、次のような歌を詠んでいる。(15)

桶狭間の奇勝に傲り本能寺の奇禍を招ける人な忘れそ

詰め手なき将棋さしつつ勝ち抜くとうそぶく人のめでたからずや

東条内閣は、国会を政府の政策を追認するだけの御用議会に改めようと、翼賛政治体制協議会という団体を組織し、これを推薦母体とする、推薦選挙制という新しい方式で選挙を実施することにした。選挙は、一九四二年四月三十日に行われ、翼賛選挙と呼ばれた。尾崎はこれについて次のように述べている。

由来我国の選挙には、三バンなどと称して、鞄、看板、地盤が大いにものをいう弊風がある。そこでいつの選挙でも、金力と権力に恵まれやすい与党が有利である。それさえあるに、このときの総選挙では、翼賛政治体制協議会が国家的人物一と認めたものだけに、推薦候補者一の肩書を与え、政府の了解の下に、あらゆる便宜を与えた。一方、しからざる者は、非推薦候補者として、自力で戦わねばならぬのみか、あたかも非国家的人物であるかのごとくに、官憲の干渉、圧迫に悩まされねばならなかった。これでは、選挙の結果は、戦わずして知るべきであった。改めて言うまでもなく、選挙は絶対的に公平に自由にして、政府が少しも干渉するようなことのないようにしてこそ、与論、民意も正確に発表されるが、政府が職権などを用いて干渉すれば、真正の与論、民意を発表させることはできない。しかもこうした得手勝手な選挙は、民意を偽り、やがて国家を誤ることになる。(16)

尾崎はこの認識に立って、東条首相に公開質問状を送った。

拝啓　唐突ながら、国家及び閣下の為に一書を謹呈す。

帝国憲法は、明治天皇陛下が非常の御卒労をもって、皇室と人民とのためにご制定遊ばされ、その運用については、大帝は歴代の首相等を戒めて、立憲の本義に脊戻せしめざらんと皇岸し給える次第は、閣下の諒知せられる所であろう。

しかるに閣下が主宰し、巨大の国費を使用する所の翼賛会が、直接と間接とを問わず、総選挙に関与し、ついに翼賛協議会をして候補者を推薦せしめたるにいたりては、私が閣下のために嘆惜する所であります。これは一種の選挙干渉にして、他日官選議院を現出するに至る経路ともなるべき非立憲的動作と思われます。そのうえ、せっかく成就している挙国一致の現状を壊乱し、分裂抗争の端緒をひらくべき所業と信じます。実は翼賛協議会をして、候補者推薦を取り消さしむることが、国家及び閣下の為に最良の行為と信ずれども、既往はしばらくおき、将来は厳重に翼賛協議会及び全国の官吏を戒め、一切選挙に干渉せしめず、もって厳正中立の態度を取らしめられんことを切望す。

昭和十七年四月

尾崎行雄

東条総理大臣閣下

付記　この書は簡単ながら憲政の大義に関する事なれば、公開書とし適宜に取り扱いたき所存に有之、念のためご諒知おきを請う。(17)

当時国と軍部を背景にした飛ぶ鳥を落とす勢いの東条首相に、このような公開質問状をたたき付けた尾崎は、落選も覚悟して選挙戦に臨んだ。「私は東条内閣から見れば、憎むべき非国家的人物の筆頭であったから、非推薦候補者として立候補した。むろん政府は、私に対しては、特に強い圧迫を加えるだろう。国会開設以来五〇余年続いて当選して来た私も、ひょっとしたら今度は落選するかも知れないと思った。(18)」と尾崎も語っている。「しかし、もし落選したら、その方が、人心を振起するためには、かえってよいだろう。なぜなら、私が当選するのは普通のことだが、落選するとなれば、なぜそういう結果になったかということを研究するだろうとも考えた。(19)」

尾崎はこうした覚悟を胸に秘め、八五歳という高齢でもあり、「最後の御奉公につき選挙人諸君に御相談」と題する挨拶状を作り、冒頭に次の歌を掲げた。(20)

憲政のためとしあらばこの堂を枕となして討ち死にもよし　（新議事堂にて）

ところがこの挨拶状は、検閲当局によりほとんど判読できない程削除されてしまった。挨拶状のなかで尾崎は、「近来、我が選挙区にも(1)自由主義者、(2)個人主義者、(3)民主主義者、(4)平和主義者、(5)親米英派、(6)軍縮論者、(7)翼賛運動反対者等の奥味ある者をば、選出すべからずと勧誘する者があるそうです。これは尾崎には投票するなというにひとしい言行です。もしそれが直接と間接とを問わず租税や官僚の援助を受ける者の所作であるならば、明白な選挙干渉で、憲法及び選挙法等に違背する行為です。一八九二年の大干渉にすら屈せずして、私を選挙した諸君ですから、このくらいの干渉は物の数でもありますまいが、余り辻褄の合わない申し分ですから一応弁明いたします。[21]」として、それぞれの項目について明確に弁明している。新憲法下の今日では、これらの主義者が選ばれるべき者であるのに、戦時中のファシズム体制では、全く価値観が逆転していたことがよく分かる。傍線の部分は検閲により削減されたところで、いかに言論の自由が圧殺されていたかが理解できる。尾崎は次のように締めくくっている。

最後の御奉公。私は既に予想外の高齢に達しているから、政界を隠退し、余生を風月の間に送ってよい筈ですが、私が身命を賭してその育成に尽力したところの立憲政治は暫時衰退してついに官選議員を現出せんとするに至った。このままに放任すれば、明治大帝が畢生の御苦心をもって設定し給わった政体も、ついに有名無実にならんとする恐れがある。故に私としては成敗を問わず憲政擁護の大旗を掲げて最後の御奉公のために出陣せざるを得ないのです。

正成が陣に臨める心もて我は立つなり演壇の上[22]

（以上の傍線は削除された部分）

尾崎は選挙区に赴く前に、東京の田川大吉郎の応援演説を行った。その中で、東条内閣や翼賛選挙を痛烈に批判したが、官憲は揚げ足を取るような形で、「不敬罪」をでっちあげた。

私は田川君と前後して演壇に立ち、東条内閣の独裁的性格は立憲政治に逆行するものであり、いわゆる翼賛選挙なるものは、重大な憲法違反である旨を説いた。こんなことが行われて少しも怪しまれないのは、我国が明治・大正・昭和と世代を経るに従って、憲法を制定された明治大帝の御辛労と、我国に立憲政治を実現するために全力を尽くした祖先の労苦を忘れたためであると言い、これを分かり易くするために、「売り家と唐様で書く三代目」という川柳を引用し、国家も個人も、三代目の言動が最も重要であることを警告し、「日本も憲法施行以来、明治・大正の二代を経て、昭和の三代目に当たっているから、ここでよほど戒心しなければならない。」(23)

と説いた。

この三代がそれぞれの天皇を指し、明治天皇に昭和天皇が及ばないと言わんとしているとし、不敬罪に当たるとしたのである。選挙前の四月二十日に三重の選挙区で選挙運動中の尾崎を起訴し、東京に召喚して巣鴨拘置所に留置したのである。尾崎は、僅か一日で放免されたが、これは政府や軍部に批判的な尾崎を落選させるための選挙干渉に外ならなかった。これほどの妨害にあいながら、尾崎は当選を果たした。これは何よりも尾崎の人徳であろうが、それだけでなくあの戦時中の体制の中で、不敬罪という汚名を着せられた候補者を選出した三重の選挙民も立派であったというほかない。戦後立場は逆転し、東条が巣鴨に入れられてしまった。

尾崎の裁判は東京地方裁判所で十月二十六日から始まった。尾崎は、冒頭で自分の政治的経歴や信念、政府にたいする批判などを堂々と演説し、裁判官を唖然とさせた。十二月二十一日に出された判決は、懲役八ヵ月、執行猶予二年というものであった。尾崎は、直ちに上告した。そして一九四四年六月二十九日、大審院で無罪の判決を勝ち取った。

10　終戦、尾崎に春　世界連邦を提案

戦争は次第に日本に不利になり、一九四四年五月には、ヒトラーの死とドイツの降伏が伝えられた。尾崎は、日

本の方から先手をうって停戦を宣言して、降伏の屈辱を免れるようにしたいと思い、「休戦と新世界建設の構想[24]」と「平和的新世界建設の要件[25]」という二つの論文をまとめたが、公表されないうちに日本は降伏してしまった。これらは、日本のみでなく、世界の救治策として書かれたものであった。

終戦となり、民主化と平和主義が日本の改革の方向として打ち出されると、尾崎は凱旋将軍のように迎えられた。尾崎は、第八九議会で、世界平和達成の方法として「世界連邦の建設」決議案を提出し、採決させた。十二月二十九日には宮中から招かれて天皇に拝謁した。

戦後初めての総選挙（第二二回）は、一九四六年四月十日、新しい選挙制度（大選挙区制限連記制）で、婦人参政権を伴って行われることになった。尾崎は、戦時中の議員は総辞職すべしという主張であったので、立候補しないつもりでいたところ、三重県の選挙区で咢堂会の推薦で立候補の届け出がなされ、候補者不在のままトップ当選を果たしてしまった。尾崎は固辞したが、咢堂会の説得で議員生活を続けることになった。

一九四六年十一月三日、新憲法が公布され、民主国家・平和国家として日本は再出発することになった。選挙制度は、大選挙区制限連記制が異党派投票などで批判が強く、一度行われただけで一九四七年三月、再び中選挙区制に改正された。尾崎の選挙区は三重第二区（定数四人）で、一九四七年四月二十五日実施された第二三回総選挙では、連続してトップ当選した。帝国議会は国会と名称が変えられたが、政権争奪戦の激しさ醜さは変わらず、見るに見かねた尾崎は、三度全議員に警告を発した。六月二十三日、尾崎は「平和会議に関する決議案」を提出したが、占領軍司令部による干渉で上程されなかった。尾崎は九〇歳に達していたが、未だ政治家としての気概は失っていなかった。四八年十月には、吉田首相の解散論にこれを不当として緊急質問に立った。しかし、年末に国会は解散され、一九四九年一月二十三日、第二四回総選挙が行われ、尾崎は第二位で当選した。

一九五〇年アメリカの「日本問題審議会」の招待で五月十六日羽田を出発、六月二十七日まで親善旅行を行い、大歓迎を受けた。

さすがの尾崎も、寄る年波には勝てず、五二年一月には病床に臥すことになり、国会にも出席できなくなった。その中で八月国会が解散され、十月一日総選挙が行われ、病床の尾崎は第三位で当選した。その翌年の五三年三月、いわゆるバカヤロー解散が行われ、四月十九日第二六回総選挙が実施されたが、尾崎は初めて落選した。世界記録の連続二五回当選、議員生活六三年の実績を残して尾崎の議員生活はピリオドを打たれた。そして尾崎は、その翌年五四年十月六日、全てを成し遂げたというが如く九六年の生涯を閉じた。

11　尾崎行雄と三重県（民）

尾崎行雄の足跡を選挙の記録を中心に追ってきたが、驚くべきことは『尾崎咢堂全集』一二巻を調べ、その中に地元三重県のために何かしたという記録が全く見当たらなかったことである。現在の利益誘導型の政治家が幅をきかす時代では、想像すら出来ないことである。国政で活躍する尾崎を、三重県の選挙民は、日本に尾崎が必要だと信じて議会に送り続けた。尾崎にとっては、そういう選挙民がいたからこそ、国政に専念出来たということが出来る。伊佐秀雄は「尾崎の選挙区には彼の党籍などには関係なく、二代・三代にわたって、投票用紙に「尾崎行雄」としか書いたことのない選挙人が少なくなかった。これらの人々は祖先の位牌を守るような気で尾崎を守り、尾崎を崇めた。」と尾崎と支持者の関係を記している。[26]

尾崎の連続当選を可能にしたのは、それら熱狂的支持者の手弁当による選挙運動であった。その中核になったのが「咢堂会」である。「尾崎と選挙民との間には親子のような親愛の情がただよい、選挙民が候補者から投票の代

夕刊三重

「50銭払って演説聞いた」

松阪大の尾崎研究会　浅香さん（松崎浦町）が講演

大きな身振り手振りで話す浅香さん＝久保町の松阪大学で

松阪大学尾崎行雄（咢堂）研究会（会長＝阪上順夫教授、学生会員約五十人、一般会員約三十人）の本年度初の研究会が、十七日午後五時半から松阪市久保町の同大学であり、会員の同市松崎浦町、漁師・浅香房男さん(七九)が「尾崎行雄の思い出」と題して講演した。

同研究会は昨秋発足し、学園祭で講演会を開くなどの活動を続けている。阪上教授は東京の尾崎行雄記念財団理事も務めるが、昨年、東京学芸大学教授を退官して尾崎の地元・三重県の松阪大学に赴任してきたところ、ほとんどの学生がその名前も知らないことに驚き、大学のサークルでありながら一般市民も受け入れる同研究会を発足、尾崎の政治活動や選挙手法を検証していくことにした。

この日は学生十四人と一般会員十人が参加。一般会員のうち六人は尾崎の業績を顕彰する咢風会（本部・伊勢市、約四百人）の会員で同研究会のメンバーだが、浅香さんの話を聞きにきた一般市民も交じって、ジュースや菓子をつまみながらのにぎやかな会となった。

初めに四年生から三年生にバトンタッチした新旧幹部のあいさつがあり、続いて浅香さんが昭和九年、十九歳の時に同市日野町にあった松阪信用組合本店ホールで開かれた尾崎の演説会の思い出を話した。

この演説会が開かれた当時、一人前の大工の日当が一円だったが、演説を聞くためにその半分の五十銭の入場料を払ったといい、浅香さんは「今の政治家はお願いします、お願いしますと頭を下げるが、尾崎さんは貨幣を取って当選する。この偉さは世界一」などと話した。

また、「自分も軍曹として三十人を率いたが、自分が先頭に行かな部下は付いて来ん」などと、自らの軍隊経験も交えながら、「演説会場には憲兵がたくさんいたが、尾崎さんは陸海軍のことを徹底的に追及し、兵隊と同じように命を張っていた」と、当時、国家予算の半分を占めていた軍事費削減を訴えた様子にもふれた。

参加者から「祖母に聞いた話ですが、尾崎氏の演説会だけが木戸銭（入場料）を取られたというのは事実なんですね」といった意見が寄せられ、浅香さんは「木戸銭という言葉は懐かしい。世界で木戸銭取っとる政治家はほかにおりませんに」と話すなど、学生や一般会員と浅香さんとのやり取りは、講演が終わってからも続いた。

◇　◇　◇

尾崎行雄の選挙について語る浅香房男氏の報道記事（1997年（平成９）６月18日付、夕刊三重）

償に金や物を求めることなどは夢にも考えられなかった。また尾崎の選挙にたずさわる人々を中心として三重咢堂会という団体があり、平生から選挙費用を積み立てておいて、イザ選挙となれば候補者を煩わせることなく、すぐ運動に取り掛かれる仕組みになっていた。こうして自分達で積み立てた金で選挙を行うのだから、みんな費用をなるべくかけないように心掛けるのは当然である。選挙費用が余って、それを咢堂会から尾崎に献金したことさえ珍しくなかった。[27]」正に模範的理想選挙である。このことを言うと、尾崎だから出来たことで現実には出来ることでない、と言う人が多い。しかし、例外扱いして問題外としてしまうのは間違いである。理想的であればあるほど、それに近づける努力をすべきである。

金権選挙、腐敗選挙、そして政治汚職が根絶出来ない現状から見ると、一人でも多くの尾崎行雄を輩出する必要がある。イギリスで出来たことを、日本で出来ないということはない。

今こそ、二一世紀の日本を、民主主義と平和主義の世界的リーダーとするためには、国民の一人一人が、尾崎行雄の精神を持って立ち上がることが望まれる。

注

（1）尾崎行雄『尾崎咢堂全集』第一一巻、一九五六年、尾崎行雄記念財団、三〇頁（以下『全集』と略す）。
（2）『全集』一一巻、二〇七頁。
（3）一八九〇年三月十六日付「伊勢新聞」。
（4）『全集』一一巻、二〇九頁。
（5）伊佐秀雄『尾崎行雄』一九六〇年、吉川弘文館、七三頁。
（6）一八九〇年七月八日付「伊勢新聞」。

(7)『全集』一一巻、二三〇～一頁。
(8)『全集』一一巻、二三二頁。
(9)『全集』一一巻、二三七頁。
(10)『全集』一一巻、二三八頁。
(11)『全集』一一巻、二五八頁。
(12)『全集』一一巻、二五八頁。
(13)『全集』一一巻、五六七頁。
(14)『全集』一一巻、六九九頁。
(15)『全集』一一巻、七四〇頁。
(16)『全集』一一巻、七四一～二頁。
(17)『全集』一一巻、七四二～三頁。
(18)『全集』一一巻、七四三頁。
(19)『全集』一一巻、七四四頁。
(20) 尾崎行雄「不敬罪事件回想録」『全集』第九巻、一六六頁。
(21)『全集』九巻、一六七頁。
(22)『全集』九巻、一七一～二頁。
(23)『全集』一一巻、七四六頁。
(24)『全集』九巻、七七三頁。
(25)『全集』九巻、七七五頁。
(26) 伊佐秀雄、前掲書、七四頁。
(27) 伊佐秀雄、前掲書、七六頁。

五　尾崎行雄の選挙を支えた人々

三重県の生んだ偉大な政治家尾崎行雄の選挙は、世界にも誇れる理想選挙であった。尾崎は、国会創設の一八九〇年（明治二十三）第一回総選挙以降連続二五回当選の世界的記録を打ち立てたが、決して楽な選挙ばかりではなかった。尾崎は、出身は神奈川県津久井町で、三重県伊勢市から立候補したのは、父行正がこの地で役人をし定住したことによる。したがって、初めからしっかりした地盤があったわけではなかった。その後も、選挙大干渉、翼賛選挙などでは、反体制の候補者として抑圧される苦しい立場に立った。こうした時にも、三重県民は、尾崎を信じて国政の場に送り続けた。

その尾崎行雄も没後半世紀が経ち、尾崎の選挙の実態を知る人も残り少なくなってきている。その意味で、尾崎の選挙の実態を調査する最後の機会ということができる。この趣旨をご理解頂き、松阪大学地域社会研究所が、研究プロジェクトとして採用して頂いた。

1　世界に誇れる尾崎選挙

「尾崎先生の生涯において最も特筆すべきは伊勢の選挙区における他に比類のない世にも珍しい選挙風景である。金を一文も使わぬ選挙というものは日本全国何処にも無いことであって、かかる選挙のできる尾崎先生が凡人ならざることを示しているのであるが、一面又憲政行なわれて七十余年間立候補者たる尾崎先生に一銭も選挙費用を使わせずに、真の清き一票を投じ続けた伊勢の選挙民もまた実に世に誇るべき模範国民といわねばならぬ。[1]」高野清八郎はこう述べて、次のような体験談を語っている。

「先生の選挙区には先生多年の理想が実現せられて、選挙費用は選挙民が負担する、選挙民はかならず選挙演説を聞く、という美風が確立して、それが極めて自然に行なわれていることを体験したのである。それは昭和七年二月、犬養内閣の解散による総選挙に、尾崎先生は英国に滞在中であったために筆者が尾崎先生の代理として、伊勢の選挙区を演説して廻ったことがある。

私には一台の専用自動車が用意されていた。この費用は選挙事務所で払われたらしいが、その他の費用はみな各自が負担しているのである。先生の選挙区の青年諸君が一つは『憲政の神尾崎先生の正しい選挙運動に参加する』という光栄を誇りとするその観念で喜びにひたって奉仕しているのであるからその姿を見ても実に気持ちのよいものである。従って旅費宿泊料等もすべて自弁して働いている。そうした者が各地で続々出てきて心から選挙運動を展開するのである。筆者は他の選挙運動を自らも体験し見聞もして来たのであるがこの美しい風景には思わずも頭が下がり自分もその空気の中へ知らぬ間に引き入れられ厳粛な気に打たれたのであった。[2]」

高野氏が代理演説した選挙の状況は、次のようなものであった。

「代理演説をする筆者も午前七時半過ぎにはもう旅館を出発して演説会場へ向かうのである。『そんなに早く行っても聴衆が集まっておりますか』と聞くと、『いや大丈夫です。咢堂多年の選挙区はそれは違ったものですよ』というのである。行ってみると冬の日の午前八時前なのに会場に選んだある部落の大きな農家には座敷から居間から台所まで打ち通した所に大勢の人がすし詰めの満員である。『選挙民は国の政治の基礎となるべき選挙演説をかならず聞かなければならぬものである』という。咢堂先生の主張がかくも立派に、その選挙区で実行されているのには、私も全く驚くの他なかったのである。それも咢堂先生が講演されるということであれば兎も角、また代理としても有名人なればこの盛況も納得できる所であるが、今日代演する筆者のごときは、御本尊の咢堂とは天地雲泥の相違のある『無名の一学者』に過ぎないのである。それにもかかわらずこの満員の盛況とは、とりもなおさず伊勢の選挙民各位が立憲政治をよく理解している立派な選挙民であることを立証しているのである。次の演説会場は、午前一〇時開会であるから、田舎道を迂回して行くには約三〇分の余裕を見なければならなかった。私は一時間半程で演説を済ませて、次の会場に臨んだが、この会場も超満員であった。一日約六回から七回の演説をしたのであるが、いずれの会場も聴衆は満員でしかも熱心に傾聴せられたのである。幸いにも代理演説も尾崎先生を信頼しているこの立派な選挙民各位にたいして応えうるほどの出来栄えであったらしく、僅かに安堵して選挙民へは感謝し、英京ロンドンに滞在中の尾崎先生には恐縮の思いを深くしたのであった。(3)」

さらに高野氏は、尾崎の選挙体制について、次のように述べている。

「選挙本部の陣営は、尾崎先生の宇治山田の英学校時代の学友であった吉沢重郎氏（伊勢の名望家理想選挙連盟会長）および北村利平氏（名望家咢堂会会長）等多数の方々が参加して真の理想選挙を行なうのが常例であるが、私が代理として廻ったときは北村利平氏の豪勢な邸宅が選挙事務所に提供されていた。こうした真の理想選挙を実現されている伊勢の選挙区の選挙民は、立憲政治国の日本としては正に範とすべきであり、またここまで指導しその成果を見たるは尾崎先生の主張の正しさと、信念の強さが、選挙民の心の琴線に触れた結果の尊い所産である。伊勢の選挙民各位の美風をたたえるとともに今後の政治家たちよ、これを手本となし立候補地区の選挙では公明なる理想選挙を標榜し幾度落選するとも立憲政治の尊さを選挙民に知らせ、日本をして真の立憲政治国たらしめるよう努力せられんことを提案するものである。(4)」

2　咢堂会について

(1)　南郡（南牟婁郡）咢堂会

尾崎選挙の中核を担ったのは、咢堂会である。今回の調査の重点も、咢堂会の実態を明らかにすることであった。だが、これは予想以上に難しかった。何より戦前の実情を知っている生き証人がほとんどいなくなっていた。咢堂会は、全国各地に結成されていたが、最初に設立されたのは、何時、何処かということもはっきりしていない。尾崎行雄記念財団の資料の中から、大正四年五月の日付の付いた「南郡咢堂会設立趣意書」が見つかった。私の知るかぎりこれが最も古い咢堂会の設立である。次にその設立趣意書と役員名簿を掲載する。

南郡咢堂会設立趣意書

（壱）

吾人同志ノ徒、茲ニ相図ツテ「南部咢堂会」ヲ組織ス。趣意ハ名詮自称、咢堂尾崎行雄先生ノ高風清節ヲ欽仰スル同志一味ノ集団ノミ。

（弐）

聞ク「政治家ハ紳士ナリ」トハ欧米先進国ニ於ケル政治家ニ対スル共通不動ノ鉄案ナリト、即チ政治家タリ、タラントスル以上、必ズ先ズ、紳士トシテ資格ヲ具備セザルベカラズ。個人トシテ品行端正心事高明タルベキハ勿論、公人トシテノ進止行動ニ至リテハ。尚更ニ上下左右、アタカモ水晶ノ如ク透明純白タラザル可カラズ。

故ニ彼ニ在リテハエム・ピー（代議士）ノ肩書ハ同時ニゼンツルマン（紳士）ヲ意味ス。粋此乎、各階級ヲ通ジテ彼等各人究極ノ目的トスル所ハ、何レモ此名誉アルエムピーノ栄冠ヲ戴カントスルニ外ナラズト断ズルモ敢テ誇張ニ失セザルナリ。

翻ツテ之ヲ我国ニ観ル、吾人ハ寧ロア然トシテ直叙スルニ忍ビザルノ忌ハシキ材料、ミニクキ事実ノ余リニオビタダシキニ面ヲオハザラント欲スルモ能ハザルニ非ズヤ。彼等欧米人ガ常ニ遙カニ政治的高処ニ位置シテ人ヲ冷笑見下スル、マタヨシナリト謂フ可シ。如此汚濁腐敗セル我政治界ニ立ツコト既ニ三十有余年、常ニ政界ノ防腐薬トナリ清涼剤トナリツツ、一片々ノ気変々ノ光彩ヲ放ツテ絶ヘズ政界ノ革新進歩ニ貢献セルハ我ガ咢堂尾崎行雄先生ナリトス。先生ノ品位人格、識見気節、共ニ凡ヲ超ヘ群ヲ抜イテ傑出セルハ既ニ天下ノ普ク認ムル所、是レ吾人ガ先生ニ対シテ満腔ノ敬意ヲ表シ、之ニ私淑スル所以ニシテ、本会設立ノ根本趣意、ヒツキヨウ意之ニ職由スルニ外ナラザル也。

（参）

政治ハ実行ヲ生命トス。実行スベカラザル言議ハ如何ニソノ辞句ニシテ美ナルモ終ニ政治的ニハ無価値タルヲ免レズ。故ニ憲政国ニ於ケル政治家ハ常ニ国民ノ実生活ニ触レ、味ヒ、之ガ真相ヲ知ルニ努メ、民意民論ノ帰趨ニ細心ノ注意ヲ払フヲ要ス、彼ノ五厘銅貨ヲ指シテ「日本ニモカカル通貨アリヤ」トイブカリタル某氏ノ如キハ、全ク此点ニ於テ政治家タルノ最大資格ヲ欠如セルモノト言ハザルベカラズ、カカル政治家ノ言議行動ガ、単ニ権力争奪ヲ唯一ノ目的トシ、ゴウモ我等国民ノ実生活ト相関セザル、亦、故ナキニ非ザルヤ也。

咢堂尾崎行雄先生ハ終始一貫、朝ニアルモ野ニ在ルモ、常ニ民意民論ノ代表者ヲ以テ任ゼラル。ツトニ現内閣ノ政綱ヲ発表スルヤ、特ニ言論ノ自由、選挙権ノ拡張ヲ声名サレタルガ如キ、之レ多年先生ガ高唱サレタル主張ノ一端ニシテ、ソノ真精神ノ一ニ民意ノ暢達、民論ノ貫徹ニ存スルハ特ニ吾人感謝ニ価セズヤ。

（四）

上記述ブル所、之ヲ約言スレバ咢堂尾崎行雄先生ノ品位人格ノ崇高ナル、並ニソノ政治的言動ノ憲政的ナル、私人トシテ公人トシテ共ニ完全円熟、所謂「政治家ハ紳士ナリ」ノ好適典範ナリトス。

由来、我南牟婁郡在住有志ハ第一期以来代議士トシテ先生ヲ推薦擁戴ス、従ツテ二者ノ関係決シテ浅カラザルナリ。是レ吾人ガ本会ヲ起シ、先生ノ高風清節ヲ仰イデ各自智徳研磨ノ範トシ、機関トシ、ヒイテハ風紀ノ改善、地方自治ノ発達ニ資セント欲スル所以也。幸ニシテ吾人ト志ヲ同フセル諸賢、来リ会シテ相共ニ扶助誘導、内面修養ニ果タ外面的ニ、憲政国民トシテノ自己完成ニ努力セラレンコトヲ。

大正四年五月

会長	本山　幸松
副会長	佐藤保太郎
幹事	中西卓之助
	山下　壽松
会計	原田芳太郎
北輪内村支部長	本山　友一
南輪内村支部長	西部　譲
荒阪村支部長	竹内　伊作
新鹿村支部長	大橋　定文
泊村支部長	阪井　興七
木本町支部長	奥川覚五郎
飛鳥村支部長	杉村　伊助
五郷村支部長	山本徳之助
神川村支部長	西村金之助
有井村支部長	室谷熊次郎
神志山村支部長	榎本　南夫
市木村支部長	榎本覚太夫
阿田和村支部長	鈴木伊八郎
井田村支部長	上道　常松
御船村支部長	荘司　梅松
相野谷村支部長	古畑虎之助
西山村支部長	橋詰　島彦
入鹿村支部長	堀　房次郎

(2) 咢堂会（伊勢）の設立

尾崎選挙の中心は、尾崎の自宅がある度会郡、宇治山田、志摩の地元であるが、地元での咢堂会設立は多少遅れて一九二四年（大正十三）十二月のことであった。先の南牟婁郡の咢堂会をはじめ各地に咢堂会が設立されるようになったが、特に一九二三年五月の総選挙に当たって、度会郡、志摩郡の町村に熱狂的に咢堂会が結成された。その後それらの咢堂会を統合して、度会・志摩・宇治山田を中心に「咢堂会」を創設することになり、一九二四年十二月十日発会式が挙行された。咢堂会会則の第二条には、「本会は立憲思想を養成し選挙の廓清を図るを以て目的とする」とうたっている。会報も第一号が、一九二五年十一月二十日に発行されたが、第二号以下の会報は見つかっていない。多分一号だけで終わってしまったと思われるが、二号以下の咢堂会会報を持っている方がおられたら、是非ご一報頂きたい。次に、咢堂会設立主旨、綱領、役員、発会式と第一回大会の記録、懇親会出席者名簿を記載する。

咢堂会設立主旨

明治聖帝、万機公論に決すべきを宣し給ひ、尋て憲法発布となり、爾来星霜半世紀を過ぐ、国民今にして立憲の軌道を行く能はずんば、上皇室に対し奉り、不忠の臣たるのみならず、国家興隆の本、ついに危からん。ひるがえつて我国現状を想ふに、世界戦乱の後を承け、去歳未曾有の震災に会い、内外すこぶる多事、この難局に処すべく、国民今にして何等の覚醒なく、緊張を欠くに於ては、帝亡国を自然にまつの外なし。あにりつ然として危惧せざるを得んや。

目下国民憲政の常軌を踏むは、覚醒の第一歩なり。かくて政治を理解し、国民の進路を探らば自ら緊張して邦家の膺め奮闘努力の素地を養うべし政治を以て一種の遊技と見做し、選挙に臨むも、私益の交換市場ご思量するか如きは立憲治下の現代ご相容れず。況や為政者にして国法をもてあそび、私欲を満さんとするが如きをや、かくの如きは所謂危険思想を喚起するの責をこうむる可らず、今や普通選挙の実施、また近きにあり何ぞ国民旧態を脱せざるや。

青年起たざる可らず。我国現状を打破し、ばん回し、復興し、国家隆盛の基礎を築くは吾等青年の使命なり責務なり。しこうして之を尽さんと欲せば大同団結の力にまたざる可らず。大同団結を有力ならしめんと欲せば、之を指導誘導さるべき中心人物を要す。

我国近代、憲政完美のためにつくせし政治家少なからずといえども、我咢堂尾崎先生の如きは稀なり。先生の恬淡欲なる、富貴も淫する能はず、威武も屈す可からず、赤貧に甘んじ、一に国家の為に憂ひ、民衆の為に闘ひ、五十年一日の如く、身命を捧げて憲政の完美に努力す、人先生を呼んで憲政の神と称す、また党なり、先生時事に対し、主張せらるる所、時に或いは見解を異にする所ありとするも、その崇高なる人格と一貫せる憲政上の大精神とは吾等の以て鑑とするに余りあり、若かも此偉材は我三重県に出づ。同郷の親み浅からず。実に吾等が起つて憲政上事を為さんとするに当り、先生の如く好個の中心人物は之あらざるなり。乃ち吾等は先生を目標と仰ぎ、名を咢堂会と称し、三重県下有志の大同団結を図り、所期の目的を貫徹せんと欲す。以上本会設立の主旨を叙し、県下有志諸君の熱烈なる賛同を希ふ。

大正十三年十二月

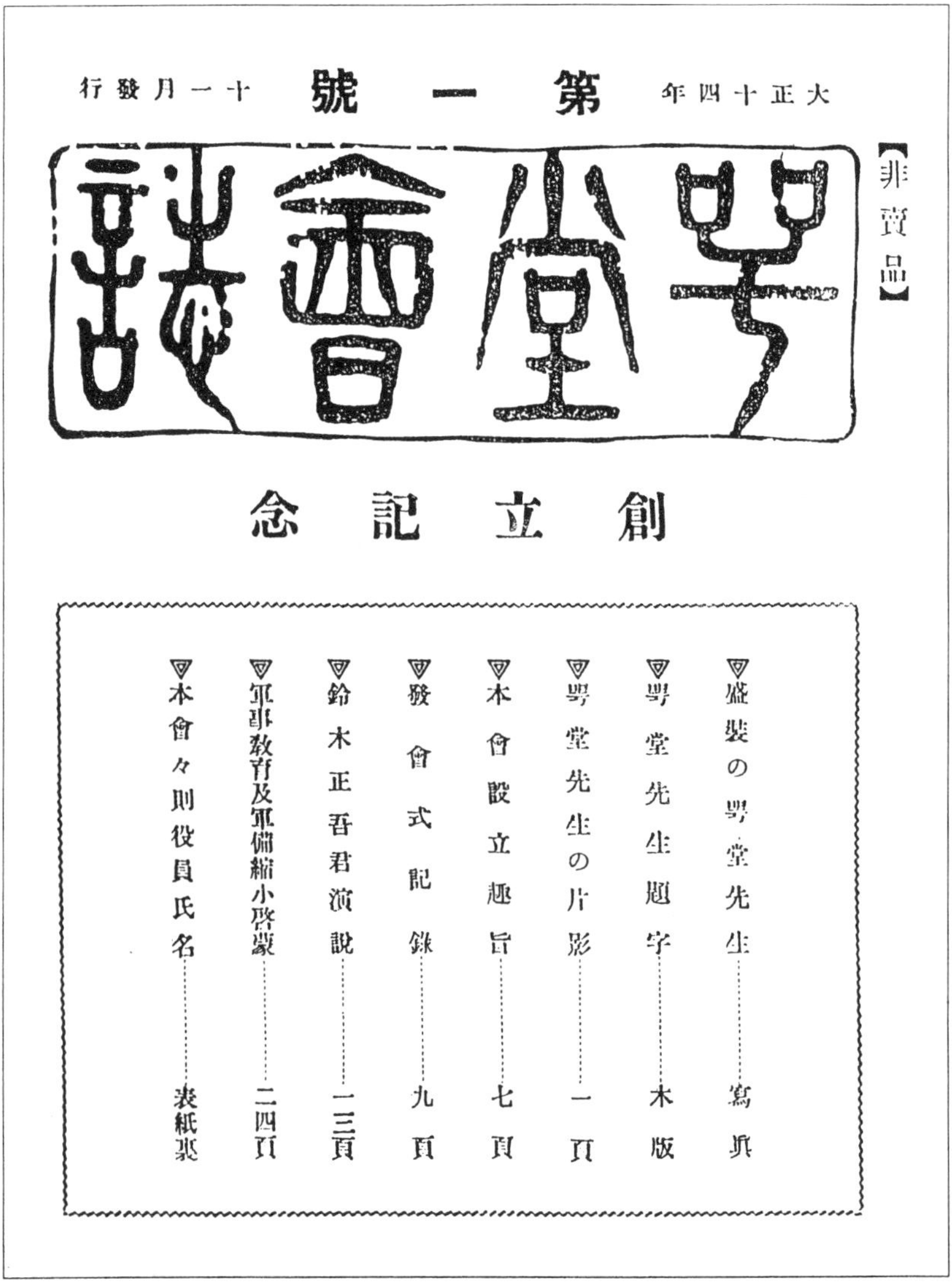
大正十四年　第一號　十一月發行

咢堂會誌

【非賣品】

創立記念

▽盛裝の咢堂先生……寫眞
▽咢堂先生題字……木版
▽咢堂先生の片影……一頁
▽本會設立趣旨……七頁
▽發會式記錄……九頁
▽鈴木正吾君演説……一三頁
▽軍事教育及軍備縮小啓蒙……二四頁
▽本會々則役員氏名……表紙裏

「咢堂会報」第１号、1925年(大正14)11月発行。１号雑誌で終わったようだ。

発起人（いろは順）

浜地　文平　蜂須賀　寛美　西浜　兵三郎　西野　辻太郎　堀井　繁夫
大藪　儀三郎　奥野　清　岡　文松　吉田　善三郎　吉沢　重郎
田端　八十七　滝田　謙高　中森　晃太郎　中山　信衡　中野　耕作
村山　敏夫　牛場　清次郎　野呂　巽之助　野口　源郎　山崎　喜太郎
国府　重周　東　善治　北村　伝三郎　北村　利平　島田　弥三郎
白井　清栄門　平松　正造　森　由蔵　森田八左衛門　森本　春三

本会綱領

一、本会々員ハ皇室ヲ尊崇シ敬神愛国ノ実ヲ挙ゲンコトヲ期ス
一、本会々員ハ立憲ノ精神ヲ体得シ政治ヲ公正ナラシメンコトヲ期ス
一、本会々員ハ公徳ヲ重シ社会ヲ善導センコトヲ期ス

本会役員

会　長　吉沢　重郎
副会長　牛場　清次郎
理　事（いろは順）　浜地　文平　蜂須賀　寛美　大藪　儀三郎　滝田　謙高

中野　耕作　　村田　安太郎　　松田　幸吉　　国府　重周
北村　利平　　南　強　　嶋田　弥三郎　　森田八左衛門
顧問　西岡　敏助　　吉田　善三郎　　野呂　巽之助　　白井　清栄門

本会発会式と第一回大会記録

帝国議会開設初期以来、我三重県には事実上の咢堂会は存在して居たのであるが、咢堂先生の徳望声名はいよいよ高く、全国各所に咢堂会が組織せられんとする形勢となつて、本家本元の我三重県、殊に度会志摩の地に於ける先生の崇敬者はじつとして居られなくなつて来た。折柄昨年五月の総選挙に当つてほとんど熱狂的に先生のため各町村に咢堂会が起つた。その後夫等の組織を連合して、度会志摩宇治山田を中心に一大咢堂会としたいとの議が起つてついに昨大正十三年十二月十日を期し之が発会式を挙ぐることとなつた。

会場を二個所に分ち第一会場を山田新町新富座に、第二会場を八日市場町福島大夫邸に設けた。開会を正午としたが、定刻前より会員は殺到せんばかりにたちまち満場立すいの余地なく、出席二千名と註せらる。咢堂先生も出席せられて定刻挙式を宣告する事となつた。

第一会場に於いて先ず会議の秩序を保つためとて松田一素氏座長として吉沢重郎氏を推さん事を諮り一同拍手賛成を表して同氏はその席に着き、本会設立主旨を発表すべく浜地文平氏を招く、ここに浜地氏は別項記載の主旨を朗読し、次で本会々則を議定するため牛場清次郎氏立つて原案を披露し之に説明を加ふ。一同異議なく之を決定し、ここに本会の設立を告げ、役員選挙に移り、国府重周氏は最初は会則に依らず会長に吉沢氏を副会長に牛場氏を推さん事を諮り一同拍手賛意を表し理事は会長の指名に一任せん事を主張する者あり、満場異議なく会長はその発表を後日に譲るべきを告げて式を閉じ、直に第一回大会に移り、左の宣言を決議す。

宣言

咢堂尾崎先生ヲ始メ政界ノ先覚者ニ依リテ多年唱道セラレタル普通選挙ハ近ク実施セラレントシ憲政ノ組織漸ク完カラントス。此時ニ当リ国民ニシテ之ニ応シ之ヲ活用スルノ準備ナクンバアタカモボクコウニシテ冠スルノ奇観アルヲ免レズ

ソモソモ普通選挙ノ実施ハ憲政上ノ最大要件ニシテ国家的共同生活ノ自覚ヲ促シ国民発展ノ基礎ヲ築カントスルニアリ。今ヤ我国世界大戦ノ影響ト去歳未曾有ノ震災ニ襲ハレ至大ノ難局ニ処シ之ヲ脱却セント欲セバ国家的共同生活ノ大自覚ニヨリ国民決起協力シテ経済的突進活動ヲ開始セザル可ラズ本会乃チコノ難局ニ処シ最善ノ手段ヲ講シ絶好ノ努力ヲ払ハントス。今本会大会ニ際シ会員各自ソノ決意ヲ表シ江湖ニ之ヲ宣言ス。

大正十三年十二月十日

咢堂会大会

夫れより政談演説会を開く此時名古屋咢堂会代表三輪信太郎氏及浜田国松氏本会設立にし祝詞演説を述べらる。（其他演説会記事別項）

第二会場は午後三時開会とし、是また定刻前より満員の出席あり、牛場清次郎氏は第一会場の決議をもたらして出席し、之を一同に報告して其賛成を求め拍手喝采同意を表せられ直に演説会に移れり。第一会場と同様、盛会裡に散会を告げたり。

此夜奥文楼上において有志の祝賀会を開き左記の諸氏出席あり、最近咢堂先生の陛下より下賜されたる大盃披露の式を行ひ後今日の盛会を祝して談笑沸くが如く和気あいあい互に親睦を語つて十時頃散会を告げたり。

咢堂会連合大会

有志懇親会出席者

東京市外下渋谷三十　鈴木　正吾
神奈川県鎌倉町　中村　茂文
山田市ノ部
中之切町　浜田　種助
宮後町　小林　裕
前納　秋月
阿竹寿三郎
高橋治郎七
八日市場町　滝田　謙高
吉沢　重郎
小川町　茂谷木地保
岩淵町　国府　重周
二俣町　北村　利平

吹上町　西村　円吉
大世古町　杉沢伊三郎
浦口町　村城　清助
橋爪荘次郎
浜郷村　西谷英太郎
牛場清次郎
岸川　音松
小俣村　東　善次
常磐町　河口甚九郎
安井常次郎
上田敬太郎
古市町　白井庄栄門
白井清栄門

河崎町　山川　楠三
土村啓太郎
曽祢町　西崎　捨三
度会郡ノ部
二見町　中井菊三郎
酒徳宗太郎
四郷村　山崎　典寿
中野　耕作
森田　松吉
四郷村　森本　石松
森　長蔵
橋本岩次郎
御薗村　坂野　恒夫

世古　常吉
岡田　作馬
大北　辻松
野呂巽之助
村田安太郎
村上　正人
高松梅次郎
北浜村　北村伝三郎
沼木村　奥山　藤平
城田村　松田　幸吉
下外城田村　堀井　繁夫
松本　友蔵
有田村　山崎喜太郎
東外城田村　西野辻太郎
田丸町　森田八左衛門
浦田　武雄

村山　敏雄
内城田村　丸屋　長松
山本　裕敏
瀧原村　吉田善三郎
吉田　有平
中川村　中井戸六松
松原　藤蔵
上村　与七
七保村　小倉　文雄
垂水　由夫
大内山村　南崎　忠海
服部　敏一
吉津村　浜地　文平
鵜倉村　中谷八太郎
穂原村　尾上　利夫
榊原久三郎

五カ所村　西浜兵三郎
嶋田弥三郎

志摩郡ノ部

鳥羽町　喜田　春吉
中村　幸吉
磯部村　橋本　清吉
山路山三郎
作田　久次
波切村　野名五郎兵衛
松井　丈夫
安乗村　尾崎源四郎
追間与之助
浜島町　田中新太郎
谷水　金造
谷水　次郎
井上　虎市

一九三七年咢堂会の幹部

「時局」というタブロイド版の新聞があるが、発行所は時局研究会・時局社、発行編集人が江村孝平、毎月一回発行となっている。その一月号の付録が咢堂会の機関紙のようになっている。私が入手できたのは、一九三七年と一九三九年の二部であり、その他の年がそのようになっているかどうか定かではない。三七年版では、巻頭に「謹賀新年　昭和十二年一月一日　相州、逗子、風雲閣にて　尾崎行雄」と年賀の挨拶があり、その後に尾崎が行った演説が掲載されている。三九年版は、年賀の挨拶の後に、名古屋咢堂会の春秋二期の大会における尾崎の講演の概要が掲載されている。そしてその巻末に、「謹奉賀新年」として地域別に氏名が列記されている。これらの方々は、この時期の咢堂会の有力者であるので、ここに三七年版を掲載することにする。

渡会郡

野呂巽之助
浦田　一雄
奥野喜三郎
高瀬　章三
山中　米斉
吉田善三郎
山口　孝

小林卯一郎
広　幸平
奥井　秀吉
森本　春蔵
川口　庄蔵
柏木　三郎
岩崎　勘吉

山崎喜太郎
岡村　義生
長沢　喜平
奥野　勇
藤田幸太郎
奥山　信平
加藤吉次郎

北岡　駒吉
守野源三郎
中西　与蔵
浜口銀五郎
中西鹿次郎
喜多　一真
向井　元輔

森田八左衛門
坂口　惣吉
松田　幸三
山口　安市
福山瀬一郎
小倉幾一郎
上村　静助

西井　金蔵
東　伊一郎
橋川　大観
中井菊三郎

宇治山田市

村井　源藤
森本　梅吉
阪本　藤平

志摩郡

氏本武太郎
尾崎　信介
山路　八蔵
尾崎源四郎
島田　諭三
山際又四郎
小川　史郎

松阪市

弓矢茂三郎
御村　歳平
瀬野喜一郎
稲田恒太郎
角谷　末松
北村　利平
松本鶴比古
島村　実
阿部　平吉
野村　藤安
森　彌三郎
小林伊太郎
土井根覚蔵
山本　栄吉
山本　安吉
丸木政次郎
青木　武男
北村　重吉
西井楠之助
菊川万次郎
大藪　関重
水溜延四郎
中村　幸吉
西岡　敏助
山路　京三
里中捨次郎
浦谷　為吉
岡本　喜平
田中新太郎
弓矢　六三
掛橋　久平
河口楠次郎
大井幸太郎
北村　源造
阿竹斉次郎
中里源次郎
亀田　与吉
南　強
三橋　覚蔵
浜際　三治
世古茂三郎
山本　新松
伴野　久孝
古森　嘉平
島田彌三郎
山崎　典寿
尾崎　彦麿
滝田　謙吉
中西民次郎
藤井与兵衛
西岡松太郎
羽里才之助
木下　甚八
野名五郎兵衛
中西　懋
中出栄三郎

中西　一郎
飯南郡
池上　治一　島野安太郎　松田恒之助　戸田　重吉　長田国三郎
山本厚太郎　田中　太郎　都地　国武　牧戸　実蔵　藤木猪之助
奥田　定蔵　高木　鹿蔵　川口常三郎　八重口藤次郎　奥山久次郎
多気郡
東村　健三　鈴木千太郎　松本寅之助　辻　熊太郎　根門宮太郎
野村　政郎　地主　力松　山崎　富丸　小掠彦次郎　村田善兵衛
清水　幸平　松村寅太郎
北牟婁郡
吉田惣次郎　長井甚三郎　近藤　作蔵　中村　隆平　庄司理三郎
中山梅之助　庄司晋右衛門　奥野　保　久保平一郎　楠　三郎兵衛
楠　三郎　渡辺嘉兵衛　夏目　有親　浜田　定市　土井　左門
南牟婁郡
中西　駒彦　中田栄太郎　池田　忠寛　大石　武雄　山川伊之助
山川勇右衛門　喜多　円　西　庄一郎　小林　功　榎本彌惣兵衛
竹内　伊作　三石　光一
北勢伊賀

小屋　光雄	小林嘉平治	小松　雄治	小川　成雄	佐倉藤太郎
西村吉兵衛	今井幸次郎	落合　治	三原　啓光	水谷勘次郎
生川平三郎	伊藤　清次	二井　貞吉	柴田周一郎	松平　家晃
県　外				
石川　正作	松田福一郎	鈴木　千載	内田　作蔵	柏木　秀茂
片岡　敬吉	吉沢　捨三	倉田　英一	山羽　幸平	前田　捨松
東　魁	若山　操	清水　慶一	下倉　一郎	田中幾三郎
細江　省吾	北島　岩八	北村幸一郎	小林　万作	尾崎　行輝
中村　茂文				

(3)　全国の咢堂会

咢堂会は、選挙区の三重県のみでなく、全国各地に結成され、尾崎行雄の政治活動を支援した。このことも、尾崎行雄の政治家としてのスケールの大きさを示すものである。咢堂会は、政治家の個人後援会の先駆けであるが、その後の政治家の後援会と基本的に異なるのは、金の流れである。咢堂会は、政治家尾崎を支援するために会員が金を出すのであるが、その後のほとんどの後援会は政治家が他所から金を集めてきて後援会の会員のために使うのである。高野氏も次のように言っている。

今日全国各地に尾崎先生の咢堂会を真似たものか、何某の後援会等と称するものがあるが、これらは多く咢堂会などとは似て非なるものであり、逆に候補者が金を出して、選挙運動の別動隊の役割を果たしこの後援会を利用して酒食を供応し、買収を行なわしめる手段となっている場合が多い。選挙腐敗促進を計る機関としてこの種の後援会が如何に多いかを思うべきである。尾崎先生の選挙界廓清意見はひとり三重県ばかりで叫ばれたものではない。全国民に向かって多年繰り返し繰り返し遊説せられた所であり、新聞、雑誌等にも数限りなくこの趣旨を発表されたのではあるが、その成果はひとり三重の尾崎咢堂の選挙のみに実現されているとは立憲民主国日本としてはまことに淋しい限りではないか。かかる実状では公明選挙を叫ぶもの、選挙の粛正を論ずるもの、またこれらを標榜する会が何百、何千、生れるとも、尾崎先生の三大学における遺言講演の趣旨にあるように立憲政治の実現は望み得ないのではあるまいか。この状態を打破すべき第二の尾崎咢堂の出現を待望するや切なるものを感じるのである。(5)

次に全国の主な咢堂会（伊勢以外の）を紹介する。

名古屋咢堂会（最も有力な会、三輪信太郎氏を中心とする）
銚子咢堂会（越川芳麿氏、石上藤樹氏、嶋田隆氏など）
甲府咢堂会（原請直氏など）
川越咢堂会（榎本園子氏、岡村了一氏など）
信越咢堂会（田村桝太郎氏）
南安革正会（林盛次氏、望月義夫氏など）
東京咢堂会（寿美井鷹一氏、藤田岩雄氏など、昭和二十二年十一月設立）
大阪咢堂会関西本部（西野改右衛門氏など）
京都咢堂会（田端盤門氏など）

尾崎行雄没後、現在活動している尾崎行雄関係の団体は、尾崎行雄記念財団（東京・憲政記念館内）、咢風会（伊勢市）、尾崎行雄を世界に発信する会（神奈川県津久井町）、松阪大学尾崎行雄政治研究会、である。

(4) 咢堂会（伊勢）名簿について

三重県の咢堂会が、どの程度の会員を擁していたのか印刷された名簿が見つからないので明確でないが、最後の会長阿竹斉次郎氏が保管していたと思われる「咢堂会（役員）名簿」が、尾崎咢堂記念館（伊勢市）の資料から出てきた。手書きで短冊型のカード式のものなので、役員と会員の区分もはっきりしないが、咢堂会の組織を知る貴重な手掛かりなので、この名簿の氏名を掲載することにする。関係者の情報提供を期待したい。

咢堂会（役員）名簿

松阪市伊勢寺町	島野　安治
神戸市灘区高羽	小林　万作
度会郡七保村	福山　美之
宇治山田市岩渕町	島村　実
松阪市新座町	渡辺竹三郎
松阪市花岡町	池上　治一
松阪市愛宕町	伴野　久孝

木之本	喜多　円
尾鷲	土井　左門
	山本左太郎
宇治山田市曽祢町	村井　四郎
理　事	
宇治山田市八日市場町	吉沢　重郎

度会郡小俣町	野呂巽之助
度会郡滝原村	吉田善三郎
宇治山田市中島町	阿竹斉次郎
宇治山田市宮町	北村　利平
度会郡内城田村立岡	丸屋　長松
度会郡南海村迫間	北村幸一郎
志摩郡鳥羽町	西村　陣七
度会郡二見町	中井菊三郎
志摩郡鳥羽町	阿部　平吉
度会郡城田村川端	松田　幸三
宇治山田市八日町場町	滝田　謙吉
度会郡城田村川端	森本　春蔵
多気郡上御糸村行部	東村　健三
志摩郡磯部村	西岡　敏助
志摩郡鳥羽町	亀田　其吉
志摩郡鳥羽町	中村　幸吉

評議員

度会郡城田村上地	本田武右衛門
度会郡下外城田村粟野	山中　英三
度会郡下外城田村粟野	西川源兵衛
度会郡二見町	角谷　末松
度会郡田丸町	浦田　一雄
度会郡四郷村朝熊	大井幸太郎
宇治山田市京町	森本　梅吉
度会郡豊浜村野依上区	奥野　勇
松阪市日野町	弓矢茂三郎
度会郡田丸町	守野源三郎
度会郡城田村上地	奥井　秀吉
度会郡小俣町	村上　正人
度会郡中川村	中西鹿次郎
度会郡滝原村	柏木　三郎
度会郡滝原村	奥山　信平
度会郡有田村世古	北岡　駒吉
度会郡東外城田村東原	西野辻太郎

度会郡東城田村野篠　広　幸平
度会郡中川村阪井　森田吉三郎
度会郡一之瀬村市場　西井　金蔵
度会郡島津村古和　柳生　昌光
度会郡島津村古和　岩崎　勘吉
度会郡鵜倉村　加藤吉次郎
度会郡鵜倉村　出口　義輔
度会郡小川郷村川口　文平
南牟婁郡有井村有馬　速水　乙若
度会郡柏崎村崎　喜多　一真
度会郡大内山村　山口　孝
度会郡吉津村神前　岩崎　仙吉
度会郡中島村阿曽　上村　静助
度会郡下外城田村小社　山口庄之助
度会郡一之瀬村　大釈伊太郎
度会郡南海村迫間　北村　重吉
志摩郡畔名村　浜一　三治
度会郡穂原村伊勢路　瀬野喜一郎

度会郡五カ所村　橋川　寛治
度会郡穂原村伊勢路　潜道　民吉
度会郡神社町　浜口　広海
度会郡四郷村楠部　山崎　典寿
志摩郡鳥羽町　藤井
度会郡宮本村旭村　山本治郎吉
度会郡豊浜村西条　古野　政一
度会郡小俣町　小林卯一郎
志摩郡鳥羽町　氏本武太郎
志摩郡加茂村　野村　藤安
志摩郡加茂村　宮本　盛造
志摩郡加茂村　野村　万作
志摩郡的矢村　木下　甚八
志摩郡国府村　羽里才之助
志摩郡波切町　野呂五郎兵衛
志摩郡浜島町　田中新太郎
志摩郡和具村　山本　新松
志摩郡磯部村迫間　西岡松太郎

多気郡五カ谷村	山崎　富丸
多気郡三瀬谷村	村田善右衛門
多気郡川添村	野村　汳郎
北牟婁郡赤羽村島原	久保平一郎
長島町	荘司晋左衛門
船津村船津	楠　　三郎
相賀村相賀	伊藤　音八
南牟婁郡木ノ本町	中田栄太郎
北牟婁郡九鬼村	宮崎　嘉助
南牟婁郡木ノ本町	中西　駒彦
北牟婁郡尾鷲町	石渕　勇吉
南牟婁郡新鹿村	三石　光一
北牟婁郡長島町	田中　平助
二郷村	長井甚三郎
長島町	中山梅之助
相賀村相賀	夏目　有親
三野瀬村三浦	奥野　　保
度会郡甫海村相賀	河口楠次郎

度会郡宿田曽村宿浦	奥山喜太郎
度会郡神原村山原	稲田　武祐
宇治山田市浦口町	水溜延四郎
度会郡内城田村字田間	玉村　梅吉
志摩郡鳥羽町堅神	中山　正一
南牟婁郡木ノ本町	阪内作兵衛
	喜多　修三
新鹿村新鹿	前川　惣助
	西　　政助
	中芝　降一
	大矢　玉治
	仲　常一郎
神川村字尾川	新屋　　礼
神川村神上	大西数太郎
	前田耕之助
柳谷	西川　　澄
神上	畑中杏之亮
	小林　　功

小林信太郎
度会郡神社町　中西　幸重
南牟婁郡阿田和村阿田和　西　庄一郎
宇井九四郎
川合勝之助
五郷村寺谷　斉藤　豊助
有井村有馬　大石　武雄
神志山村志原　大家　寛
市木村下市木　尾崎吉二郎
相野谷村平尾井　竹浦　隆治
有井村有馬　山川伊之助
山川　勇太
尾呂志村　大石　数馬
飛鳥村大又　更屋武之助
尾鷲町南浦　土井　左門
相賀村相賀　渡辺喜兵衛
九鬼村九鬼浦　宮崎和右衛門
引本町引本浦　浜田　定市

尾鷲町南浦　浜中　秀松
長島町　中村　隆平
度会郡神原村　西井楠之助
志摩郡加茂村　尾崎　信介
志摩郡鵜方村　野名五郎兵衛
志摩郡甲賀村　小林伊太郎
志摩郡甲賀村　小林　政也
北牟婁郡長島町　荘司理三郎
多気郡下御糸村根倉　喜多　鹿蔵
多気郡斎宮村　北島　岩八
多気郡斎宮村　田所　収三
多気郡斎宮村　尾家平太郎
多気郡明星村　豊田　平六
宇治山田市中島町　小津幸次郎
多気郡領内村　保田文二郎
多気郡東黒部村　鈴木千太郎
多気郡東黒部村　松木寅之助
多気郡大淀町　辻　熊太郎

多気郡佐奈村五佐奈	藤原治之郎
多気郡佐奈村前村	辻　保吉
飯南郡機殿村六根	都地　国武
飯南郡朝見村	牧戸　実蔵
南牟婁郡南輪内村	榎本弥惣兵衛
南牟婁郡南輪内村	出場　利助
志摩郡的矢村	島田　諭三
志摩郡安乗村	尾崎源四郎
多気郡下御糸村八木戸	鈴木　助生
飯南郡澑代村	高木　鹿蔵
度会郡内城田村大野木	東山新次郎
度会郡大湊町	楠田　芳蔵
度会郡北浜村村松	山口　安市
飯南郡粥見村	戸田　重吉
度会郡下外城田村小社	阪口　惣吉
度会郡御薗村小林	小川　嘉尚
度会郡下御糸村北藤原	清水　幸平
度会郡浜郷村田尻	宮間熊太郎

度会郡浜郷村通	小西庄太郎
度会郡浜郷村一色	宮崎己之助
度会郡浜郷村神田久志本	楠木　ニ助
度会郡大湊町	村田　清六
度会郡大湊町	芝田益太郎
度会郡大湊町	山口　吉郎
度会郡神社町	松山熊太郎
度会郡神社町	五島　兼吉
度会郡北浜村柏	浅沼富三郎
度会郡北浜村柏	漆井徳三郎
度会郡北浜村東大淀	戸上亀太郎
度会郡北浜村有滝	橋爪富三郎
度会郡北浜村有滝	三宅　芳一
度会郡北浜村有滝	中村　芳一
度会郡北浜村村松	山中　米高
度会郡北浜村村松	川口　庄蔵
度会郡城田村中須	堤　松太郎
度会郡城田村中須	東浦　庄蔵

度会郡城田村中須　石塚　弥助
度会郡城田町川端　倉井　松助
度会郡内城田村平生　山北　坂蔵
度会郡内城田村棚橋　大西　勘助
度会郡内城田村鮑川　永木　亀吉
度会郡下外城田村山岡　松山　寅吉
飯南郡花岡町　池上　治一
飯南郡花岡町栗野　深川　仙助
宇治山田市辻久留町　中西尾次郎
宇治山田市一之木町　阪本　藤平
多気郡大淀町　中山徳太郎
多気郡大淀町　辻　照吉
北牟婁郡錦村　赤田惣次郎
度会郡内城田村牧戸　阪応注連花
度会郡大湊町　向井　国治
度会郡大湊町　浜田　栄治
度会郡大湊町　野中　健二
宇治山田市浦口町　橋爪徳次郎

度会郡田丸町大手　木下　久八
志摩郡磯部村　山路　八義
志摩郡磯部村　山路　京治
志摩郡蔵部村　中西　末蔵
宇治山田市中島町　赤尾　惣市
度会郡四郷村北中村　森　長蔵
度会郡四郷村北中村　矢田善兵衛
度会郡四郷村楠部　野間　孫六
度会郡四郷村楠部　泉　重之
松阪市　伊　増吉
松阪市　山田　栄吉
松阪市　渡辺竹三郎
松阪市　弓矢　六三
松阪市　丸木政治郎
松阪市　伴久　才子
度会郡四郷村朝熊　羽柴　政吉
度会郡四郷村朝熊　川上喜太夫
度会郡四郷村朝熊　川口　寅吉

度会郡四郷村鹿海	森田　松吉
度会郡四郷村一宇田	橋本岩次郎
度会郡城田村中須	堤　善五郎
度会郡城田村中須	大石　伸平
度会郡城田村上地	中田　仙吉
度会郡城田村上地	中井　金六
度会郡城田村	中西　栄松
度会郡城田村	中西　与蔵
度会郡城田村	中川喜代蔵
度会郡城田村	長沢　喜平
度会郡城田村	藤井政五郎
下外城田村岡出	井上　松蔵
宮古	松田　常蔵
浜郷村神田久本	上野　長吉
黒瀬	朝野　政吉
通	岸川　松
一色	竜田善四郎
下外城田村昼田	山口　栄蔵

二見町今一色	大川　善一
内城田村葛原	坂口　友吉
牧戸	坂谷文治郎
平生	東谷房五郎
立岡	牧　佐平次
大野木	西村金四郎
御薗村上条	大西　長蔵
田丸町	中西　鹿蔵
	向井　藤吉
	池山　悦三
多気郡上御糸村馬之上	高橋　源治
中海	長谷川才次郎
阪本	山路　藤市
前野	増井　二
多気郡下御糸村根倉	伊藤信太郎
中村	中山　九平
八木戸	植村　英一
志貴	乾　勝之助

養川	田浦　　吉
度会郡一之瀬村脇出	青木　武男
	大釈　一郎
度会郡下外城田村山岡	中山晋次郎
多気郡丹生村	地主　力松
度会郡東外城田村野篠	平尾平次郎
度会郡下外城田村小社	山口庄兵衛
佐奈村五佐奈	藤原治三郎
多気郡佐奈村前村	辻　　保吉
度会郡田丸町明羽根	村井　未吉
朝久田	中西　巣蔵
内城田村大久保	中森昨次郎
二見町江	昼川順次郎
御園村高向	北村　源造
東外城田村山神	大西共十郎
	小辻　孫市
積良	中出　安尾
豊浜村上野依	奥野　多蔵

東外城田村蚊野	戸上菊次郎
杏区	大仲　太市
小川	野呂辰次郎
植山新田	石原松次郎
磯	矢形　卯吉
	矢形長太郎
下外城田村中角	森本　晋蔵
神社町下野	中林　重六
宇治山田市一之木町	松田　徳松
度会郡城田村上地	中川　繁蔵
下外城田村山岡	松田　米蔵
田村曽弥	西山　鉄三
田村	見並　幸作
川端	中川　鉄蔵
	見並　捨吉
宇治山田市常磐町	大西　増蔵
	西村修一郎
内座	南出　長蔵

1949年(昭和24)10月5日、松阪市、度会、多気、志摩、北牟婁、飯南、山田、鳥羽、咢堂会。尾崎邸での記念写真。

南藤原　柳田長次郎
志摩郡磯部村下之郷　森　弥三郎
多気郡五カ谷村土屋　北畠　民蔵

3　尾崎選挙を支えた人々

(1)　伊勢の人々

(a)　尾崎彦磨

専ら中央で活躍する尾崎行雄に代わって、伊勢の地元を守ったのが尾崎彦磨氏である。現在の尾崎咢堂記念館となっている伊勢市川端町の尾崎邸に住み、地元の秘書役に徹し、政治家尾崎行雄を支えた。彦磨は、一八八二年(明治十五)十一月生まれ、上野の東京美術学校に入学、日本画家を目指して川合玉堂の内弟子になったが、方向転換し西洋画科に再入学し、一九〇八年三月卒業している。その後、一九一三年(大正二)尾崎行正死去に伴い、東京から伊勢に移り、地元を任されることになった。大藪花子と結婚し、菊子(坂内)(一九二三年生)、行信(最高裁判事)(一九二九年生)、行俊(一九三一年生)の子宝に恵まれた。尾崎行雄が死去するまで(一九五四年十月六日)、伊勢の地元の拠点として、尾崎家を守った。晩年一人暮らしの彦磨を面倒見たのが、倉井藤三氏であった。一九五六年、行信氏が東京に引き取ったが、一九五七年十月四日、永眠した。(七五歳)

1924年、伊勢にて。右より尾崎彦麿、一人おいて尾崎行雄、三輪信太郎、尾崎花子、尾崎菊子（一歳）

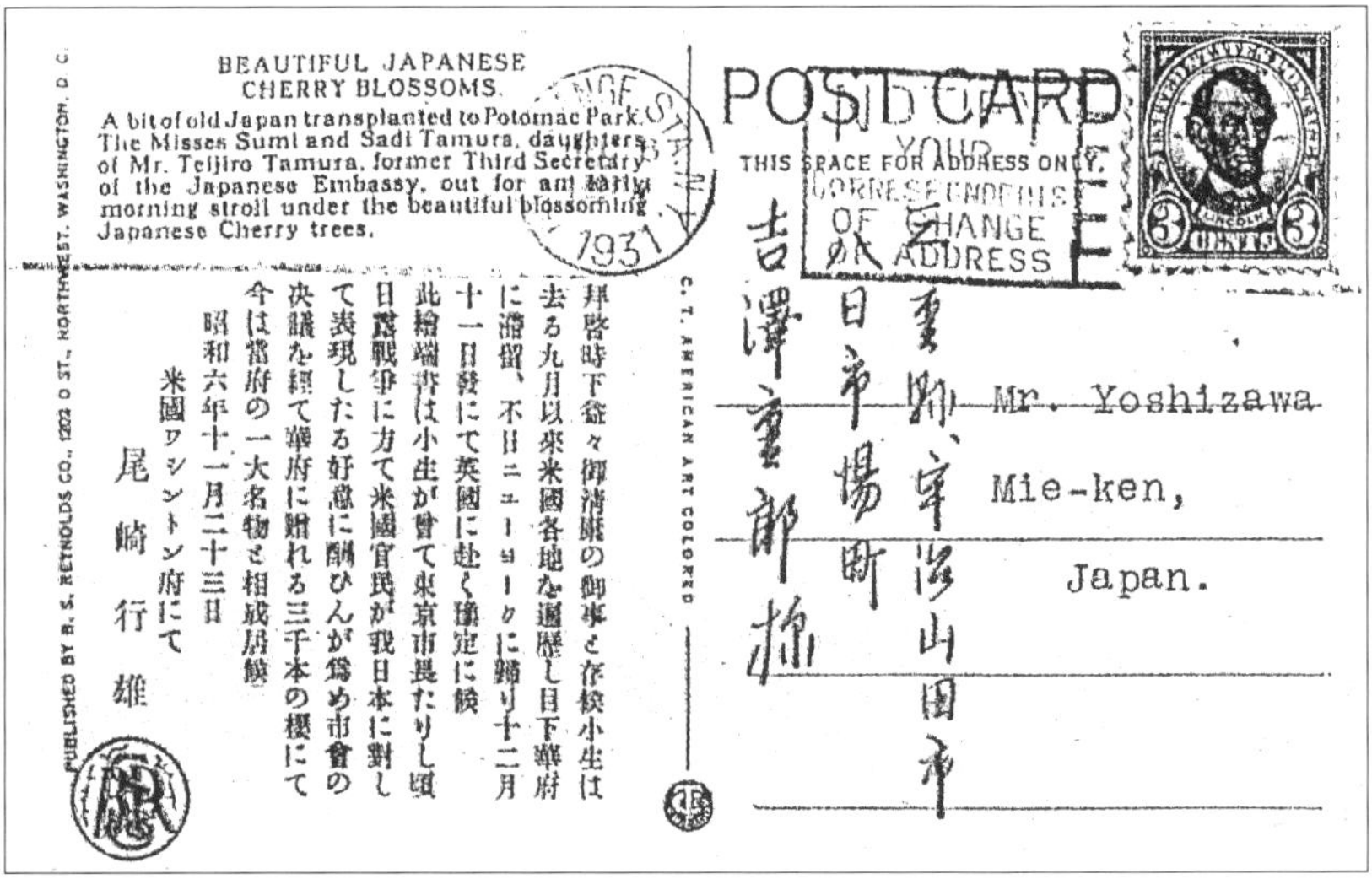
BEAUTIFUL JAPANESE
CHERRY BLOSSOMS.
A bit of old Japan transplanted to Potomac Park. The Misses Sumi and Sadi Tamura, daughters of Mr. Teijiro Tamura, former Third Secretary of the Japanese Embassy, out for an early morning stroll under the beautiful blossoming Japanese Cherry trees.

PUBLISHED BY B. S. REYNOLDS CO., 1202 D ST., NORTHWEST, WASHINGTON, D. C.

C. T. AMERICAN ART COLORED

拝啓時下益々御清康の御事と存候小生は
去る九月以来米國各地を遍歴し目下華府
に滞留、不日ニューヨークに歸り十二月
十一日發にて英國に赴く豫定に候
此繪端書は小生が曾て東京市長たりし頃
日露戰爭に方て米國官民が我日本に對し
て表現したる好意に酬ひんが爲め市會の
決議を經て華府に贈れる三千本の櫻にて
今は當府の一大名物と相成居候
昭和六年十一月二十三日
米國ワシントン府にて
尾崎行雄

POST CARD
THIS SPACE FOR ADDRESS ONLY.
YOUR CORRESPONDENTS OF CHANGE OF ADDRESS

重縣宇治山田市
日市場町
吉澤重郎様

Mr. Yoshizawa
Mie-ken,
Japan.

ワシントンから、市長時代に贈ったポトマック河畔の桜の絵ハガキを関係者に送った。

(b)　吉沢重郎

伊勢の咢堂会の初代会長。一八九七年（明治三十）一月、宇治山田町の収入役となり、一八九七年五月から一九〇一年四月まで助役を勤めた。一九〇一年四月から一九〇三年十一月まで宇治山田町長。地元の長老として尾崎の選挙区の中核的存在であった。

(c)　牛場清次郎

伊勢の咢堂会の初代副会長。一八八〇年（明治十三）、渡会郡浜郷村神田久志本に生まれた。東京専門学校政治科（現早稲田大学）を卒業、神戸又新日報記者、柏崎日報主筆を経て、帰郷して家督を継ぎ三重県議会議員に当選、一九三〇年二月総選挙で尾崎と同じ三重二区から立候補して当選（五〇歳）、次の一九三二年総選挙では落選した。一九三八年十一月死去。

(d)　浜地文平

伊勢咢堂会の発起人・理事。一八九三年（明治二十六）二月、渡会郡南島町吉津生まれ。山田中学、三重師範卒業、小学校教諭を経て、一九二三年（大正十二）吉津村長となり、一九二三年三重県会議員に当選、四期勤めた。一九三六年（昭和十一）二月総選挙に三重二区から立候補したが次点で落選、一九三七年四月総選挙で初当選を果たし、その後八期衆議院議員を勤めた。

前列中央右　尾崎咢堂、左　吉田善三郎

(e)　北村利平

伊勢の地元で選挙事務所を引き受けてきた。北村家は繭問屋で、伊勢咢堂会の発起人・理事を勤めたのは先代の利平。二代にわたって地元の尾崎選挙を担った。

(f)　吉田善三郎（十代）

伊勢咢堂会の発起人・顧問。尾崎のスポンサーの一人、滝原村（現大宮町）の吉田家は尾崎遊説の定宿。一九〇〇年（明治三十三）八月生まれ、一九七二年（昭和四十七）死去。「南勢における山林王にして、家系連綿現当主はその十代である。幼名善一郎、一九二一年（大正十）先代の没後を承けて襲名した。君資性温厚篤実、社会公共に奉ずる事厚く、かつて居村小学校特別基金として金一万円を寄贈せるを初めとし、各種公益事業に財を投じてやまず。一九二七年賞勲局の知るところとなり紺綬褒章を下賜せられた。名誉というべきである。祖父善三郎氏（徳善翁）は一八六〇年吉田家第八代の当主となりし人。すぐる一八六七年の飢饉に際し、窮民四〇人を使役して、村内野後字唐谷に溜め池築造の工を起し、その年三月より翌年十二月竣工にいたる間、彼等に職を与えて餓死より免れしめ、同時に村内灌水の便を豊にし、一石二鳥の効を挙げた。また一八七三年始めて小学校の制設けらるるや、奮って自ら学務委員の職に当たり、当時の教員小島貞造氏と協力、以て教育普及のことに勤めた。産業奨励の意味において、維新当初郡村の茶を買い集め、これを横浜に送った。その数量、操業期間正確ならざるも、かなり盛大を極めたもののごとくである。他面植林事業に熱心で、今日の同家を招来すると同時に郷村を勧奨して地方森林の殖植に意を用いる事少々でなかった。晩年歩行難渋となるや、腕車を駆って毎月二回大神宮参拝を続けたほどの敬神家でもあった。(6)」

【尾崎行雄が欧米旅行の旅先から吉田善三郎氏に送ったもの】

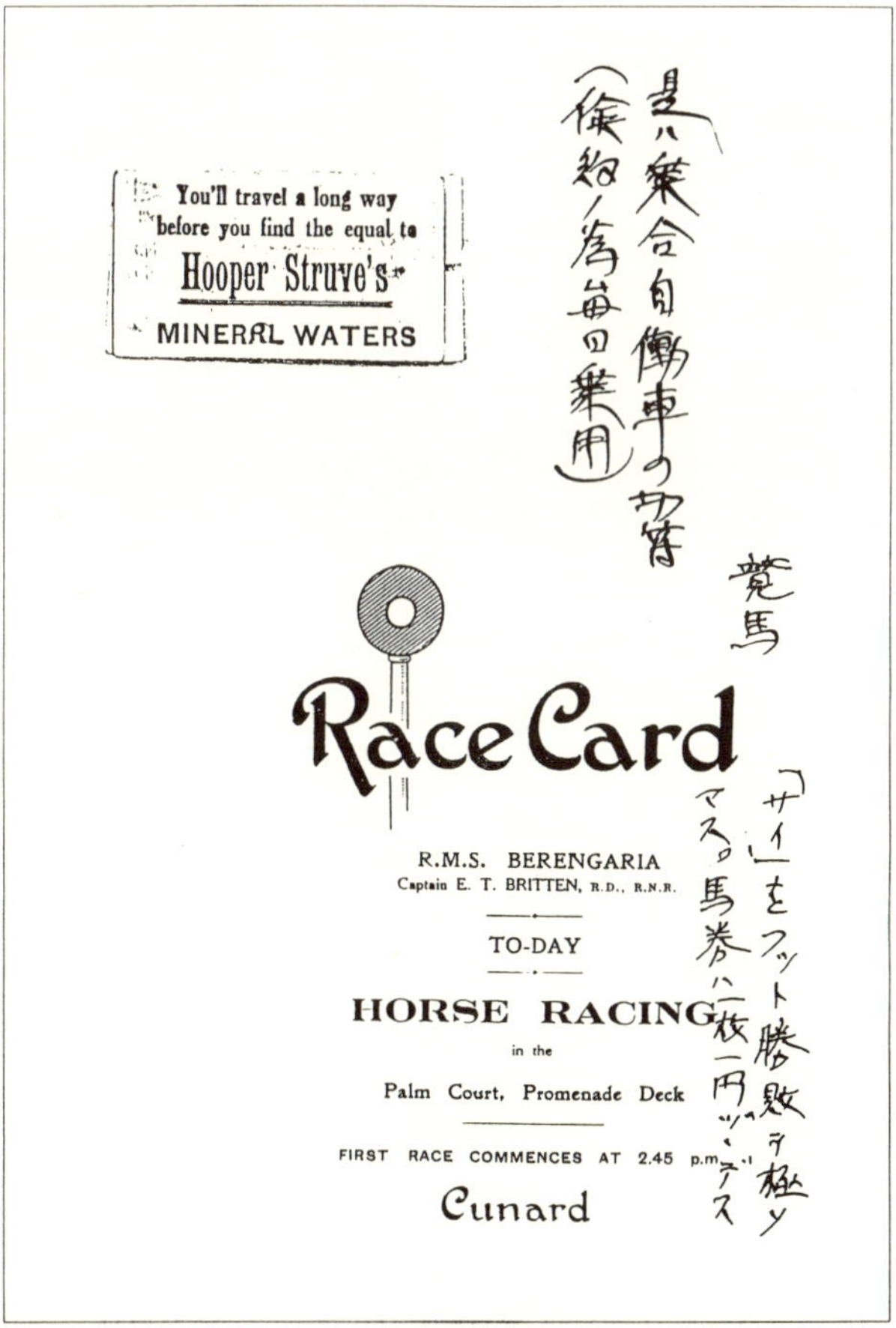

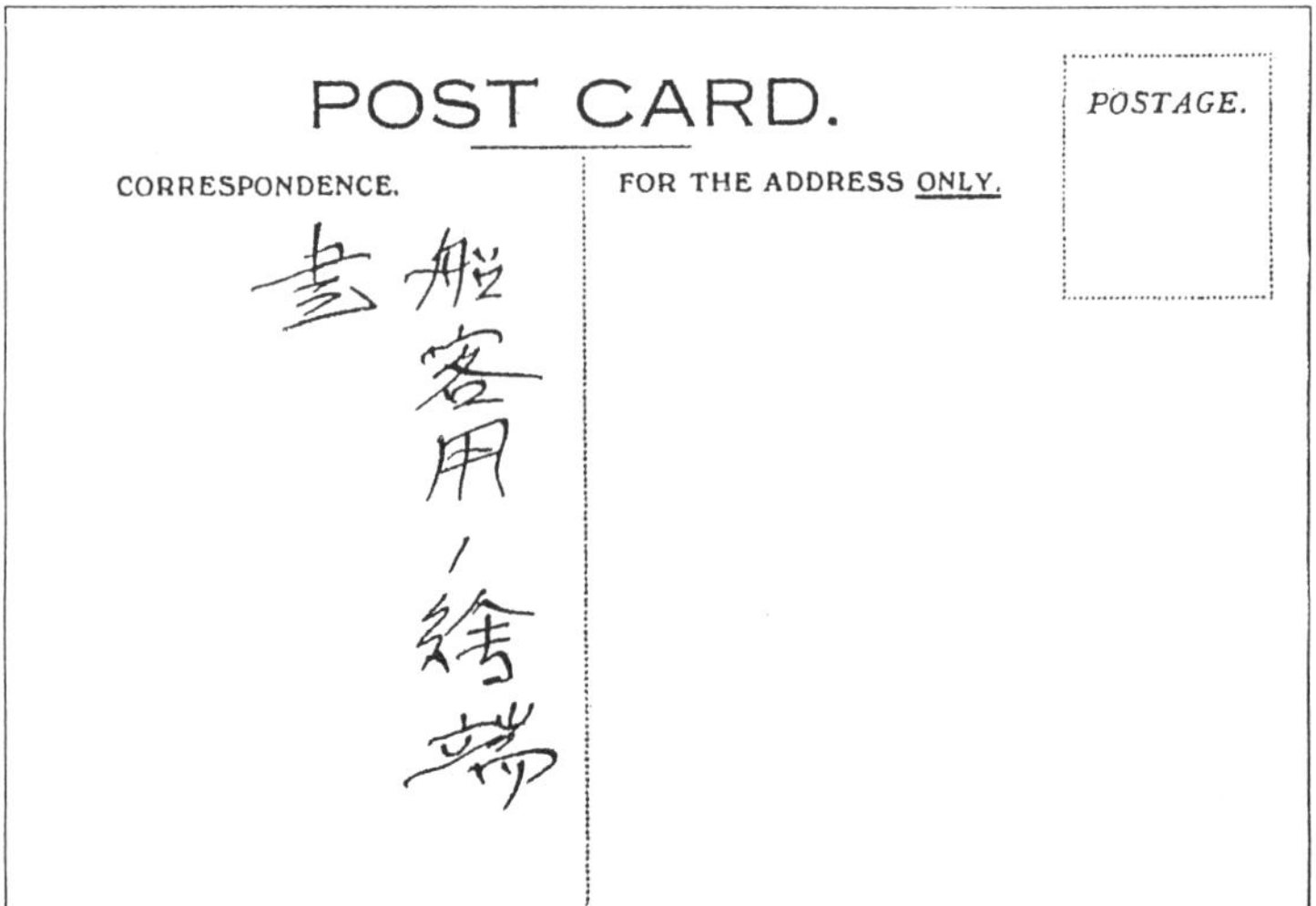
POST CARD.
POSTAGE.
CORRESPONDENCE.
FOR THE ADDRESS ONLY.
船客用ノ絵端
書

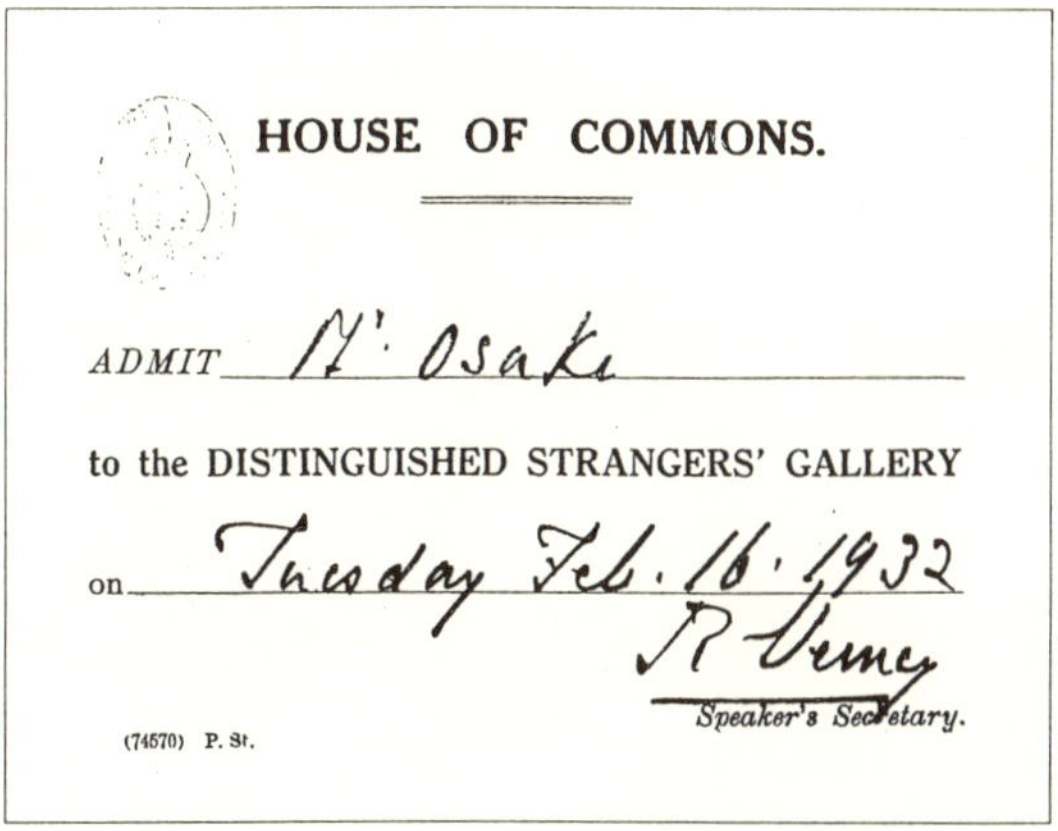

HOUSE OF COMMONS.

ADMIT M^r. Osaki

to the DISTINGUISHED STRANGERS' GALLERY

on Tuesday Feb. 16. 1932

R Verney
Speaker's Secretary.

(74570) P. St.

是ハ英国下院の傍聴券

THE JAPAN SOCIETY

A MEETING

will be held at

27, PONT STREET, LONDON, S.W. 1,

on

Thursday, 11th February, 1932, at 5 p.m.

SUBJECT:

"Constitutional Government in Japan."

by Mr. YUKIO OZAKI.

Chairman: Mr. CHARLES V. SALE
(Chairman of Council)

To Admit Members and friends. Tea at 4.30 p.m.

是ハ英国の日本協会の案内状（私が紀元節ニ講演した時）

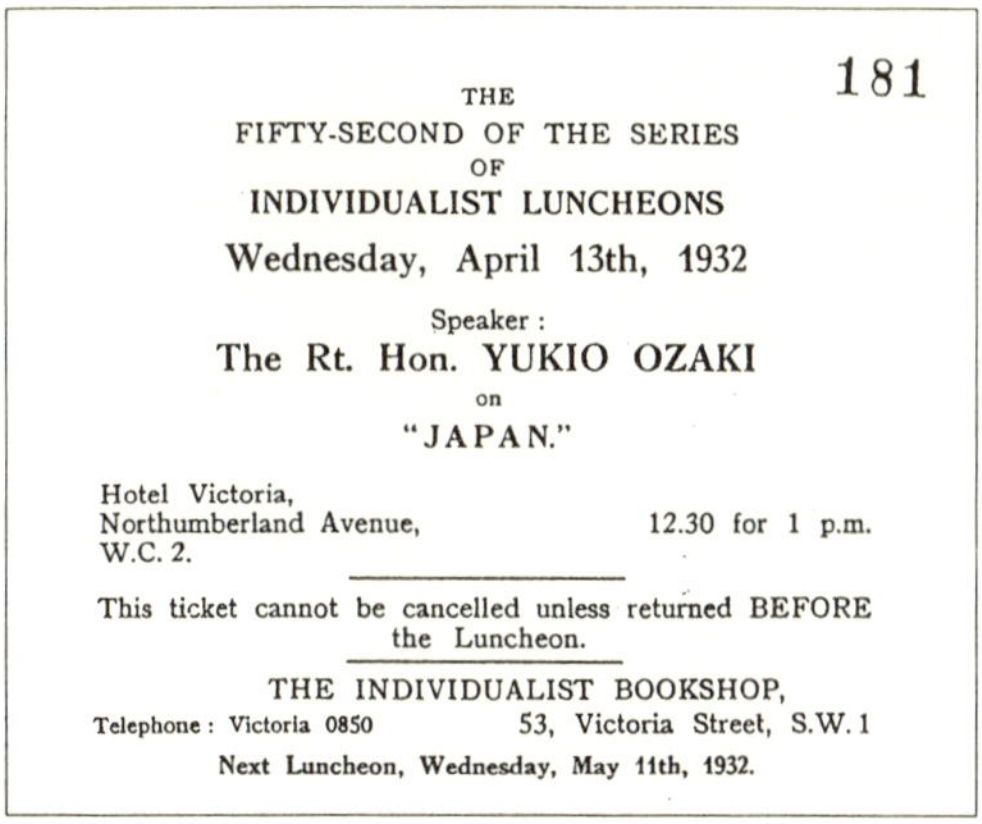

181

THE
FIFTY-SECOND OF THE SERIES
OF
INDIVIDUALIST LUNCHEONS

Wednesday, April 13th, 1932

Speaker:
The Rt. Hon. YUKIO OZAKI
on
"JAPAN."

Hotel Victoria,
Northumberland Avenue,
W.C. 2.
12.30 for 1 p.m.

This ticket cannot be cancelled unless returned BEFORE the Luncheon.

THE INDIVIDUALIST BOOKSHOP,
Telephone: Victoria 0850 53, Victoria Street, S.W. 1

Next Luncheon, Wednesday, May 11th, 1932.

是ハ私が英京某協会の請ニ依リ私が講演した時の案内状也

児供仲間に入り駝鳥の引く車に乗りて遊んでゐる所

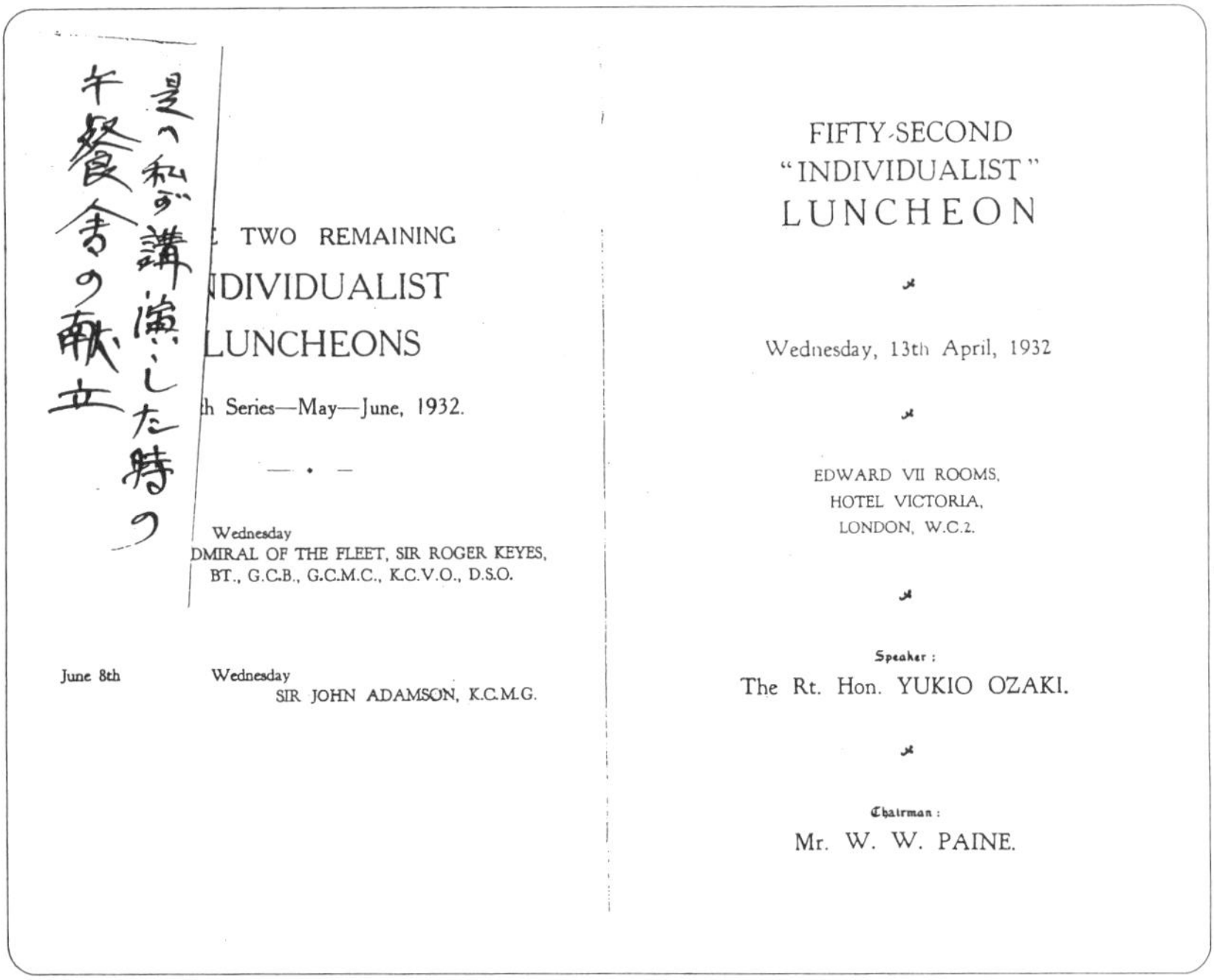

是ハ私が講演した時の午餐会の献立

… TWO REMAINING
…NDIVIDUALIST
…LUNCHEONS
…h Series—May—June, 1932.

— • —

Wednesday
…DMIRAL OF THE FLEET, SIR ROGER KEYES,
BT., G.C.B., G.C.M.C., K.C.V.O., D.S.O.

June 8th　Wednesday
SIR JOHN ADAMSON, K.C.M.G.

FIFTY-SECOND
"INDIVIDUALIST"
LUNCHEON

Wednesday, 13th April, 1932

EDWARD VII ROOMS,
HOTEL VICTORIA,
LONDON, W.C.2.

Speaker:
The Rt. Hon. YUKIO OZAKI.

Chairman:
Mr. W. W. PAINE.

右より　尾崎咢堂、服部フミ、尾崎万沙子（菊子長女）、尾崎彦麿、尾崎菊子、阿竹斉次郎、阿竹小百合

(g)　中村茂平

尾崎の秘書であり、選挙事務長的な役割を果たした。尾崎の遊説に絶えず付き添い、選挙運動を取り仕切った。尾崎は、その死後墓石に自ら墓銘を揮毫した。

(h)　阿竹斉次郎

伊勢咢堂会の最後の会長。尾崎を支えた信奉者の代表的存在。一八九二年（明治二十五）宇治山田市中島町（現伊勢市）に生まれる。尾崎との出会いについて「尾崎先生にはじめてお会いしたとき、私は感激にふるえました。そしてこの人のために一生を捧げようと心に誓った。阿竹さんがはじめて咢堂と対面したのは一九一七年（大正六）二五歳のとき。ちょうど衆院選の最中で、かねてから心酔していた先生のためにと、頼まれもしないのに、自ら覆面運動員となって、〝天下の偉人〟、〝政界の傑物〟などと書いたビラを配って運動していたのを秘書に知られ、紹介されたのがはじまり。これがきっかけでその人柄と識見にほれ、戦後二十九年、九五歳でなくなるまで、咢堂後援会会長として、また側近として仕えてきた。その間手当をもらったことは一度もないとか。家業のしょうゆ製造販売業は奥さんにまかせ、家庭を犠牲にして尽くしつづけた。さすがは咢堂の地元。三重二区の選挙区には、この阿竹さんのような信奉者がいまもたくさんいる。(7)」と「私の証言」で紹介している。一九二六年十二月、宇治山田市議会議員に当選、

〈15〉
昭和50年2月16日　日曜日
サンケイ
郷土の昭和50年
私の証言
元宇治山田市長
阿竹斉次郎氏
＝伊勢市中島町＝
私利私欲すて権力と対決
憲政の神・尾崎咢堂
いまも多い信奉者
衆院連続25回当選
志援も手弁当で
演説会でも入場料
まさに政治家の鏡
阿竹氏の略歴
尾崎先生は政治家の鏡…と語る阿竹さん

阿竹斉次郎「私の証言」(1975年(昭和50) 2月16日付、サンケイ新聞)

一九三一年（昭和六）十月、三重県議会議員となり、一九三九年十月まで勤めた。一九四六年六月、宇治山田市長に当選、一九四七年四月までその職に在った。一九四七年四月、参議院選挙三重県地方区から立候補、二位で当選（三年任期）。一九五〇年六月の第二回参議院議員選挙に立候補したが、次点で落選した。「私も咢堂会にはいったおかげで、その後旧宇治山田市長に祭り上げられたり、参議院議員になって国会の赤いじゅうたんも踏ませてもらったが、やはり尾崎先生のもとに仕えていたときの思い出が一番なつかしい。正直いって選挙民のことはあまりかまってくれなかったが、私利私欲はまったくなく、まさに政治家の鏡だった。それにひきかえ、今の代議士は。こういうのを選ぶ選挙民も悪く、二区の有権者も変わってしまった。もう一度あの尾崎先生を選んだときの純な気持ちにかえって選んでくれるとよいのだが……と、阿竹さんはいっている。[8]」長男の阿竹仙之助氏は、一九五六年五月から一九六〇年五月まで伊勢市長を勤め、咢風会の初代会長を勤めた。

(2) 東紀州の人々

(a) 喜多館の人々

尾崎の熊野の定宿は、木本の喜多館であった。喜多静江さんの話として一八九二年（明治二十五）の選挙大干渉の時、「反対の人々から、尾崎を泊めたら火をつけて焼くぞと脅されたので、喜多館でも断わったので、先生は止むなく井田村へ行くといって、出かけようとしたのを祖母さん（いし）が呼び戻して泊めた。[9]」それ以来、尾崎は木本では喜多館以外に泊まることはなかった。尾崎が大臣に就任したとき、地元で盛大な祝賀会が計画され、尾崎が木本へ招かれた。その時の宿は、木本の素封家西郷の油屋で、西川町には立派なシバのアーチも作られた。尾崎は案内されてきたが、このとき、「私の宿は、昔から喜多館に決まっておる」といって、さっさと喜多館へいって

The Mainichi　(第三種郵便物認可)　昭和29年10月7日　(木曜日)

尾崎翁死す・郷土の思出

激しかった政争

女将の侠気感じ常宿　三重の喜多さん語る

【津発】明治、大正、昭和三代にわたり政界に活躍して"憲政の神様"とうたわれた尾崎行雄翁は十月六日午後九時二十二分逗子でついに九十五年の長い生涯を閉じた。[illegible]地だった三重県にとっては特に縁の深い人だったが、尾崎翁が第一回の国会選挙にうって出た時からいつも宿舎にしていた旅館三重県[illegible]郡木本町喜多旅館女将喜多静枝さんは語る。

初めて国会に打って出られた当時は政争がはげしく役場までが"尾崎に宿を貸すな、宿を貸すな"といったきつい通達があり、とくに死んだ私の祖母、いしが侠気を出し宿を提供、[illegible]で演説会をやったそうですが、反対党の人人から石を投げられガラスが何枚も破れたといいます。それ以来木本へ来れば必ず泊られ、司法大臣になられた時も町内有志が町の有力者の家を宿にしようとするとあっさり断わって、私の方へ泊られたそうです。

「いつきてもいとうるわしく水附くまわりの山は丸やかにして」と仲のよかった父に和歌をいただいております。食物に好ききらいがなく、いつも自分がハシを持って来て宿のハシは不経済だから使わぬという主義でした。

◇——奈良県境の神川村などへ演説に行かれると奈良県側の北山村民が弁当持参で会場を占領、酒席の地元民が外で演説を聞くという風景までみられたくらい。紀州ではカンカンの尾崎党が多くいまでも選挙といえば国会でなくても尾崎行雄としか書かぬ老人ファンがあったり二十年前くらいの選挙に先生が自動車内で使われた足をぬくめる湯タンポを家宝だと桐の箱に入れ先生に揮毫させ大切にしまっている人もあります。

"子供には所らさぬ生活、漢字を使わすな" "カナ書きを簡易にするように" と先生らしい教訓も書いてもらっています。

昭和29年7月23日 逗子風雲閣にて95才(左端)
後左より行輝氏，井上幸子さん，清香さん

正義感に打たれる選挙民

【伊勢】尾崎翁は十四才(明治五年)のとき父行正氏が神奈川県から三重県の役人となり、度会郡城田村に移ったのに同行して一年余を父とともに暮した。間もなく上京、慶応義塾に入ったが、父はその後も城田村に住み、村の伝えによると[illegible]な人で、よく馬に乗って三山をからかいながら村中を散歩したという。

翁が文部大臣になったとき、その父は死去したが度会郡から自宅まで数町の沿道の両側にぎっしり花輪が並ぶという盛大な葬儀だった。

当時は参列者に食事を出すのが土地のならわしだったが、翁はこれを断り、はじめてのことで話題になった。

第一回外遊から帰った明治二十三年はじめて三重県から立候補したが、翁にすればそのときからおそ

そびえたつ大楠　"忠魂碑より植樹"の教え

【宇治山田発】尾崎翁の郷里、三重県度会郡城田村川端は宇治山田市と宮川を隔てた目とハナのところで、度会橋を越え国道の有料道路にかかるところから左折した同字の入口にはおよそ五百坪、広大な少年時代を過した家がいまも残り同家には翁の従兄弟尾崎[illegible]氏が家を守って耕作するだけで、他の家族はいずれも東京に出ている。

この家に接して城田神社御旅所には高さ三十尺もあろう大楠が翁の真情を伝える逸話を秘めて高々とそびえている。

第二次大戦のはじまったころ各地で忠魂碑や記念碑が競って建てられ、同村でも忠魂碑の建設を計画、当時の同村長[illegible]平氏が尾崎翁に碑銘の揮毫を頼んだところ、翁はこのたたかいの無謀なことを説き「忠魂碑などは必ずや壊わさねばならぬときがくる。ムダなことはやめて記念になる樹を植えたらよい」と諄々とさとした。この教えによって村民は同所に記念の楠を植えたので時代が移ったいまも、翁の教えをそのまま[illegible]に包んだ大楠は翁の遺徳をたたえるかのように村人に緑の枝をたれている。

尾崎死去の新聞に思い出を語る喜多静枝さん。(1954年10月7日付、毎日新聞)

喜多館玄関前
坂内作兵衛
佐藤克己
喜多いし
大石医師
西村繁之助
尾崎行雄
喜多実子
中村茂文
〃淑子
喜多円
〃康子
〃波江
〃静江

しまったので、喜多館は勿論、油屋の主人も、さすがは尾崎先生だと、人気は一段とあがったという。[10] それだけでなく尾崎の選挙費用作りにも一役買っている。「木本の旅館喜多館喜多円主人は、選挙になると、郡内の有力者奥田吉三郎、栃尾九兵衛、中西駒彦、中田栄太郎、西村繁之助、朝尾重良、柚本平治、小林功、佐藤保太郎、東孫三郎、谷川儀市といった、有力、富裕家を訪ねて費用作りをした。これらの人々は、金は出すけれどもとより咢堂からなんの報酬を求めるでもなく、純良な献金であった。選挙に何千万、何億の金を必要とする政治家が、その金をとり返すために、企業と癒着する政治に堕することは、常識として誰も知るところであるが、咢堂は決して自己の政治理念を金のために左右しなかったのは、こうした支持層があったからである。しかしそれだけ、咢堂はいつも貧乏だったことはたしかである。しかし、こうした選挙費用作りは、咢堂以外にはできぬ芸当でもあった。[11]」

(b) 土井左門

尾崎の尾鷲の定宿となったのが、土井左門宅であった。土井家は、富裕な山林地主であり、本家は土井八郎兵衛であるが、土井左門は慶応大学出身で、アメリカに一年半も在住したり、尾鷲町議会議員を勤めるなどがあったので、尾崎は土井左門宅を専ら定宿としたものと思われる。少年の頃尾崎に抱かれて写真を撮った明氏（現当主）は、中野正剛などの政治家が出入りしていたのを記憶されている。

(c)　長井甚三郎・始郎（もとお）

紀伊長島の定宿は、長井家であった。長井家の祖先は、丹生の永井家で、三井高利の母殊法の実家とのことである。広く山林業を営む長井家の現在の家屋は、一五〇年位前の建築で尾崎の泊まった部屋も当時のままであり、犬養木堂の書が掲げられていた。七世長井甚三郎は、二郷村村長などを勤め、尾崎との繋がりもそうした関係で出来たものと思われる。八世長井始郎氏が、尾崎に就職を頼みにいったところ、林業という国のための大事な仕事があるのだからそれをしっかりしなさいと言われたというエピソードを、現当主の武彦氏が披露してくれた。始郎氏夫人の敏子さんは、布団を庭側の南向きに敷いたところ、尾崎は政治家はいつ襲われるかわからないので、安全を第一に考えるのだといって、北枕に敷き変えさせられたという話をされた。

(d)　三石光一

熊野市新鹿町で旅館「熊野館」を経営、尾崎の定宿となっていた。「氏は、山林業のかたわら旅館「熊野館」を経営。郷土では著名な旅籠で、昔は、尾崎咢堂氏ら政治家も遊説の宿舎として利用、故人も咢堂の感化を受けた。最近は民宿業に転向し釣り客や海水浴客に家族的なサービスで親しまれるなど観光的にも尽くしたほか、永年にわたって市の公平委員をつとめ地方自治に功労急逝が惜しまれる。[12]」尾崎との関係は、光一の父の嘉市からで、同氏は熱烈な尾崎支持者で、一九三五年（昭和十）に亡くなった後、尾崎はその墓参りに訪れている。そのときの記念の写真を孫の学氏（熊野市役所勤務）に提供頂いた。

(e) 佐藤保太郎

熊野の木本町の有力者で、一九一五年（大正四）に設立された南郡咢堂会の副会長を勤めた。その子息克巳氏は、その影響で尾崎の選挙に同行したりし、その後桜美林大学教授となり、尾崎の思想などの研究論文を発表している。

三石嘉市の墓参　左より　尾崎行雄、一人おいて三石光一

(3) 鳥羽・志摩の人々

(a) 御木本幸吉

言うまでもなく鳥羽の真珠王である。尾崎行雄が、戦時中の翼賛選挙で、田川大吉郎の応援演説で言葉尻を捉えられて、不敬罪に問われた時に、尾崎の弁護に経済的援助をしたのが、御木本幸吉であった。中村菊男は「御木本が尾崎の援助をしたのも顧客意識からである。御木本は宮内省の御用商人である。尾崎は自分の家の顧客のことで罪に問われたのであるから気の毒である。救わなければならないというのが彼の論理である。[13]」と述べている。

前列左より二人目　川崎　克、右後方　浜口吉五郎

(b)　浜口吉五郎

浜口は、志摩郡和具村（現志摩町）出身で、先代の五兵衛の時から熱烈な咢堂崇拝者であった。「咢堂先生のことをいえば、武者震いしてかかる程の崇拝者であった私の亡父は、まだ小学生の私に向って『国事犯でやられるならばお前の生首でも喜んで受けるが、破廉恥罪でやられるようだったら、決して警察の手は借りない、お前を殺して俺も死ぬ』と口癖のように言われたものでした。勿論亡父の時代は、所謂民党吏党の血の抗争時代です。当時の国事犯という言葉は、政府反抗罪の意味に過ぎない。斯くて幼い私の頭には国事犯とは英雄的な名誉の別名のような響きさえ与えたものでした。全く時勢の力ですね。」と父五兵衛について語っている。[14] 浜口吉五郎は、一八八四年（明治十七）十一月二日生まれで、一九〇〇年四月三重師範に入学したが、病気のため三六年三月中退した。一九〇五年四月から尾鷲町小学校に奉職するが、二三歳の時尾崎と運命的な出会いがあり、尾崎信奉者となる。「伊勢新聞社の先代社長星洋先生の御懇切な紹介によって、咢堂先生のお世話になるようになったのが二三の歳でした。爾来二十有余年、私は咢堂先生を、理想的な政治家として、又典型的な紳士として、特に今日の時代に―個人の生活にも、国家の政治にも、信念の薄いこと氷にも等しい今日の時代において、咢堂先生は、全く国宝的な存在だと堅く信じています。[15]」その当時尾崎は東京市長であったが、その縁で浜口は、一九〇七年二月尾鷲小学校を辞め、四月から東京市吏員となっ

ている。約二年間の役人生活の後、一九〇九年十月アメリカに渡航し、ワシントン州シアトルで週刊誌「シアトル」を発行したりしていたが、一九一四年（大正三）五月からカリフォルニア州サンフランシスコに移り、一九一七年四月に帰国した。この間浜口が何をしていたか明らかでないが、大金を持っての帰国ということではなかったようである。一九一八年十二月から和具漁業組合長を勤めていたが、大正デモクラシーの「憲政の神様」尾崎を慕って、一九二二年三月東京に出て、尾崎の軍備縮小同志会や理想選挙同盟の幹事となって、尾崎をはじめ島田三郎、田川大吉郎などの運動を、「涙の出るような感激を胸いっぱいに抱き締めて、喜んで東奔西走した往時を追懐すると、当時の純情、生一本さが、そぞろに懐かしく、有難く、自分ながら尊くさえあります。[16]」と後に述懐している。

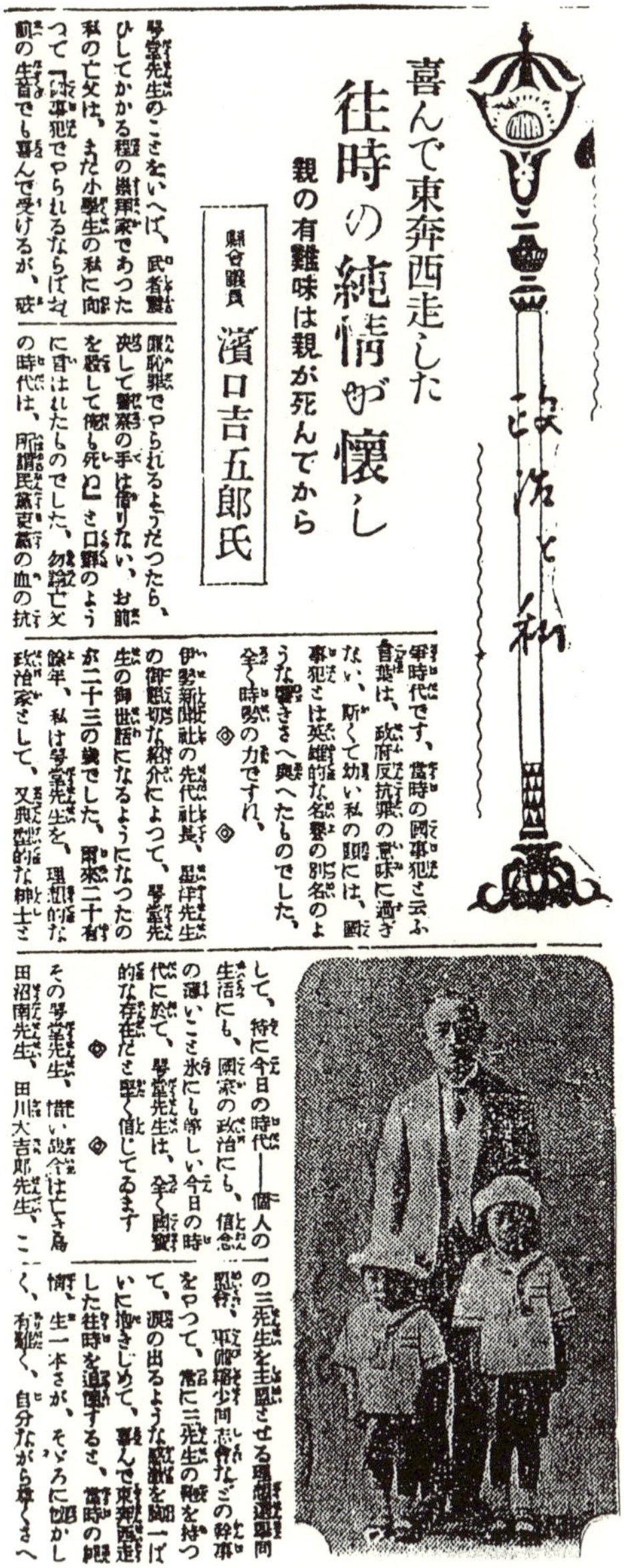
政治と私

喜んで東奔西走した
往時の純情が懐し
親の有難味は親が死んでから

縣會議員 濱口吉五郎氏

學堂先生のことをいへば、民[illegible]ひしてかかる程の崇拜家であつた私の亡父は、また小學生の私に向つて「國事犯でやられるならば名譽の犠牲でも喜んで受けるが、破廉恥罪でやられるようだつたら、決して警察の手は借りない、お前を殺して俺も死ぬ」と口癖のように言はれたものでした、勿論亡父の時代は、所謂民黨吏黨の血の抗爭時代です、當時の國事犯と云ふ言葉は、政府反抗罪の意味に過ぎない、斯くて幼い私の頭には、國事犯とは英雄的な名譽の別名のような響きさへ與へたものでした、全く時勢の力ですね

伊勢新聞社の先代社長、岩井先生の御懇切な紹介によつて、學堂先生の御世話になるようになつたのが二十三の歳でした、爾來二十有餘年、私は學堂先生を、理想的な政治家として、又典型的な紳士として、特に今日の時代——個人の生活にも、國家の政治にも、信念の薄いこと氷にも等しい今日の時代に於て、學堂先生は、全く國寶的な存在だと堅く信じてゐます

その學堂先生、惜しい哉今は亡き島田沼南先生、田川大吉郎先生、この三先生を主腦させる理想選擧同盟、軍備縮少同志會などの幹事役をやつて、常に三先生の[illegible]を持つて、涙の出るような感激を胸一ぱいに抱きしめて、喜んで東奔西走した往時を追懐すると、當時の純情、生一本さが、そゞろに懐かしく、有難く、自分ながら尊くさへ

浜口吉五郎「政治と私」
（1935年（昭和10）7月27日付夕刊、伊勢新聞）

1935年(昭和10) 4 月17日、飯南郡粥見町の有力者と（山本貞太郎宅）
前列左より　戸田重吉、尾崎行雄、長田国三郎、後列左より　山本徳太郎、山本貞太郎、中村茂文、山本善次郎、西山実之助

大正デモクラシーの終焉とともに故郷和具村に帰り、一九二六年三月から、和具村漁業組合長になり、一九三一年（昭和六）五月和具村村長になり、同年十月三重県議会議員に当選、一九三五年十月県議に再選された。一九三六年六月から一九三九年九月まで、和具村長を勤めた。このように昭和になってからは志摩地方の政治的有力者となった浜口は、尾崎選挙の強力な支援者となって働いたことはいうまでもない。息子の廉氏は、吉五郎自身が尾崎を理想とし、清廉潔白な政治家を目指していたという。現在の住居も同氏の代になって新築したものであった。

(4)　**飯南郡の人々**

(a)　戸田重吉（一八七九―一九四三）

飯南郡粥見村（現飯南町）の咢堂会の中心的人物で、材木商を営んでいた。先代重助は神戸で貿易商を営んでいたが失敗し、粥見村に戻ってきた。

1949年(昭和24)10月20日　長田国三郎宅にて
前列左より　北村しず、長田ふみ、磯田周之助、尾崎行雄、長田ぬい、長田さと、長田公子、戸田きぬ、後列左より　磯田和夫、杉本栄一、長田国三郎、戸田淳、北村了一

1949年(昭和24)10月20日　粥見町長田邸前
前列中央　尾崎行雄、右　森本町長、中村助役、左　長田国三郎、公子

(b)　長田国三郎（一八八八―一九五九）

長田家は、江戸時代から粥見村の庄屋を勤め、明治初期にも戸長を勤めた家柄である。現在の家屋は、造り酒屋を営んでいた一八三五年（天保六）に建てられたもので、改修はされたが大黒柱をはじめ屋根瓦なども往時のものである。国三郎は呉服商を営んでいた。選管の委員を勤めていたとき、尾崎の選挙をするために委員を辞職したというエピソードを戸田家から嫁にこられたふみさんが語ってくれた。

4　名古屋咢堂会

政治家尾崎行雄の偉大さを物語るものに、個人後援会の咢堂会が、選挙区のみでなく、全国各地に自発的に結成されたことがある。その中でも最大のものが、名古屋咢堂会であった。その中心となったのは、**三輪信太郎**（みわ・のぶたろう）であった。その人物像については、名古屋紳士録に次のように記されている。「君の生地は岐阜県羽島郡にして一八八一年（明治十四）十一月に生れる。一八九六年初めて名古屋に来たりて某呉服会社に入り、後日露戦争に出征し、一九〇六年一月凱旋、再度呉服会社に勤め、一九〇七年より独立営業をなす。君は実業家には珍しく政治に興味をもち、名古屋日日新聞創立の主唱者は実に君にてありき。家族は妻菊枝三五歳と長女春枝七歳にて、一家親和の実を視る。君は温顔に似ず頗る政治論を好み、能弁ならずとするも、演説極めて真率なり。」

名古屋咢堂会は、一九二四年（大正十三）二月に設立されている。これは伊勢の咢堂会の設立（一九二四年十二月）より一〇ヵ月早いものである。会員約二〇〇人を集め、年会費六円（当時のことではかなりの高額）を徴収し、尾崎に毎年千円から八〇〇円の寄付を行っている。選挙区の出身議員でもなく、格別の恩恵を名古屋にもたらすわ

1935年 3 月17日　尾崎行雄喜寿の祝、尾崎宅にて
左から　堀田、三輪、尾崎行雄、行輝、その前　行長、水谷、前田

1939年10月11日　名古屋咢堂会の際、三輪宅二階にて。三輪家族と
右から　春枝、抱いている長女信子、賢三、抱いているのは二男　仁
尾崎先生、三輪信太郎、長男　明、菊枝

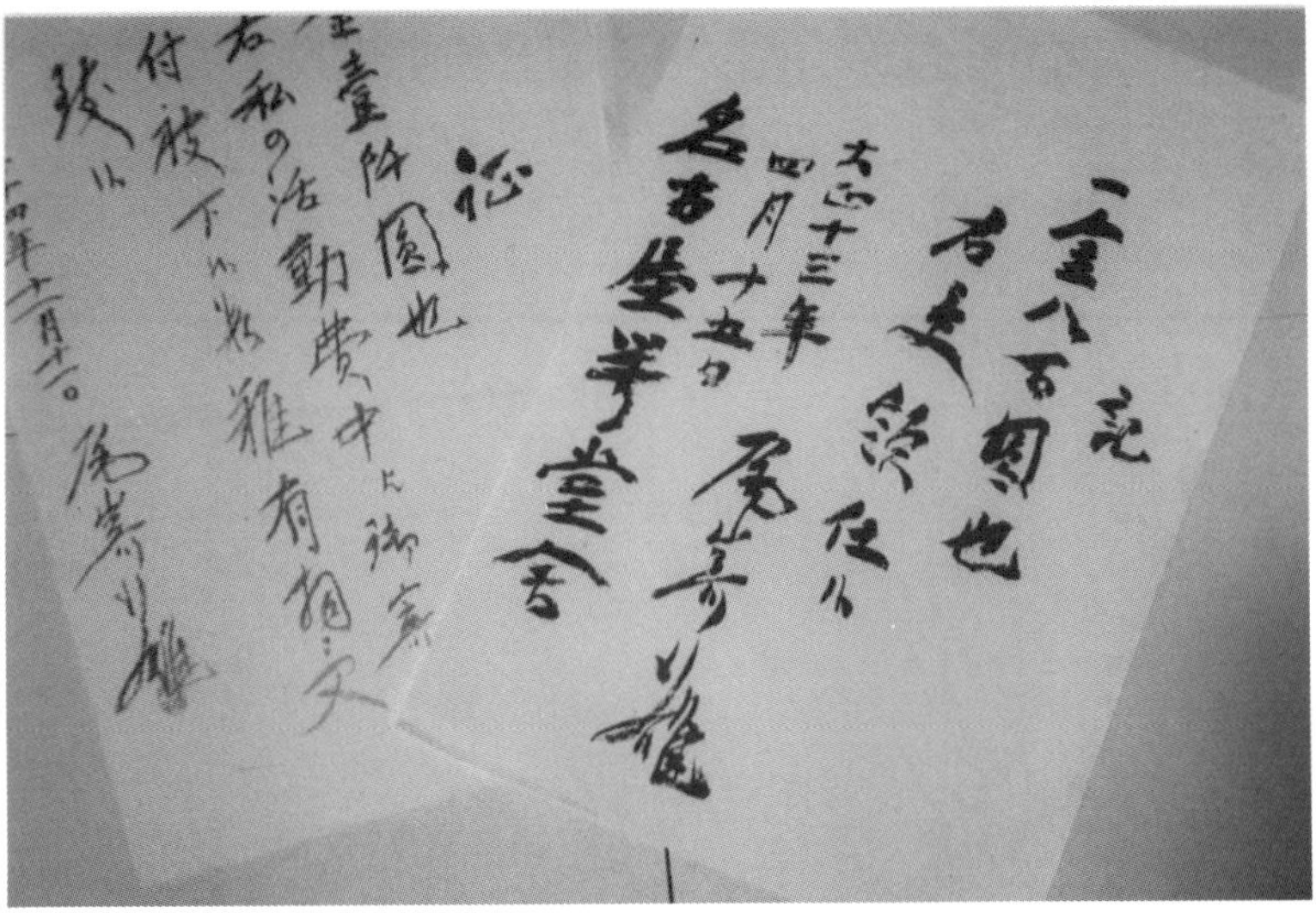

名古屋咢堂会からの献金に対する尾崎自筆の領収書
1924年（大正13）から毎年800〜1,000円の献金が行われた。（三輪家所蔵）

けでもない政治家尾崎に、これだけの支援を行うのであるから、尾崎の偉大さもさることながら、これだけの会を組織し、維持した三輪の努力と功績は大変なものである。三輪は、家業を奥さんに任せて、尾崎の遊説に付き従うことも多く、尾崎一家とは家族ぐるみの付き合いであった。三輪は、尾崎と名古屋咢堂会について、次のように述べている。

「私が尾崎先生の知遇を得るに到りしは、今より十八九年前、先生が中正会首領当時で私の親友蔵内正太郎氏が、名古屋市より、中正会候補者として立候補せし時であると記憶します。その当時所謂公認料とでも申しましょうか、彼の清貧な先生より（と申しては誠に失礼ですが）金一千円を蔵内君へ贈与せられました。ところが其の発送人が、日本橋区の某となって居りましたので、後日上京の際、友人に聞けば、それは有名な高利貸しであるとのことで、私は驚くと同時に、先生が部下を愛するの至情に対して、涙ぐましく感じました。又先生が東京市長当時、日本勧業銀行の手を経て、米仏二ヶ国で東京市債を募集せしことがあった。その当時市会議員N氏は職場において『斯かる外債の成立せし際は、其の何割かが手数料として当事者に贈与せられる慣例ときいているが、市長はその手数料を如何に処分せられたか？』と威たけ高に肉迫した時、先生は静に立って『私は未だ斯かる慣例あることさえ知らない。況んやその手数料なぞは未だ影さえ見ない。もし将来そういうものが姿を見せたら、その処分法は、その道の通人である貴下に御相談致しましょう』と痛烈な皮肉をあびせ、却って問者をして顔色なからしめたそうであります。すべての政治家が皆金銭問題で暗い影を背負って居る際、咢堂先生のみは全く金銭問題を超越して、独り廉潔の誇りを恣にして居ります。N氏のごときは金銭問題をもって、先生を傷けんとして却って自ら傷いたのですが、しかも清廉潔白な尾崎先生でなければ、かの如く敵の刃を奪って直ちに敵ののど首を貫くような離れ業は到底出来ません。未来の事は知らず、既往現在の政治家中にかくの如き清き政治家が一人でもありましょうか、私が先生を敬慕する、実にこの点にあるのです。私の先輩にして常に尊敬している或る政治家が、私に言って曰く、君は尾崎先生に、一生懸命に尽くして居らるる、そのことは真に結構ではあるが、金と云うことには、人間放れのしている、彼の先生に付いて居っては、君の財産が無くなるぞ、と注意してくれましたが、財産どころか先生の為なら命までも差し上げると、答えたことがあります。真に私は斯く思うて居ります。私どもが全国に率先して、名古屋咢堂会を組織し、先生を後援する所以又他意なく、先生の高風清節に推服すると共に、かくの如き国士を後援することは、吾人国民の義務なりと信じて為す所以である。幸いにして先生も、吾が咢堂会の意を諒とせられ、毎年お贈りする、会金を快く受納せられ、国家の為に東奔西走する政費の一端に資して下さることは、吾が咢堂会員一同の欣喜に堪えざる処であります。(17)」

名古屋咢堂会設立の趣旨

骨を地に投ず、ぎん然として之を争うものは犬に非ずや、挙世滔々利を見て義を忘れ、又操守の如何を問はず、尾崎咢堂先生独り此間に立ち、夙に立憲の大義を唱へ、苦節数十年、常に清貧に甘んじ、終始渝るなし、孟子曰く、富貴も淫する能はず、貧賤も移す能はず、武威も屈する能はず、此を之れ大丈夫と謂ふと、嗚呼先生は大丈夫なる哉、而かも世人は先生を仰いで憲政の神と為す也、先生又雄弁を以て天下に聞ゆ、称して海内第一となす、蓋し先生の弁と、人格と相俟て、最も人を動かすものなれば也、吾人実に先生の高風清節に推服す、乃ち茲に咢堂会を組織し、一は以て先生敬慕の哀情を表し、一は以て精神修養の一端に資せんと欲す、幸に同感の士の賛同あらんことを。

大正十三年二月

発　起　人

磯貝　浩　　高田　逸蔵
加藤鐐五郎　　前田舜之丞
興良松三郎　　小林　清作
田中　善立　　桐生　政次
田端　才二　　水谷勘次郎
八木　保三　　三輪信太郎

会則

一、本会ハ咢堂会ト称ス
一、本会ハ政派ヲ超越シテ尾崎咢堂先生ヲ敬慕スル者ヲ以テ会員トス
一、本会ハ年二回総会ヲ開ク、但シ春季ハ政談演説会、秋季ハ会員而已ニ対スル講演及懇親会
一、本会ニ幹事若干名ヲ置ク　但シ任期ハ二ヶ年トス
一、本会ニ入会ヲ欲スル者ハ会員ノ紹介ヲ要ス
会員ハ会費トシテ年額金六円ヲ（年二期ニ）納ムルモノトス
一、本会事務所ハ当分内東区富沢町二丁目三輪信太郎氏方　ニ置ク電話東二四九六番
一、本会ノ趣旨ニ反スル行為アリト認ムル者ハ幹事会ノ決議ヲ経テ除名ス

名古屋咢堂会々員名簿

イノ部

貴族院議員農工頭取　磯貝　浩
菓子商　伊藤　長吉
小麦商　伊藤　興六
絹布商　石原　金一

裁縫師　市川　末一郎
呉服商　岩井外松商店
粕屋　伊藤　庄八
会社員　稲垣　弁一

織物・商
平岩商会

絹布商
絹布商
新聞通信業
味噌溜商
肥料商
会社員
新聞記者
会社員
小麦粉商
会社員
呉服商
中外通信社

ハノ部

綿布商

岩沙　清八
岩野　両平
市川　乙三郎
伊藤　良一
伊藤　誠一
伊藤　銀一郎
井上　半四郎
石原　重太
井東　敏夫
市原　永三
今井　信輔
岩井　三郎
岩越　金治郎
伊藤　増一
伊藤　幸太郎

原　清治
服部　邦之助

洋物商
絹布商

毛織物商
新聞記者
絹布商
会社員

ニノ部

米肥商
東亜新聞社長

ホノ部

名古屋朝日
米穀肥料商
海産物商

トノ部

会社員
紙及印刷物

長谷川　栄治
服部　藤蔵
林　鈴吉
林　良一
坂　章治
早川　定一
早川　孝平

西田　誠一
任　龍吉

堀田　鉄三郎
堀田　茂三郎
堀田　栄一
堀田　興八

豊田　利三郎
豊島　金治

ヲノ部
会社重役　大岩　勇夫
米穀商　及川　爽治
昭和海運株式会社会社員　小川　黙常
薬種商　小椋　一郎
会社員　尾関　健太郎
米穀商　太田　重太郎
眼科医　岡田　みどり
大角　嘉一
絹布商　大槻　栄三郎
毛織物商　太田　亥十郎
会社員　大津　二三夫
横浜正金銀行内　大平　尚
ワノ部
渡辺　祝蔵
毛糸商　若園　傳三
カノ部
代議士医師　加藤　鐐五郎

加藤　宗太郎
速記者　勝守　友二
飼料商　梶久　次郎
写真　加藤　稔
飼糧　河田　師郎
羅紗商　勝川　勝治郎
川本　半助
米穀仲買　高井　五郎
内外製粉米粉販買　神谷　耕平
薬種商　川瀬　玄策
米穀商　加藤　房次
医師　加藤　一夫
洋服商　河合　為三郎
日本化学産業研究　加藤　信二郎
可知病院長　可知　義兵太
ヨノ部
東寿し本店　横井　熊太郎
鼻緒商　横山　小市

タノ部

田面　俊文	実業
高田　逸蔵	会社員
丹下　豊一	日本車輌
宅見　高次郎	時計商
高木　喜三郎	貿易商
田畑　磐門	
田口　友造	都あられ
田中　政友	牛乳商県市会議員
武山　準一	鋳造業
竹内　幸太郎	刀剣商
田端　才二	
高橋　久一郎	会社員
高橋　鋏五郎	市会議員印刷業
武内　実晴	会社重役
高村　則寛	製綿業
高森　寛治	会社員
高見　敬一	蒲鉾商
高井　光吉	渡部商店
武山　桂一	

ソノ部

祖父江重兵衛	呉服卸商

ツノ部

月尾　吉太郎	布団蚊帳太物綿商

ナノ部

中島　三蔵	呉服商
中根　忍	会社員
中村　容度	砂糖商
夏原　卯太郎	夏原商行
中村　和三郎	織物業
長江　きん	
中野　時哉	歯科医
永田　惣七	絹布商

ムノ部

村本　栄作	小麦粉商
村瀬　乙也	

ウノ部

洋服商　生方　勇次郎

クノ部

布団蚊帳太物綿商　倉橋　清作
絹布商　熊澤　陌三
薬種商　久保田　力蔵
織物業　栗本　又次郎
眼科医医学博士　草川　正也

ヤノ部

八木　恭子
三ッ甚南支店　山内　善三郎
山田　興助
山内　照章
山田　俊夫
時計眼鏡商本宅　山田　朝子
製綿業　山内　政兼
山田　惣一
山崎　友吉

静和堂　柳川　愿吾

マノ部

会社員　前田　舜之丞
織物組合理事　間瀬安右衛門
歯科医　益川　勘平
呉服商　前田　治三郎
会社員　円尾　明男
呉服商　松枝　栄太郎
肥料商　松原　哲次郎
カステラ製造　松浦　清平
毛布商　前野　甚四郎
肥料米穀商　松岡勘左エ門
丸川合名会社内　松永　義美

フノ部

二村　健三

コノ部

会社重役　小山　禎三
名古屋高等女学校長　越原　春子

	五島　貫一郎
女学校長	小林　龍二郎
洋物商	小林　種一
エノ部	
呉服商	江口　栄
アノ部	
運送業	浅野　信治
材木商	疇地　梅太郎
酒醸造業	浅野　三郎
紙麻布卸商	青山　信三
絹布商	青山　真一
運送業	浅井作左工門
市会議員	青山　雅彦
クリーニング業	浅井　健治郎
サノ部	
米肥商	佐藤　辰次郎
	斎藤　貢
県市会議員	榊原　孫太郎

仏具商	佐久間　傳次
会社員	作道　豊蔵
書籍商	佐藤　信雄
菊饅頭本店	佐橋　芳平
地銅商	佐々幸　一
会社員	佐々木　重
キノ部	
会社員	清瀬　一夫
印刷業	菊井　政之助
絹綿商	木方　軍治
麻袋貿易	木村　源寿
書家	鬼頭　甕二郎
府相織物工業	城所　保次郎
ミノ部	
小麦仲次	水谷　勘治郎
羅紗商	水谷　源治郎
絹綿商	三輪　信太郎
生産商	三輪　好平

呉服商	水谷　恵造
会社員	水野　清次郎
	水野　彦兵衛
毛布卸商	三井　広一
会社員	水谷　竹松
絹布呉服商	三輪　元之助
絹綿商	三輪　賢三
飼料商	三好　恵之助
第一銀行内	三輪　祐吉
会社員	御子柴　俊平
八神堂	宮田　憲一

シノ部

海軍少将	柴田　秀生
蓄音器商	柴田　義照
医師　県会議員	柴田　信一

ヒノ部

	平松　熈
紋商	久田　春義

菓子商	樋口　寅吉

モノ部

縫師	森　正次
福寿生命内	森　堅一

セノ部

眼科医医学博士	瀬木　本雄
酒場業	石　栄達
	精園　俊介

スノ部

米肥商	鈴木　庄蔵
会社員	鈴木　清節
椙山女学校長	椙山　正弌
味噌販買	鈴木　徳治郎
横浜正金銀行内	鈴木　道生
織物商	鈴木　藤十郎
肥料米穀味噌醤油	鈴木　廣太郎
会社員	菅生　辰次郎
大一ホテル	鈴木　清太郎

呉服商　杉野平次郎　須永憲次
鈴屋旅館　鈴木武夫
（計百九十八名）

収支決算表

収入ノ部
一金　一千五百十三円四十二銭也　総収入金
　内訳
一金　一千二百八十一円也　会員会費
一金　二百二十六円三十五銭也　前年度繰越金
一金　六円七銭也　預金利子

支出ノ部
一金　一千四百七十九円一銭也　総支出金
　内訳
一金　一千円也　先生へ贈呈
一金　百四十三円九十八銭也　通信・印刷・速記費
一金　三百三十五円三銭也　ホテル・寝台券・自動車
　先生旅費・集金費其他

差引金　　三十四円四十一銭也　　　残額金

右ノ通リニ候也

昭和十六年十月

幹事　堀田　茂三郎
同　梶　久二郎
同　前田　舜之丞
同　益川　勘平
同　水谷　勘治郎
同　三輪　信太郎
同　菅生　辰次郎

5　銚子咢堂会

銚子咢堂会は、一九三九年（昭和十四）十月八日設立されたが、その中心になったのが越川芳麿（一九〇六—一九八二）であった。越川は、戦前「極東新聞」、戦後社名を変更して「東日本新聞」の社長であり、銚子の代表的な知識人であり、歌人でもあった。越川は、尾崎行雄の『政治読本』を読んで崇拝するようになり、一九三七—八年頃吉植庄亮代議士の紹介で初めて逗子の風雲閣に尾崎を訪ねた。その後、銚子咢堂会を設立する意図を持ち、郷土の先輩である「朝日新聞」社会部長鈴木文史朗に相談、その同意を得て、一九三九年五月二十日九人によって発起人会が開かれた。鈴木文史朗は、銚子咢堂会のあり方について、①会員に迷惑を及ぼさぬよう趣旨書、その他につき充分注意すること、②進歩的政治意見に対する或いは咢堂先生という偉大な政治家に対する一つの精神的団体とすること、③有力者なるが故にという理由だけで会員に勧誘することは差し控え、自発的に咢堂先生を敬慕する人士をもって会を組織すること。そして十月八日尾崎行雄を迎えて発会式が行われた。鈴木文史朗、岩井弘行、秋山寅雄、向後新次、石上小平、石上藤樹、広崎広吉、加瀬道之助、床枝吏三、美呂津太兵衛、平岡為彦、大木吉之助、塚原清吉、水野葉舟など五八人が出席した。

銚子咢堂会趣旨書

永い間私どもを鳥や獣と同じ位置に堅く縛りつけていた鉄の鎖を切断して人間を初めて人間として開放したのは実に明治の憲政であった。自由民権閥族打破の時代から、立憲政治家としてその光輝ある全生涯を日本憲政に捧げ尽くした尾崎咢堂先生を、私どもの主賓として銚子咢堂会は生れたのである。私どもは平素敬慕する咢堂先生の声に接し、生きた憲政史を先生から直接に聞き、さらに我国の現在及び将来に思いを致したいと願うものである。大方の御賛同を得れば幸いである。

会　則

一、名　称　本会は銚子咢堂会と称す。
一、目　的　咢堂先生を敬慕する者の純然たる精神的団体。
一、会　員　咢堂先生を敬慕する者にして、自発的に申し込みたる者に限る。

一、役　員　世話人十数名とし、内当番世話人三名を置き、会務を処理する。
一、入　会　世話人の推薦による。
一、例　会　年一回開催（別に臨時開催の事あり）。
一、会　費　一ヵ年一円、入会と同時に即納のこと。
　　但し本会費は会報出版、通信、その他本会維持の費用に充てるものとする。
一、事務所　銚子市本城町二―一八三極東新聞社内。

銚子雩堂会については、樋口孝治（津久井町立尾崎記念館）の編集で『銚子雩堂会―尾崎行雄・晩年の遺産』が一九九五年（平成七）十月、「尾崎行雄を全国に発信する会」から発行された。

結び　尾崎行雄の選挙

尾崎行雄の選挙は、二五回の連続当選という世界的大記録というだけでなく、世界に誇れる理想的選挙で行われた。このことは、政治家としての尾崎の偉大さだけでなく、それを支えた多くの人々がいたことを意味している。尾崎が目指した選挙はどのようなものであったろうか。普通選挙運動が盛んになった一九二一年（大正十）頃尾崎は、島田三郎、田川大吉郎と理想選挙連盟を結成し、志摩の和具の浜口吉五郎が上京して参画している。その浜口の資料の中に、尾崎・島田・田川の三人の連名による「理想選挙区を作れ」という文書がある。「我が国の選挙が一切金次第であって、金の外に頼るべき何等の力もないと謂わるる事は、吾等の信ずる能わざる所である。しかしながらこの傾向は近年益々甚だしくなり、この風評は常に道途に絶えない。吾等の憤慨に堪えざる所である。思うに、現今の日本を悼み、将来の日本を改造し再造せんとの志ある青年は必ず吾等とこの感じを共にせらるるであろう。吾等はその青年諸氏に勧める。曰く速やかに理想的選挙区を作るに努められたいと。然らば、その所謂理想的選挙区とは如何にというに、①選挙に費用をかけない事である、②必要の経費は（意見書の印刷や送付、演説集会通信往復等）選挙区中の有志者で負担し、候補者に迷惑をかけないことである、③候補者と選挙民と共に政治を攻究することである。従って、次の候補者を今日から早めに選定し以て両者の了解と信頼の関係を一層確実にすることである。その候補者は普通には地方の長老を選出するのがいいと思う。しかしながら今日の時勢の変遷の急激なる、概して老年者ではこれに順応しきれないと思うから、むしろなし得るかぎり青年の間からこれを挙げるがいいと思う。吾等は、略斯くの如く思う。よって各地の有志、就中青年諸氏がこの種の選挙区を作るべく今日より直ちに準備せられんことを願うのである。その準備の方法は申す迄もなく、甲　この種の思想を漏るる隈無く普及せしめらるる事、乙　同感の士を糾合せらるる事、等であるが、吾等はその応援のため微力ながらも余分の貢献をしたいと希うものである。」

その当時の新聞は尾崎の選挙について、次のように報じている。

「[宇治山田電話] 尾崎咢堂老はその選挙運動中も、自身は唯各方面を遊説しているばかりで、選挙事務長なる吉沢重郎老が有志と共に専ら作戦指揮に尽くしたものである。選挙終了後、その費用の精算にかかって、漸く決算が出来たので四日精算届を三重県知事あてに届け出た。流石に理想連盟の本営だけあって候補者咢堂の支出したもの一文も「ナシ」、とまず届書の筆頭に書き出され、次いで特志有志の持ち寄った軍用金の精算が詳細に記されてあるが、この運動費支出総額を見ると、僅かに金三千三百五十五円六十三銭五厘と註されている。金と力とを持ち寄った理想連盟の標本であるから、もちろん選挙事務長も、委員も、事務員も、一切「実費弁償額」なるものもなければ、又報酬なるものもないのみならず、選挙中他とは違って、ポスター一枚もださぬという極めて地味な堅実一点張りの運動であったのだから、その外は推して知るべきである。[18]」

尾崎の選挙を調査して、先ず印象に残るのは、政治家尾崎に心酔してその選挙や政治活動を自己を犠牲にしてまで尽くした人々の存在である。吉沢重郎、北村利平、中村茂文、阿竹斉次郎、浜口吉五郎、三輪信太郎などの人達が挙げられる。それと共に、各地の有力者がタニマチ的に尾崎を支えていたことも、浮上してきた。山林地主の吉田善三郎、土井左門、長井甚三郎、さらに御木本幸吉など。これらの人々に、尾崎が、様々な心遣いをしていることも、この調査で明らかになった。例えば、欧米旅行の旅先から、絵はがきや食事のメニューまで送っている。

選挙資金として尾崎自身が行ったのが揮毫である。昭和十四年には、揮毫について次のような規定まで作られた。

揮毫に関する規定

民衆運動は、民衆の喜捨する浄財に依るに非ざれば結局其の目的を達する能わざる事を悟り、取り敢えず左のごとき規定を設け零細の浄財を受けて、尾崎咢堂先生の御持論実行の費用に充てる事に取り決め候

一、揮毫　大小長短を問わず、総て一枚金拾円以上とし書体及び文句の注文には一切応ぜざる事。

昭和十四年　　咢堂先生後援会

尾崎行雄は、『民主政治読本』において有権者に対し次のような選挙の心得を挙げている。[19] 尾崎の選挙の基本的なあり方についての考えを示すものと言える。

一、何よりもまず、自分はいかなる政治を希望するかという自分の意思を、はっきりきめてかかることが大切である。選挙は国民の意思を国政に反映させるために行われるというが、有権者それ自身に政治的意欲がな

ければ、すなわち反映する本態がなくては、いくら投票しても意味がない。

二、「出たい人より出したい人を」これは先年東京市政刷新運動が起ったとき、さきに東京市長をつとめた人から標語をつのったことがある。その求めに応じて私がつくった標語である。有権者のための選挙である以上かくあるべきが当然であろう。

三、金銭や、ごちそうや、因縁や、情実で投票しないのはもちろん、選挙の費用は、有権者の持ち寄りにしなければならないこと。一足とびにそこまでゆけないとすれば、なるべく候補者に金を使わせないように工夫すること。

四、買収・ごちそう・哀訴・嘆願など、一切の不正な選挙運動をする候補者には、絶対に投票しないこと。

五、一から十まで政府に反対する議員もこまり者だが、一から十まで政府に盲従する議員よりはましだ。つねに政府党が勝つ選挙よりも、どちらかといえば、在野党の方がうけのいい選挙の方が、民主政治の趣旨にかなっている。

六、「人物より政党に入れよ」というのは、真の政党が存在していることを前提とした公式論で、まだ真の政党にまで発達していない現在の日本の政党を相手としては、無条件で賛成することはできない。しかし立憲政治が、結局政党内閣制度によって運営せられねばならぬのであるから、今の政党を向上させて、真の公党に育てあげる準備のためにも、各政党の政綱政策をまじめに研究し、自分の希望するような政治をやる政党はどれか、よくよく見極めてから投票すること。

七、演説会場その他あらゆる機会をとらえて、有権者は各政党または候補者に向って、具体的な政策を明示するように要求しなければならない。できれば、米の値段はいくらぐらいにせよとか、ゼネストに賛成か反対かとか、新円成金から税を取るか取らぬかというように、具体的に質問して言質をとるがいい。そうして政党本部で発表した政策と候補者の言質を箇条書きにして、台所のかべにでもはっておき、その公約が実行せられた場合はその件の上に○をつけ、公約にそむいた場合は、その件の上に×をつけるようにして、つねに厳重に監視して、いやしくも公約を裏切った政党や議員に対しては、次の選挙の時に絶対に投票してやらぬことを覚悟すれば、政党も議員も、完全に有権者によって、リードせられるようになる。

八、議場の内外で国会の品位をけがすような行為をする者（下等な野次や、なぐり合いをするようなものはこの部類に入れる）には投票しない。当選後、公明正大な理由もなく、選挙民の了解もえずに党籍を変更し、または他の政党に入党するようなものには投票しない。多数で横車を押し通した政党は、投票によってその横暴をこらしめてやるくらいの覚悟がなければならぬ。

九、これまでの日本の選挙では、大臣や政務官になると、投票は必ず増えた。増えればこそ今でも英国製のビスケットとけなされる政務官の椅子を、ちょうどやせ犬が腐った肉を争うようにして奪い合う。これは官尊民卑の奴隷根性を暴露したものである。また多数党でなければ何もできないから、投票しても損だと考えることも、「長いものには巻かれろ」式の封建思想のなごりであって、多数少数は有権者が投票してきめるのだという民主政治の「いろは」さえわきまえぬもののたわごとである。この官尊民卑と事大主義による投票は、今日以後の選挙では、きれいさっぱり清算したいものである。川上を濁しておいて、下流の清きを期することはできない。川上の選挙が濁れば、川下の政治も濁るのが当たり前である。濁った水にぼうふらがわくように、腐った選挙からは自堕落政治のぼうふらがわく。日本民主化の大建築は、正しい選挙の土台の上にでなければ建てることはできない。

以上の有権者の心得は、尾崎が半世紀も前の終戦直後に示したものであるが、残念ながら現在でも生きている。尾崎の理想選挙は、ほとんど実現していない。中島議員の事件のように、国民の血税による政党助成金が、腐敗選挙に流用されているようなひどい実態もある。日本の政治改革には、尾崎選挙をモデルとした、選挙の改善が基本となる。政党や政治家を批判する前に、有権者がその投票によって政治の改革を行わなければならない。

注

(1) 高野清八郎『人間尾崎行雄』昭和二十八年、新使命社、二〇〇〜一頁。
(2) 高野清八郎、前掲書、二〇一〜二頁。
(3) 高野清八郎、前掲書、二〇二〜四頁。
(4) 高野清八郎、前掲書、二〇四〜五頁。
(5) 高野清八郎、前掲書、二〇七〜八頁。
(6) 鈴木善作『地方発達史と其の人物』昭和十年、郷土研究社、九四頁。
(7)(8) 昭和五十年二月十六日付「サンケイ新聞」、「私の証言」。
(9) 武上千代之丞『奥熊野百年誌』九六一頁。
(10) 岡本実編『写真集・明治大正昭和　熊野』昭和五十五年、図書刊行会、一〇六頁。
(11) 武上千代之丞、前掲書、九六九頁。
(12) 昭和五十一年六月五日付「吉野熊野新聞」、「三石光一氏訃報」。
(13) 中村菊男「尾崎咢堂と御木本幸吉」「改造」三三巻八号、昭和二十六年、一三二頁。
(14)(15)(16) いずれも昭和十年七月二十一日付夕刊「伊勢新聞」、「政治と私」と題する県会議員浜口吉五郎談話記事より。
(17) 『尾崎行雄全集』第一〇巻、七〇九〜七一〇頁。

(18)『尾崎咢堂全集』第七巻、八四頁。

(19)『尾崎咢堂全集』第一〇巻、六九〜七二頁、なお、尾崎選挙については、阪上順夫「明るい選挙と尾崎行雄」(『尾崎行雄の政治理念と世界思想の研究』総合研究開発機構、一九九二年、所収)参照。

六　尾崎行雄の有権者への警鐘

選挙の神聖

現在、投票率の低下傾向が続き、有権者の政治離れや政党離れが進み、日本の民主政治に問題が生じている。尾崎行雄は、政治や政党の腐敗に厳しい批判を加えると共に、有権者に一票の価値を自覚するよう訴えている。これからの引用は、主として『政治読本』（一九二五年）からであるが、この書は初めて普通選挙を迎える国民を対象に大正末に書かれたものである。半世紀以上前で、戦前の時代の尾崎の指摘が、現在でも適応するのは、尾崎の優れた政治意識のためであるとも言えるが、日本の政治の本質が進んでいないということであり、残念なことである。

自分の持つこの一票―たったこの一票が立憲政治の活殺剣であるとは真か、それが真なら余りに貴い。この一票にそんな力があるものとは信ぜられぬと疑う人もあろう。しかしながら疑いは無用、その一票こそ真に憲政の活殺剣である。もっと適切に云えば有権者自身の生命財産を生殺し与奪する活殺自在の宝剣である。(1)

この重要な一票も、それを使うのは原則として四年に一度の総選挙の時しかない。「従って、有権者は飽くまで慎重に自己及び国家の幸福を思念し、選挙権行使に於いていやしくも過誤なきを期さねばならぬ。しかるに事実は全く反対で、我が有権者の多数は選挙毎に重大な過失を演じながら、これを過失とも覚らず、近来はいよいよ過失の深淵に陥ってしまった。もし普選の実行によって、この腐敗堕落した選挙界の悪弊を一掃することができなければ、国家の前途は、実に憂慮に堪えざる事になろう。(2)」

その要因について、尾崎は国民の責任を厳しく指摘している。

一切の禍根は、国民が未だ本当に生命財産の権利を自覚せず、従って立憲政治は自ら治める政治で、他から治められる政治ではないことを知らない点にある。試みに見よ、我が国民は、今日の堕落政治を呪咀して怨嗟罵倒の声をば出すが、事のここに至ったのは、自己の怠慢過失に原因することを知って自ら責め、自ら立って真剣にこれを改革しようと奮発する者は、極めて少ないではないか。大部分は、政府がどうかしてくれそうなもの、政党が何とかやってくれそうなものと、偏に他力の救いを待つのみである。これ憲政の何たるかを弁えず、選挙権の使い道を自覚しない証拠ではないか。(3)

そこで尾崎は言う。「そもそも立憲政治は救いを他力に求めず、自主自立飽くまで自力に頼って活きる制度である。政府や政党に依頼し嘆願する位なら選挙権は要らぬ。自分でどうかする。自分が選んだ代表者にどうかさせる。それがための武器としてのみ選挙権に無限の威力と価値が認められるのである。(4)」

その自主自立の自覚のない結果が、投票の売買となり、因縁情実請託となり、その他種々の病菌となって選挙界を濁し、憲政を毒し、遂に還元して選挙民自身を害することになる、と尾崎は指摘する。これは自業自得であり、哀れむべき因果応報であるとしている。特に、尾崎が強調するのは、ほとんどの選挙で政府党が勝っていることである。イギリスでは、長く政府にいれば、党派は遂に選挙に大敗北をとる悲運に会うのが常である。長く政府の局に当たれば、如何なる大政治家といえども、必ず多少の失策は免れない。失策があれば、そのたび毎に民心は離れる。それならば、イギリスの現象が正当であって、わが国の現象は不自然不正当のようだ。尾崎は、このような例を引いて次の言葉を選挙人へ与える。

選挙人が常に政府の施為を厳重に監視し、是非善悪の判断を選挙の投票によって示さなければ、到底憲政の常道に基づいて、政権の授受を円満に、かつ合理的に行うことはできない。いわゆる憲政の常道とは、総選挙に勝った党派が政局に立ち、敗けた党派は野に下って反対党となり、以て他日民心再びその党派に帰向するを待つという政権移動の方式である。(5)

選挙の費用

「立憲政治の本旨は、最大多数の最大幸福を期するにあるに拘らず、我が憲政の実際は、常に最大多数の幸福を犠牲として、一部少数階級の利権を擁護するきらいがある。畢竟選挙に巨額の費用を要するから、知らず知らずこの結果を生ずるのだ。(6)」尾崎は、選挙に金がかかるのが問題だという。これは現在でも政治改革が必要な大きな要因とされている。選挙に金がかかるから、企業から金を引き出し、その見返りとして公共事業などの斡旋をするなどして、汚職などが起き、また国民の利益に反した一部企業優先の政治が行われることになる。こうした構図は、尾崎が『政治読本』を執筆した大正期と今日までほとんど変わっていない。

尾崎は、本来選挙費用は候補者が負担するのか、有権者が負担するのか、が憲政の死活を決する重大問題であるとし、次のように論じている。

この大問題は『選挙は誰のため行うのか』ということが決まれば、多言を要せずして解決する。もし選挙が候補者に名誉を与え、甚だしきは国家の利権を私する機会を与えるために行われるものなら、その費用は勿論候補者自身が受け持たれなければならない。有権者は毅然として『叩頭百拝しなければ、投票してやらないぞ』『相当の車賃日当等を払わなければ、仕事を休んで遠路投票に出てはやらないぞ』と威張っていてもよいわけである。これに反して、もし選挙が一般人民に代わって、その不利を除き利益を与えるように法律を作り、国費の用途を定める大切な総代を選ぶための一大行事であれば、これに要する費用は、世人が弁護士を頼む場合と同じく、当然人民側で負担せねばならない道理になる。而して選挙の目的が、前者にあらずして後者にある事は、説明を要せずして明らかだ。果たして然らば、選挙に要する費用は、これを候補者に負わせず、一般人民が分担すべき筋合いのものであることも、また一目瞭然だ。(7)

この選挙にかかる費用が巨額になり過ぎるのが、選挙に関する第一の病根であると、尾崎はいう。憲政の祖国イギリスでは、日本よりはるかに安い費用で選挙が行われる。そのようにイギリスで選挙費用を減らすことができたのは、「無資産階級が自覚して、選挙入費は選挙人の受け持つべきものと考えるようになったからである。候補者の受け持つべきものと、考えている間は殖えるばかりであったが、選挙人の受け持つべきものと考えるようになってから、ズンズン減ってきた。つまり殖やすも減らすも、出資者次第、考え方一つで定まるのだ。人間は正直なもので、金を出す人のためには働くが、金を取る人のためには働かない。選挙費を民衆が出せば、議員は民衆のために働き、金持ちから出してもらえば金持ちのために働く。わが国の衆議院が増税機関となって、一般人民を苦しめるのは、選挙人が金を出さず、却ってこれを取るからだ。(8)」

こうしたことを実現するには、選挙民の訓育が必要だとして、尾崎は三つの方法を提唱している。①選挙人に対し、軍人に与え給えるが如き勅諭を与え給わんことを切望する。蓋し、軍人も大切であるが、選挙人は一層員数も多く且つ大切であるからだ。②全国の小中学校及び校外教育において、選挙人の権利義務を徹底的に教え、投票は、元々国家の為に善良なる代議士を選出すると同時に、自己の安全幸福の保護者を選出するために入れるものであることを納得させることを要する。③選挙の費用は、村総代、町総代等を頼む場合と同じく、依頼人即ち選挙人が支弁すべきものであることを教える事が必要だ。[9]

最後に尾崎は、選挙界の革正のための「選挙人組合」を一つの具体的な案として提案している。参考のため次に紹介する。[10]

一、「自己の総代を選挙するに必要な費用は、選挙人自ら負担すべきものなり」との信念ある同志者を糾合して、組合を作ること。

二、右組合員は、議員選挙費用として、毎年一円ずつ積み立て、これを付近の郵便局に預託すること。

三、右の組合は、一選挙区を単位となし、差当り選挙区ごとに五千人乃至一万人の組合員を集めるを以て目的とすること。

但し市町村または大字ごとに組合を作ってもよし。この場合は一選挙区内全部の連合会を開いて、候補者の選定や積立金の運用等を議定すること。

四、各政党及び無所属の組合員は、各々一選挙区内におけるその同志者だけにて、運動方法及び積立金の使用法を協定すること。

五、全国にわたるところの組織連絡ができた後は、各派ごとに全国会議を開いて、積立金の運用その他の事項を協定すること。

六、組合員は、選挙入費に関して従来の弊習を根本的に矯正するのみならず、官尊民卑の陋習に囚われて、無批判に政府党に投票するが如き、悪弊の矯正にも務ること。

七、各組合は、なるべく総選挙の一二年前より、次の選挙に対する候補者を予選し置き、常に政界の形勢に注意せしめ、また適当の方法を講ぜしむること。

八、組合員は、時々講演会研究会等を開いて、政治上の知識道徳を向上進歩せしむること。

政党革新に関する件

一、組合員は、政党をしてその収支計算を公表せしむるよう、尽力すること。

二、これを承諾せざる政党はこれを不正不義の私党と見做し、これを援助せざるは勿論、既にこれに加盟し居るものも、断然これを脱退すること。

三、その収支計算を公表せざる政党の候補者には、如何なる場合に於いても、投票しないことを誓約するところの仲間を増加すべく努力すること。

以上であるが、これを尾崎自身が実践したのが、「咢堂会」に他ならない。それとともに、この尾崎の当時としては現実離れした考えを、忠実に実践し、それを長期間にわたって維持した咢堂会の会員は、高い評価を与えられるであろう。

注

(1) 尾崎行雄「政治読本」(一九二五年)『尾崎咢堂全集』七巻、三六頁。(以下『全集』と略す)。
(2) 『全集』七巻、三八頁。
(3) 『全集』七巻、三八頁。
(4) 『全集』七巻、三八頁。
(5) 『全集』七巻、三九~四〇頁。
(6) 『全集』七巻、四一頁。

（7）『全集』七巻、四三頁。

（8）尾崎行雄「時局管見」『全集』七巻、一九七～八頁。

（9）尾崎行雄「政党政治の将来」『全集』七巻、二七三～四頁。

（10）尾崎行雄「時局管見」『全集』七巻、二〇五～六頁。

七　二一世紀日本の民主主義の危機と咢堂精神

二一世紀を目前に、私は日本の政治の行き先を憂慮せざるをえない。衆議院で単独過半数を確保した橋本政権であったが、ロッキード事件で有罪となった佐藤孝行を総務庁長官として入閣させ、世論の反発で結局辞任させることになり、最大の課題である行政改革も族議員や官僚の反抗で成果が危ぶまれている。住専問題など国民の意思に反した国民不在の政治、その一方で、投票率の低下傾向が続くという国民の政治離れ、このままでは、日本の民主主義は地に堕ちてしまう、こう杞憂するのは私だけではないであろう。

政治だけではない。高度経済成長で世界の経済大国となった日本であるが、バブル経済崩壊後、長期不況が続く中で不良債権を抱えた大手企業の倒産が続く事態となっている。その中で浮上してきたのは、官僚行政への不信感である。高度経済成長をリードしてきた大蔵省・通産省を中心とする護送船団方式が崩壊し、日本版ビッグバンも明るい見通しも見えてこない。

社会や教育も問題が噴出している。高齢化と少子化が未来に不安を投げかけている中で、離婚の増加、少年犯罪の増加など家庭の崩壊現象が目立っている。いじめや不登校など教育の現場も依然問題を抱えている。戦後半世紀、豊かな社会が実現したにも拘らず、社会的混迷が続いている。

来るべき二一世紀を、二〇世紀に果たせなかった夢を実現するために、二〇世紀を振り返りその反省の上に立って二一世紀への問題提起と提言にまとめたいと思う。その際、民主主義と平和主義の咢堂精神を二一世紀にこそ生かして欲しいと、私は念願している。二〇世紀を民主政治・議会政治の確立のために戦った尾崎行雄の夢は、一応戦後の民主社会と日本国憲法によって実現したかのようであるが、現在の政治や社会を見て、咢堂は決して満足しないであろう。厳しい叱正の声が聞こえてくるに違いない。

1　二〇世紀の総括

二〇世紀は、日本の年号で明治の末期であり、国会は開設されていたが、欧米に追付くための近代化途上にあった。天皇主権の明治憲法のもとでは、民主主義という言葉自体が国民主権を意味するとしてタブーであった。「大正デモクラシー」という言葉も、第二次世界大戦後に付けられたものである。日本にとって二〇世紀は、明治憲法下の帝国主義的戦前の時代と、新憲法下の平和主義的戦後の時代に二大別できる。民主主義の面から見ると、戦後は政治、経済、社会の全ての面で民主化が推進され、封建制の残った社会が大きく変革されたのは事実である。それから半世紀、果たして日本に民主主義は定着したと言えるだろうか。確かに経済発展と科学技術の発達により、生活は豊かにそして便利になった。それにも拘らず多くの問題が山積している。政治・経済・社会の多くの問題の原因は、真の民主主義が根付かなかったことにあると思う。二〇世紀を総括するとともに、民主主義を原点に帰って再考察してみよう。(1)

(1)　戦争の世紀

日本の二〇世紀は、日露戦争で始まった。日清戦争もあったが、日本が帝国主義的野望を固めたのが、日露戦争であった。その後、韓国併合、満州事変、日中戦争、太平洋戦争と戦争への一本道を突っ走ることになる。世界も第一次世界大戦から第二次世界大戦と世界中を二度も戦争に巻き込み、兵器の発達は遂に原子爆弾まで開発させることとなった。初めて世界中を戦争に巻き込んだ第一次世界大戦後、アメリカのウィルソン大統領の提唱に基づき国際的平和維持機関国際連盟が設立されたが、アメリカが参加せず、ドイツ、日本も脱退し、第二次世界大戦の勃発を許す結果に終わった。第二次世界大戦後、国際連盟の反省に立ち、戦勝五大国を中心とした国際連合が創設されたが、東西対立の冷戦構造の中で安全保障理事会が充分機能せず、朝鮮戦争、ベトナム戦争など、絶え間なく戦争が続くことになった。一九八九年冷戦は終結したが、九〇年にイラクがクウェートに侵入し湾岸戦争となり、その後も危機が続いている。

二〇世紀を振り返ると、正に戦争の世紀であり、二一世紀が世界恒久平和の世紀になるというのは単なる夢物語に過ぎないと言いたくなる。しかし、もし第三次世界大戦が起こるとすれば、それは人類滅亡・地球破滅になりかねない。現状では、国際連合に夢を託す以外にない。だが、それだけでは真の世界平和はもたらされない。世界の全ての一人ひとりが、人権意識を持ち、心の中に平和の砦を築く必要がある。(2)

(2) 民主主義と独裁の戦い

戦争は、政治によって引き起こされる。その政治は、独裁体制が多い。二〇世紀の戦争も例外ではなかった。第一次世界大戦にアメリカが参戦する時、ウィルソン大統領は、「民主主義」を旗印に掲げた。これにより世界大戦は、民主主義対独裁的帝国主義の戦争と位置付けられた。連合国側が勝利したため、民主主義は正統的シンボルとなった。第一次世界大戦後、欧米に民主化の嵐が吹き、婦人参政権や比例代表制などが各国で実現していった。日本でも、護憲運動、普通選挙運動、婦人参政権運動などの民主化運動が盛んになり、一九二五年（大正十四）に普通選挙法（男子のみ）が実現した。後に大正デモクラシーと呼ばれるようになった。その後、戦後の混乱の中から民族主義的独裁体制がイタリアにファシズム、ドイツにナチズムとして擡頭し、政権を奪取すると軍事力を強化し、第二次世界大戦を勃発させた。これらは過去の専制君主制と異なり、大衆に基盤を置く新しい型の独裁であった（大衆独裁 mass-dictatorship）。マスメディアを利用した政治宣伝で大衆説得を行い、国民投票などで国民の支持を得るという形式的には民主的手法を取って国民を支配した。裏では、厳しい言論統制や暴力的弾圧を行ったことは言うまでもない。日本では、天皇制を中心とする軍部ファシズムが、国家主義的全体主義で国民を統制し、ドイツ・イタリアと三国同盟を結び、第二次世界大戦へと突き進んでしまった。これにより、第二次世界大戦は、民主主義対独裁主義という対決となった。結局第二次世界大戦は、連合国側の勝利に終わり、民主主義は絶対的な正統的シンボルとなった。

第二次世界大戦後、ソ連が占領した東欧と北朝鮮が共産主義体制となり、中国も共産主義国家となったため、世界は米ソを両極とする二大ブロック化され東西対立が激しくなり、冷戦状態となった。これは、自由主義的民主主義と共産党一党独裁主義による体制であったが、東側は階級のない新しい民主主義体制であると主張した。このため資本主義対社会主義の対立という面が強調され、民主主義対独裁という形は薄められたが、朝鮮戦争、ベトナム戦争が引き起こされた。東欧革命やソ連の崩壊によって、冷戦が終結したが、イラクのフセイン独裁によって湾岸戦争が起こされ、北朝鮮、ミャンマー、インドネシアなど、独裁体制をとる国も依然として存在している。また、いかなる国も、権力がマスメディアを支配すれば、独裁化する可能性を秘めている。日本も、決して民主主義が定着したと言うことは出来ない(3)。

(3) 社会主義(共産主義)の実験

一九世紀の理想論であった社会主義が、二〇世紀に実現された。それもマルクスが予言した最も資本主義が進んだ国ではなく、資本主義が未発達のロシアに革命が起こり(一九一七年)、初めての共産主義国家が出現した。ソ連は、第二次世界大戦で、東ドイツ、東欧、北朝鮮を占領し、これらの諸国を共産主義体制とした。さらに、中国で共産主義国家が設立され(一九四九年)、キューバでも革命により社会主義政権が樹立された(一九五九年)。また、ベトナムでもベトナム戦争に勝利して社会主義国家が成立した(一九七三年)。このように社会主義圏は、世界を二分する大きな勢力となった。そしてアメリカを中心とする自由主義資本主義陣営と厳しく対立した。しかし、一九六〇年代から東西の経済格差が目立つようになった。冷戦に対応するための軍備の過重負担に加え、技術革新の遅れ、そして何よりも計画経済そのものが非効率であることが明らかになった。無競争が労働意欲や改善意欲を減退させ、私有財産の否定が私欲の否定となり、非能率、非生産性に繋がった。また、無階級という建前が、一党独裁を絶対化し、反体制勢力や批判の弾圧となり、新たな特権階級として党幹部や官僚層を生み出し、硬直的な支配層を形成した。ゴルバチョフは、市場原理を導入するなどの思い切ったペレストロイカ(改革)やグラスノスチ(情報公開)に取り組んだが、その影響を受けて東欧諸国で革命が発生するなど、社会主義圏全体が大きく揺らぐ事態となった。一九八九年ベルリンの壁が崩壊し、九〇年東西ドイツは統一された。ソ連は、一九九〇年共産党一党独裁体制を改め、大統領制を導入して新しい政治体制を確立しようとしたが、共和国の独立志向などを収拾出来ず、一九九一年十二月ソ連は崩壊し、ロシア共和国を中心とする独立国家共同体(CIS)が結成された。

中国では、鄧小平の指導による「改革・開放政策」が推進され、経済特区や農業生産の請け負い制などの導入による社会主義市場経済が実施されているが、民主化運動が天安門事件(一九八九年)によって抑圧され、政治的には共産党一党独裁体制が強化されている。ベトナムでも、ドイモイという経済改革が行われ、市場経済が導入されている。現在共産主義体制を維持しているのは、北朝鮮のみであるが、経済的には破綻している。

こうしてみると、社会主義（共産主義）体制は、資本主義体制に替わるべき理想論であったが、二〇世紀における実験は失敗に終わったと断ぜざるを得ない。しかし、社会主義が提起した資本主義の問題点、貧富の格差、景気の変動、失業などは、依然として未解決であり、二一世紀に持ち越されることになる。

(4)　人権の拡大と侵害

二〇世紀は、普通選挙権や婦人参政権を初め平等権が大きく拡大され、基本的人権が確立された時代であった。第一次世界大戦後のワイマール憲法は、生存権や労働者の団結権など新しい人権としての社会権を確立した。日本でも、明治憲法によって一応「臣民ノ権利」が制定されたが、法律の範囲内との制限付きであった。第二次世界大戦後の日本国憲法は、基本的人権の尊重を基本原理とし、「侵すことのできない永久の権利」として確立した。しかし、憲法上に規定されたからといって、実際に人権が確立されたことを意味しない。女性差別、アイヌ問題、同和問題、在日韓国・朝鮮人問題、子供の人権問題など、未解決の問題が山積している。

二〇世紀の人権問題として特筆しなければならないのは、国家権力によって大規模で悪辣な人権侵害が行われたことである。その代表的な例がナチス・ドイツによるユダヤ人の大量虐殺（ホロコースト）である。ヒトラーは、ユダヤ人をスケープゴートとして抹殺すべき民族とし、大量虐殺の暴挙を行った。ソ連では、スターリンが、反体制ということだけで、何百万人という人を、処刑したり強制収容所に送ったりした。日本でも、戦時中に従軍慰安婦問題や強制連行などの人権侵害問題を引き起こしている。第二次世界大戦後も、カンボジアにおけるポルポト政権による大量虐殺や、南アフリカ共和国におけるアパルトヘイト（一九八九年解消）など、多くの人権問題が発生している。

この人権問題の解決のために中心になって動いているのが国際連合である。一九四八年十二月、国連総会は世界人権宣言を採択し、さらに一九六六年十二月それをより具体化した国際人権規約を採択し、その実施を各国に義務付けた。このほか人権保障のための個別的な条約として、国際労働機関（ＩＬＯ）の諸条約や、人権差別撤廃条約（一九六五年）、女子差別撤廃条約（一九七九年）、子どもの権利条約（一九八九年）などがある。こうした条約が、世界の人権確立に果たした意義は大きいが、それらを誠実に実行するのは、国だけではなく一人ひとりの人間である。性差別、人種差別、宗教差別、思想差別など未解決の人権問題も多く、中には激しい武力紛争を引き起こすことも少なくない。人権問題は、二一世紀に持ち越される重大な課題の一つである。

(5) 生活の向上と自然破壊

二〇世紀を特徴付けるものは科学技術の発達である。家中に溢れる電気製品一つ見ても、この百年で生活が向上してきたのが理解できる。私たちの大部分が、豊かな生活を実感し、長生き出来るようになったのは、科学技術の発達のお陰である。その一方で、科学技術が、人命を奪い、自然を破壊する技術も発達させてしまったことも忘れてはならない。開発と自然保護の調和、ゴミや産業廃棄物、炭酸ガス排出による地球温暖化など、生活の向上に伴う環境問題が、今後も大きな問題として二一世紀に受け継がれる。

私は、戦時中と終戦直後、飢餓に近い食糧難を経験した。当時は、食事さえ満足に出来れば幸せだと感じたものである。今日では飽食の時代とさえ言われている。しかし、世界には現在でも飢餓に苦しみ、中には餓死する人たちもいる。南北問題は、世界的な深刻な課題である。二一世紀日本は高齢化と少子化が大きな問題であるが、一方、発展途上国では、人口爆発が問題とされている。自然保護といっても、アマゾンの熱帯雨林が次々と焼畑で破壊されている。これを単純に批判するのは簡単であるが、生きるために焼畑する人を阻止するのは難しい。二一世紀はより国際化が進み、ボーダレスの世界になる。日本人だけがグルメを楽しむことは許されない。環境問題が強調されているが、発展途上国の人々の生活向上をどうするかは世界的課題である。現在日本は長い不況に苦しんでいるが、経済至上主義的生活から脱皮し、アジアの人たちと生活レベルをともにするような経済共同体を形成するような考えが必要とされるようになるのではないだろうか。

(6) 議会政治と政治腐敗

日本に議会政治が導入されたのは、一八九〇年（明治二十三）であった。史上初めて国民参政が実現されたのである。当初は、二五歳以上の男子で直接国税一五円以上という厳しい制限選挙であったが、普通選挙運動などにより一九二五年（大正十四）男子普通選挙権が実現し、一九四五年婦人参政権も実現し、民主政治の体制が確立された。議会政治が始まっておよそ一世紀、日本に民主政治は確立されたのであろうか。

明治憲法下の帝国議会は、主権者天皇の立法権に協力する協賛機関と位置付けられていた。しかし、国民が国政に参加できたことから、議会審議や予算案審議を通じて国民の意思を表明する機会が与えられた。男子普通選挙の実現は、無産階級とされた労働者や農民の代表も議会に選出された。だが、戦時体制が強まると、政党は解散させられ、翼賛議会となってしまった。

第二次世界大戦後の日本国憲法は、国民主権の原理をとり、「日本国民は正当に選挙された国会における代表者を通じて行動」するという議会制民主主義を採用し、国会を「国権の最高機関」と位置付け、国の唯一の立法機関とした。これにより国会は、国政の中心となり、民主政治の中核となった。しかし、その権能を充分に活用し、国民のための政治を行っていると言えるだろうか。成立する法案の九割は政府案であることを見ても、官僚主導の実態が明らかである。

さらに大きな問題は、この百年の政治の歴史の中で、政治汚職・疑獄事件が繰り返し引き起こされたことである。このことは国民の政治不信の最大の要因であり、何度も政治改革が図られたが、いずれも不徹底であり、根絶するに至っていない。その代表的な事件は、戦前のシーメンス事件と戦後のロッキード事件である。シーメンス事件は、ドイツのシーメンス電気会社が海軍の高官に贈賄した事件であり、ロッキード事件は、アメリカのロッキード社が全日空への航空機売込に関し田中角栄首相に贈賄した事件であるが、いずれも外国で事件が発覚し、日本を揺るがす大事件となったものである。特にロッキード事件は、首相が関与したというだけでなく、自民党の長期一党政権と官僚・財界（業界）が癒着構造を形成して行われる構造的汚職事件であった。このため政治刷新を目指して成立した三木内閣は、公職選挙法や政治資金規正法の改正を行ったが、骨抜きされた不徹底なものであったため、その後もリクルート事件、佐川急便事件などの汚職事件が続発することとなった。五五年体制の崩壊によって成立した細川政権は、政治改革を政治命題として政治改革法案を成立させたが、結局選挙制度を小選挙区比例代表並立制とすることを中心とする中途半端な改革に終わった。政治腐敗の根絶を期すべき徹底した政治改革は、官僚の倫理規制とともに、今後の課題として残されている。(4)

2　二一世紀日本民主主義の危機

(1)　二一世紀日本の鍵は「政治」

前章で私は私なりに「二〇世紀」を総括し、六点に要約した。これらの点に立って「二一世紀への希望的展望」を述べると、(1)「戦争の世紀」からは「世界恒久平和の世紀」が、(2)「民主主義と独裁の戦い」からは「民主主義の世紀」が、(3)「社会主義（共産主義）の実験」からは「資本主義の改善」が、(4)「人権の拡大と侵害」からは「完全な人権の定着」が、(5)「生活の向上と自然破壊」からは「全人類の生活の安定と地球環境の保護」が、(6)「議会政治と政治腐敗」からは「真の民主政治」が浮かび上がってくる。これらの各点についてそれぞれ方策や問題点などについて論ずべきであるが、本論文ではこれらの基礎である「政治」に絞って論ずることにする。それは、日本の未来を方向づけるのは、すべて「政治」にかかっているからである。

その「政治」が、二一世紀を目前に混迷している。政治を、国民による、国民のための真の民主政治に建て直さなければならない。それには何よりも「官僚主導」の政治から脱皮しなければならない。行政改革も結局官僚の抵抗で、不徹底なものに終わりそうである。アメリカや韓国では、大統領が替われば、政治が大きく転換される。大統領制と議院内閣制の違いはあるが、首相の主導権がもっと発揮されるべきである。さらに問題は、国民不在の永田町政治が行われていることである。国民の意思に反した法案や国民を無視した政党の離合集散、党籍変更などが行われている。その一方で、国民の投票率は低下傾向を続け、無党派層が拡大するなど、国民の政治離れ、政党離れが進んでいる。このままでは、二一世紀の日本の政治は、深刻な危機を迎えるに相違ない。政治家はもちろん、国民一人一人が、民主主義とは何であるかを再認識しなければならない時に来ていると言わざるをえない。

(2) 政治改革は何であったか

戦後の政治的混乱を収拾して安定的な政治体制が作られたのは、保守合同と社会党統一が行われた一九五五年（昭和三十）のことであった。五五年体制と呼ばれることになったこの体制は、自由民主党と日本社会党の保革対立によるイギリス型の二大政党制を志向したものであった。しかし、政権交替を前提としたイギリス型の議会政治は、期待に反して実現しなかった。その後四〇年も自民党の一党政権が続くとは、誰も予想しなかったに違いない。自民党長期政権は、高度経済成長の背景となったが、「権力は腐敗する」の例に漏れず、政官財の癒着構造を形成し、汚職事件を続発させることになった。これが国民の政治不信を招く最大の要因となったことは言うまでもない。ロッキード事件に引き継いで起こされたリクルート事件は、主要政治家と高級官僚を巻き込んだ未曾有の汚職事件であり、その後佐川急便事件、金丸信脱税事件が重なり、政治改革への要求が高まった。自民党も「政治改革大綱」をまとめ、海部内閣、宮沢内閣も政治改革法案を提出したが、国会で成立させるに至らなかった。八九年七月の参議院選挙で自民党は大敗し、参議院での多数を失い、衆議院とのねじれ現象が生じたが、九三年七月の衆議院総選挙で自民党は過半数割れとなり、自民党一党政権の時代は終わり、五五年体制は崩壊した。

非自民連立政権として成立した細川内閣は、政治改革を旗印に掲げ、その法案成立に全力を挙げた。しかるに、参議院において、小選挙区制に反対を貫いた社会党の左派議員の反対投票で否決されてしまった。細川首相は、急遽野党自民党の河野洋平総裁とトップ会談を開き、自民党の要求を全て飲んで自民党と妥協し、衆議院で政治改革四法案を成立させた。このため、成立した政治改革は、小選挙区と比例代表の比率が二五〇対二五〇から三〇〇対二〇〇となり、比例代表は一一ブロック制となり、小選挙区色が強まった。その上、政治浄化の目玉であった企業献金の禁止を前提とした政党への公的助成は、前提である企業献金は容認されることになり、それにもかかわらず公的助成は実施ということになった。結局、政治改革は、政治浄化という最も重要な目的には、連座制の強化を除いてはほとんど効果の期待できないものとなり、国民の血税が政治資金に上乗せされる結果に終わった。そこで問題は、選挙制度の小選挙区比例代表並立制がどのような効果をもたらすかである。中選挙区制が、同士討ちにより個人本位の選挙となり、金権選挙、派閥選挙、腐敗選挙の要因になっているというのが、改革の理由であった。これを政党本位、政策本位の選挙にし、金のかからぬ公正な選挙にするというのが、選挙制度改正のうたい文句であった。だが、九六年十月の衆議院総選挙において小選挙区制で金のかからぬ選挙は実現しなかった。

それ以上に、小選挙区制の問題である大政党に有利で、小政党を排除するという傾向が顕著に現れ、自民党が過半数に近い議席を獲得して、一党政権を成立させた。その後の政局も、政党の離合集散が繰り返され、政界の再編成が混乱状態で続いている。こうした結果から、政治改革とは何であったかと考えると、政治浄化への決め手を打つことは出来ず、選挙制度を小選挙区制に替えたといっても過言ではない。

小選挙区制は、拮抗した二大政党が、政権交替できるイギリス型の政治体制に適合する制度であるとされている。第三党以下の小政党が排除される不合理性が、二大政党制の維持という理由で正当化されている。しかるに、日本にはこうした二大政党制への条件は整っていない。五五年体制では、与党自民党に対し野党の多党化という方向が進展し、国民の価値観も多様化に向かっている。国民の意思を出来るだけ正確に反映し、多党化・多様化の傾向に対応するには、小選挙区制は適切とは言えず、むしろ時勢に逆行するものと断定せざるを得ない。

(3) 政党政治の危機

小選挙区制への選挙制度の改正は、政党本位の選挙に変えることが主たる目的とされたが、政党の離合集散が激しく、その上に連立政権の組合せが何度も変わったため、各党の政策や性格の差が分かり難くなった。党名一つ取っても自由民主党とともに、自由党、民主党、社民党、民政党、と似通った党が次々発生し、これでは余程の政治通でなければその違いは分からない。さらに非自民の細川政権の成立によって、共産党を除く全ての政党が、与党の体験を持つこととなった。社会党村山委員長を首班とする村山内閣の成立は、長年の社会党の基本政見であった自衛隊の違憲論や海外派兵反対などを転換させることになり、自民党との差がなくなった。こうした政党の混迷のキーマンは、小沢一郎であった。自民党から分裂して新生党を結成し、これが五五年体制の崩壊につながった。さらに公明党、民社党、日本新党、などを大結集させて新進党を結党したが、結局九七年十二月解党してしまった。

保革対立の五五年体制の時は、与野党対決ということで政策や政治的立場も国民に分かりやすかった。それが世界的にも冷戦が終結し、東西対立が解消すると、国内の保革対立も意味を失った。その上連立政権時代ということで、どの政党にも組合せ次第で与党になる可能性が生まれ、全ての政党に与党志向が強まった。このため各政党の違いがますます分かり難くなり、国民の選択が難しくなった。必然的に国民の政党離れにつながり、無党派層の増加となった。読売新聞社の調査[5]は、無党派層が五四・六%と半数以上となっている。このままでは政党は、国民から遊離し、権力志向の政治家の集団となる恐れが強い。政党政治を確立するためには、政策や政治信条を明確にするだけでなく、国民と日常的に結びついたパイプ役を果たすようにならなければならない[6]。

(4) 議会制民主主義の危機

国会は、国権の最高機関と憲法上に規定されているが、果たしてその機能を充分果たしているのだろうか。第一の問題点は、官僚主導ということである。形式的には唯一の立法機関であるが、成立する法案の大部分は政府案であり、予算案ですらほとんど修正されることはない。その一因が採決における党議による拘束である。議員個人の意思による投票は、ほとんどなされる余地はない。したがって、与党の多数さえ確保されていれば、政府案の成立は余程のことがない限り成立することになる。これでは議員個人の取り組みは二の次となり、党の方針に従って数としての役割を果たすだけになる。本会議での党議はどうしても形式的になり、委員会の審議も時間の制約の中で問答が繰り返され、時間切れで採決というケースが多い。

国会の重要な権限として国政調査権があり、これによって証人や参考人の喚問が行われるが、追及側の知識不足や「記憶にありません」といった逃げ口上によって、十分な成果を挙げていない。国会を国権の最高機関として確立するには、この国政調査権を活用し、国政や行政の疑惑や問題点を国民に明らかにすることである。

(5) 保守独裁の危機

私が現在最も危惧しているのは、保守独裁体制が形成されるのではないかということである。九六年総選挙で自民党は僅かに過半数に達しなかったが、その後入党者が出て自民党だけで過半数を確保するに至った。未だ参議院で過半数を確保していないので、社民党とさきがけの連立体制を保持しているが、九八年七月の参議院選挙の結果にかかっている。しかし、問題は自民党政権ということ以上に野党体制にある。五五年体制では、自民党一党政権に対抗する明確な野党体制があった。連立政権時代となり、共産党を除く全政党が与党経験を持ち、与党志向を持つようになり、オール与党化という表現さえ使われるようになった。野党第一党であった新進党の分裂は、政界再編成の象徴的出来事であった。成立過程や政治信条の大きく異なる党派が統合するのは、当初から無理があった。こうした結末は当然とも言えるが、保保連合を目指す小沢一郎の自由党が今後どう動くかが問題の鍵を握っているが、参議院選挙で自民党が安定した力を示し、自民党一党政権の見通しが立てば、一挙に保守独裁政権の流れが出来るのではないかと予想している。その結果は、野党不在の保守独裁であり、二一世紀の日本政治は民主主義の危機となる危険性がある。

(6) 基本的人権の危機

民主主義の基本理念は、人間の尊重・生命の尊重である。最近の凶悪化する少年犯罪の続発を見ると、二一世紀の将来に不安を感じざるをえない。これは必ずしも子供たちの責任と決め付けることではない。少子化のなかでの家庭での育て方、学校教育の問題、殺人事件が日常茶飯事のテレビドラマ、格闘技や戦闘のテレビゲーム、など様々な要因が考えられる。そうした中で人間尊重の心を持った思いやりのある人間を育成しなければならない。文部省も「心の教育」や「生きる力」の教育を推進しようとしているが、学校教育だけで達成される問題ではない。家庭、学校、社会で一丸となって取り組まなければならない。戦後民主主義の悪い面が出たという意見もあるが、民主主義は自由放任ということではない。民主主義の基本的理念が国民に徹底していないことにほかならない。自由とは、自分の自由権の行使に責任を持つことであり、他人の自由を尊重することである。

現在の日本の人権上の問題は、何も少年の凶悪犯罪だけではない。男女同権は、憲法上は保障されたが、性差別は依然として存在している。同和問題、アイヌ問題、在日韓国人・朝鮮人問題など、多くの人権問題も解消していない。人権意識が定着していない青少年達が、成人に達する二一世紀に、基本的人権がどうなっているか、危惧を感じているのは私だけではないであろう。

(7)　倫理の危機

大蔵官僚の腐敗事件から、公務員の倫理が厳しく問われるようになった。公務員倫理法の制定が検討されている。しかし、問題は官僚だけではない。大蔵省の腐敗が、銀行や証券業界との癒着からもたらされた構造的な腐敗事件であるように、長年の政官財（業）の癒着構造から政界・官界にまたがる構造的な腐敗事件に他ならない。従ってこの腐敗構造そのものを解消しなければ、問題は解決しない。「権力は腐敗する」の例に漏れず権力には厳しい監視と規制が必要である。日本でロッキード事件が発生した時、アメリカではニクソン大統領にからむウォーターゲート事件が起きた。日米両国とも政治浄化の課題に取り組んだ。その結果、アメリカでは、政治家はもとより広汎な高級官僚までを対象にした政府倫理法が制定された。財産や収支の公表、接待はコーヒー程度、二〇〇ドル以上の贈呈の禁止などの厳しい規制だけでなく、国民誰にでも開かれた情報公開などがその内容であった。これに対して日本の再発防止策は不徹底なものであった。その結果、アメリカでは腐敗事件がほぼ根絶されたのに対して、日本ではリクルート事件など、多くの政治家、官僚の腐敗事件が続発した。権力の腐敗は、倫理意識だけで根絶はできない。国民による監視が必要であるが、それには情報公開が前提要件となるし、矢張り厳しい規制と罰則が不可欠である。それらが、骨抜きやざる法化されると、ほとんど実効は覚束ない。国民に倫理を求めるのであれば、先ず上に立つ政治家や官僚が模範を示さなければならない。このままでは、日本の政治浄化に危惧を感ぜざるを得ない。政治腐敗は、国民の政治への信頼を失わせ、民主政治を揺るがすものである。

(8) 国民主権の危機

日本国憲法の三大原理の第一は、国民主権である。天皇主権から国民主権への転換は、革命に他ならない。残念ながらこの革命は、国民の自らの手によって成し遂げられたのではなく、敗戦と占領によってもたらされたのである。このため国民に主権者意識が希薄なことは否定できない。それ以上に問題なのは、近年続いている投票率の低下傾向である。最近は選挙の度に史上最低の投票率となっている。民主政治の基礎である国民主権は、主権者がその権利を行使して初めて具体化される。選挙での投票は、主権者の第一の権利行使の機会である。棄権は、主権者としての基本的権利を自ら放棄してしまうことである。九六年十月衆議院総選挙の投票率は、初めて六〇%を割り込み五九%となった。私は、国民主権を確保するためには過半数の有権者の政治参加が必要であると考えている。九五年七月の参議院選挙では、四五%にまで下がってしまった。勿論投票さえすれば良いということではないが、主権者意識をもって積極的に政治参加するのが、民主政治の基本的在り方である。アメリカも日本同様投票率の低下傾向を続け、九六年大統領選挙では、遂に五〇%を割り込み四九%となった。ニューズウィーク誌は、日米の投票率低下傾向を先進国病かと論じた。しかし、総じてヨーロッパ諸国はほぼ七〇%以上の投票率を維持している。特に先進福祉国家のスウェーデンなどは、高負担の見返りとして行政サービスに対する国民の関心が高く、選挙での高投票率に繋がっている。日本でも、二一世紀には高齢化・少子化による高負担が予想されている。現状では日本国民の税金の使い道にたいする関心は低い。これが政治的無関心の要因になっている。政治に対する不満や不信は大きいが、これが政治的関心や政治参加に結びついていない。このまま投票率の低下傾向が続けば、二一世紀日本の民主政治の基礎である国民主権が危機となり、政治の独裁体制あるいは国民不在の政治体制となる危険性が大きい。

3　二一世紀日本政治刷新のため、「民主主義」の原点に帰れ

二一世紀の日本の民主主義に多くの危機的状況が予想される。日本は、二〇世紀直前に議会政治を導入し、国民参政を実現したが、同時に天皇主権の国家体制を確立し、二〇世紀を戦争の世紀としてスタートさせた。その結果、世界を相手にするような大戦争を引き起こし、廃墟の中で敗戦となった。ポツダム宣言の受諾で、軍国主義の除去と民主主義・平和主義の推進が戦後日本の課題となった。それとともに、国民の生活を安定するための経済復興が、緊急の課題となった。民主主義と平和主義は、日本国憲法の制定によって一応達成し、経済復興は、朝鮮戦争特需によって足場が築かれ、高度経済成長に発展できた。それによりアメリカに次ぐ世界の経済大国となり、国民の大多数が中流意識を抱くほど豊かな社会が実現した。しかるに、豊かな社会は、幸せだけをもたらしたのではなく、離婚や親子の断絶などの家庭の崩壊現象、いじめや少年犯罪の増加、公害や環境破壊など様々な歪みを露呈した。政治も汚職事件や国民不在の永田町政治など国民の政治不信を招き、政治離れを引き起こしている。「民主主義」は言葉としては正当性のシンボルとして定着したが、真の民主主義の実現には程遠い実態である。現在の少年の凶悪犯罪の増加などを、戦後民主主義の悪い面が出てきたといった見解もあるが、私は民主主義の理念が充分定着していないことが問題だと思う。「民主主義」の原点に帰って、政治のみならず、全ての生活に民主主義の精神を生かすようにしなければならない。

その点から私は、戦後の高校社会科教科書『民主主義』上・下（文部省）を改めて読み直すべきだと思う。「はしがき」は、次の言葉で始まっている。「今の世の中には、民主主義ということばがはんらんしている。民主主義

ということばならば、だれもが知っている。しかし、民主主義のほんとうの意味を知っている人がどれだけあるだろうか。その点になると、はなはだ心もとないといわなければならない。(7)」半世紀後の今日でも、同じことが言えるのではないだろうか。「多くの人々は、民主主義とは単なる政治上の制度だと考えている。民主主義とは民主政治のことであり、それ以外の何ものでもないと思っている。しかし、政治の面からだけ見ていたのでは、民主主義をほんとうに理解することはできない。政治上の制度としての民主主義ももとよりたいせつであるが、それよりももっとたいせつなのは、民主主義の精神をつかむことである。なぜならば、民主主義の根本は、精神的な態度にほかならないからである。それでは、民主主義の根本精神はなんであろうか、それは、つまり、人間の尊重ということにほかならない。(8)」

さらに、民主主義に対立する独裁主義、全体主義を厳しく批判し、民主主義の必要性を説いている。「歴史の教えるところによれば、一部の者に政治上の権威の独占を許せば、その結果は必ず独裁主義になるし、独裁主義になると戦争になりやすい。だから、国民のための政治を実現するためのただ一つの確実な道は、政治を国民の政治足らしめ、国民による政治を行うことである。政治が国民のものとなるならば、国民は、それを、各人の権利を守りその生活程度を高める方法として用いるであろう。国民が、国民のためにならない政治を黙って見ているということは、道理としてありえないはずである。(9)」現在の危機的状況は、この道理としてありえないということが、国民の政治離れ、政治的無関心の増大ということで、普通になってきていることである。『民主主義』は、政治的無関心が独裁体制を生む危険性があり、棄権は単に民主政治を弱めるだけでなく、実にその生命を脅かすのであると指摘し、「だから、選挙権は、権利であるが、同時に義務である。義務であるというのは、たとえば納税の義務のように、それを怠れば罰せられるというわけではない。その意味で、熱意と理解とをもって政治に参与することは、法律上の義務ではなくて、むしろ道徳上の義務である。道徳上の義務であるというよりも、むしろ多くの人々の幸福を思う愛情の問題なのである。(10)」

そして民主主義を学ぶには、民主主義的な生活を実践すること以外にない、としている。これまでの学校教育は、「上から教え込む教育」「詰め込み教育」であったと批判し、これからの教育は生徒の個性を重んじ、その自主性を尊ぶとともに、先生の教え方にも自主性が認められるものでなければならない、としている。こうした指摘は、何度も繰り返し行われてきたことであるが、現在でも同じことが当てはまるのは残念なことである。「いずれにせよ、たいせつなのは、民主主義の共同生活を学校の中で、また学校の外で、実際にやってみて、ほんとうの民主主義の精神を身につけることである。今日の青少年も、満二〇歳になれば選挙権を与えられ、最も重要な国の政治に参与することになる。医者になって人の生命をあずかり、技術者になって精密な機械を運転するには、学校を出てからもじゅうぶんな修業を積む必要があり、またそれだけの余裕もある。しかし、民主主義だけは、満二〇歳になるまでに、その精神をほんとうに身につけておかなければならない。毎年新たに選挙権を得る数百万人の若い人々が、民主政治の正しい運用をわきまえているかどうかは、国の政治のうえに善悪ともに大きな影響を及ぼすに相違ない。(11)」

私は、高校時代に学んだ教科書『民主主義』を改めて読み直して、この教科書を国民や政治家に是非読んでほしいと痛感した。当時の関係者たちが、敗戦と廃墟の衝撃の中で、戦争の反省に立って、民主主義の重要性を実感し、日本の再建を民主主義の確立に掛けた熱意がひしひしと心に響いてくる。同書は次の言葉で締め括っている。二一世紀の日本に向けて私もこの言葉で訴えたい。

「民主主義の理想は遠い。しかし、そこへいたるための道が開かれるか否かは、われわれが一致協力してその道を切り開くか否かにかかっている。意志のあるところには、道がある。国民みんなの力でその道を開き、民主主義の約束する国民みんなの安全と幸福と繁栄とを築き上げていこうではないか。[12]」

4 咢堂精神を生かせ

私は、二一世紀の日本の鍵は、「政治」にあり、その基本に真の民主主義の確立が必要なことを繰り返し力説してきた。そのための最も良いモデルが、尾崎行雄である。政治家は、自分の政治信条を勇気を以て押し通した咢堂に続いてもらいたい。国民は、政治の大切さを説く咢堂の教えを実践してほしい。咢堂精神は、二一世紀にこそ生かすべきなのである。では、咢堂精神とは何か。私が、受け止めている咢堂精神は次のようなものである。咢堂の生き方、考え方からは、人それぞれの受け取り方があるであろう。要はそれを生かし、実践することにある。

咢堂精神

一、国民に基礎を置いた民主主義精神
二、言論による議会政治
三、腐敗・不正を許さない批判精神
四、クリーンな政治と明るい選挙（出たい人より出したい人を）
五、国際的な平和主義（世界連邦論）

尾崎行雄記念財団のパンフレットは、咢堂を「民主政治」「地球民主主義」「地球社会人」の三つのキャッチフレーズで表している。国家主義・軍国主義の時代には、咢堂の考えはなかなか一般の人に受け入れられなかったが、今は当然のことと考えられるであろう。課題は、それを実践するかである。特に問題は、クリーンな政治である。政官業の癒着構造は維持され、金権選挙は続いている。「理想と現実は違う」「水清ければ、魚住まず」などの逃げ口上では、日本の政治は何時までも浄化されない。オリンピック委員会ですら、権力で腐敗してしまった。政治家のみの問題ではない。そういう政治家を選んだ国民の責任も問われているのである。咢堂を理想的と例外扱いするのではなく、それが当然の在り方と受け止めなければ、政治は良くならない。

二一世紀になれば、全てが夢のような良い時代になるということではない。一人一人が、良い時代にしようと努力することで、良い時代が来るのである。咢堂の「自他の幸福を増すことは善事、これを減らすことは悪事なり」という「標準」と「咢堂五訓」を皆が実践すれば、二一世紀は、素晴らしい時代になるはずである（「標準」と「咢堂五訓」は巻末の参考資料に掲載）。

注

（1）阪上順夫『現代政治教育論』一九九七年、東京書籍、一二頁以下参照。

（2）平和教育については、阪上順夫、前掲書、二九頁以下参照。

（3）民主主義については、様々な論議がある。最近の文献を挙げておく。
D・R・シーガル著、内山秀夫監訳『デモクラシーの政治社会学』一九八〇年、早稲田大学出版部。

アンソニー・ダウンズ著、古田精司監訳『民主主義の経済理論』一九八〇年、成文堂。

浜林正夫『民主主義の世紀』一九九二年、学習の友社。

渡辺勝一『民主主義は究極の制度か』一九九六年、河出書房新社。

ウイリアム・E・ハドソン著、宮川公男／堀内一史訳『民主主義の危機―現代アメリカの七つの挑戦』一九九六年、東洋経済新報社。

小室直樹『悪の民主主義―民主主義原論』一九九七年、青春出版社。

佐伯啓思『現代民主主義の病理―戦後日本をどうみるか』一九九七年、日本放送出版協会。

（4）政治改革、選挙制度改革については多くの文献があるか、主なものを挙げておく。

小林良彰『選挙制度―民主主義再生のために』一九九四年、丸善ライブラリー。

白鳥令編『すぐできる政治革命―自民党に明日はあるか』一九八九年、リバティー書房。

高橋祥起『政治改革―信頼される政治をめざして』一九九一年、芦書房。

堀江湛編『政治改革と選挙制度』一九九三年、芦書房。

山口二郎『政治改革』一九九三年、岩波新書。

吉田善明『選挙制度改革の理論―議会制民主主義と選挙制度』一九七九年、有斐閣。

宮川隆義『小選挙区比例代表並立制の魔術』一九九六年、政治広報センター。

私の考え方については、阪上順夫『現代選挙制度論』一九九〇年、政治広報センター、『小選挙区制が日本をもっと悪くする』一九九四年、ごま書房、参照。

（5）読売新聞、一九九八年二月二十五日付。

（6）最近の文献では次のようなものがある。

小林良彰『現代日本の政治過程―日本型民主主義の計量分析』一九九七年、東京大学出版会。

石川真澄『この国の政治』一九九七年、労働旬報社。

山口二郎・生活経済政策研究所編『連立政治　同時代の検証』一九九七年、朝日新聞社。

大嶽秀夫編『政界再編の研究』一九九七年、有斐閣。

（7）『民主主義』上・下、一九四八／一九四九年、文部省（復刻版、径書房）三頁。

（8）『民主主義』一六〜一七頁。

(9)『民主主義』二五頁。

(10)『民主主義』九三頁。

(11)『民主主義』三〇九頁。

(12)『民主主義』三七九頁。

資料編

1　尾崎行雄の選挙の記録

I．小選挙区時代（一八八九年（明治二十二）選挙法）

第1回総選挙（一八九〇年（明治二十三）七月一日）

第5区 度会郡 答志郡 英虞郡 北牟婁郡 南牟婁郡	2	◦尾崎行雄	一、七七二	議集
		◦北川矩一	一、四三八	大成
		浦田長氏	五八三	
		栗原亮一	五四	
		ほか		

第2回総選挙（一八九二年（明治二十五）二月十五日）

第5区 度会郡 答志郡 英虞郡 北牟婁郡 南牟婁郡	2	◦角利助	一、二六三	
		◦尾崎行雄	一、一〇四	議集
		高木貞太郎	八五七	自
		竹原撲一	二六九	〃
		栗原亮一	四七	
		ほか		

第3回総選挙（一八九四年（明治二十七）三月一日）

第5区 度会郡 答志郡 英虞郡 北牟婁郡 南牟婁郡	2	◦尾崎行雄	一、〇七四	改
		◦森本確也	九七五	〃
		門野幾之進	八三〇	自
		奥野市次郎	七七三	〃
		角利助	四八	
		ほか		

第4回総選挙（一八九四年（明治二十七）九月一日）

第5区 度会郡 答志郡 英虞郡 北牟婁郡 南牟婁郡	2	◦尾崎行雄	一、二二八	改
		◦森本確也	一、〇八五	〃
		奥野市次郎	七八七	自

第5回総選挙（一八九八年〈明治三十一〉三月十五日）

第5区 度会郡 答志郡 英虞郡 北牟婁郡 南牟婁郡	2	◦尾崎行雄	一、四五五	進
		◦森本確也	一、三〇〇	進
		奥野市次郎	三一四	自
		門野幾之進	二八	
		ほか		

第6回総選挙（一八九八年〈明治三十一〉八月十日）

第5区 度会郡 答志郡 英虞郡 北牟婁郡 南牟婁郡	2	◦森本確也	一、七六二	本
		◦尾崎行雄	一、四六一	〃
		奥野市次郎	三八一	憲
		竹原撲一	一四三	〃
		角利助	一三	
		ほか		

II. 大選挙区時代（一九〇〇年〈明治三十三〉選挙法）

第7回総選挙（一九〇二年〈明治三十五〉八月十日）

郡部	7	◦木村誓太郎	三、一五三	本
		◦大石正己	二、五八五	〃
		◦栗原亮一	二、四三九	政友
		◦平田力之助	二、三六六	〃
		◦八尾信夫	二、二七五	
		◦尾崎行雄	二、一七四	政友
		◦海野謙次郎	二、〇九九	〃
		深山一	二、〇三三	
		浜田国松	一、九六七	
		森茂生	一、八六五	
		鈴木充尾	一、八二四	政友
		森川六右衛門	一、一六三	
		竹原撲一	一、一三六	政友
		矢土勝之	七五一	〃
		木多弥一郎	三三六	〃
		酒井礼一	二九五	
		岩村茂	四三	
		その他	二八	

第8回総選挙（一九〇三年（明治三十六）三月一日）

郡部	7		
	○尾崎行雄	四、三七七	
	○森茂生	三、三八四	中正
	○栗原亮一	三、三七七	政友
	○速水熊太郎	二、八三五	
	○海野謙次郎	二、五五七	政友
	○平田力之助	二、四六六	〃
	○森本確也	二、三五三	
	八尾信夫	一、九七七	
	中村太郎左衛門	一、八九七	本
	浜田国松	一、四三八	
	松本恒之助	一、〇五九	
	その他	六六八	

第9回総選挙（一九〇四年（明治三十七）三月一日）

郡部	7		
	○尾崎行雄	三、三四七	無名
	○大井卜新	二、九七六	甲辰
	○速水熊太郎	二、八六二	
	○森茂生	二、七一九	甲辰
	○辻寛	二、六〇三	
	○栗原亮一	二、五九〇	政友
	○浜田国松	二、四九四	甲辰
	海野謙次郎	一、八四六	政友
	その他	八七	

第10回総選挙（一九〇八年（明治四十一）五月十五日）

郡部	7		
	○栗原亮一	六、五九八	政
	○片岡直温	五、六〇〇	
	○尾崎行雄	五、一一六	猶
	○浜田国松	四、四二四	〃
	○大井卜新	四、二七五	政
	○中村豊治郎	四、一八八	
	○森茂生	三、〇七五	政
	川村嘩	二、六六四	〃
	辻寛	二、六一七	〃
	その他	五四九	

第11回総選挙（一九一二年（明治四十五）五月十五日）

郡部	7		
	○浜田国松	五、八七四	国
	○梅原亀七	五、五五一	
	○尾崎行雄	五、二九一	政
	○岡八	五、二四三	
	○辻寛	三、一八七	政
	○森茂生	三、〇七二	〃
	○川村嘩	二、七一六	〃
	加賀卯之吉	二、五三七	国
	松本宗吾	一、九七三	〃
	永浜出	一、八七八	
	その他	一七三	

第12回総選挙（一九一五年（大正四）三月二十五日）

郡部	7	◦尾崎行雄	八、四三三	中
		◦小林嘉平治	六、八四六	
		◦重盛信浜	四、八一三	
		◦浜田国松	四、一四三	国
		◦川崎克	三、一三〇	中
		◦加賀卯之助	二、八四〇	同
		◦辻寛	二、七五三	〃
		川村嘩	二、三四三	政
		横山正四郎	一、九三一	
		仁保亀松	一、六九八	
		野村甲子郎	八一〇	同
		その他	三九八	

第13回総選挙（一九一七年（大正六）四月二十日）

郡部	7	◦天春文衛	五、八一〇	政
		◦尾崎行雄	五、二五三	憲
		◦浜田国松	四、四六八	国
		◦小林嘉平治	四、四二九	憲
		◦佃安之丞	四、〇五〇	
		◦堀川美哉	三、六七七	国
		◦川崎克	三、六三〇	憲
		加賀卯之吉	二、九五一	〃
		辻寛	二、七三一	〃
		大角桂巌	六三四	
		その他	八七	

III・小選挙区時代（一九一九年（大正八）選挙法）

第14回総選挙（一九二〇年（大正九）五月十日）

第8区 度会郡 志摩郡	1	◦尾崎行雄	六、三五四	憲政
		その他	九四	

第15回総選挙（一九二四年（大正十三）五月十日）

第8区 度会郡 志摩郡	1	◦尾崎行雄	六、六二一	革新
		岸本康通	三、二七八	
		その他	一八	

Ⅳ・中選挙区（男子普通選挙）時代（一九二五年（大正十四）選挙法）

第16回総選挙（一九二八年（昭和三）二月二十日）

第2区 宇治山田市 飯南郡 多気郡 度会郡 志摩郡 北牟婁郡 南牟婁郡	4	◦池田敬八	二〇、九五九	民政	新
		◦尾崎行雄	一九、〇七〇	中立	前
		◦浜田国松	一三、二五九	政友	〃
		◦岸本康通	一〇、七一八	中立	新
		安保庸三	一〇、〇八六	政友	前
		河谷秀夫	三、〇八九	労農	新

第17回総選挙（一九三〇年（昭和五）二月二十日）

第2区 宇治山田市 飯南郡 多気郡 度会郡 志摩郡 北牟婁郡 南牟婁郡	4	◦尾崎行雄	一八、四一四	中立	前
		◦浜田国松	一三、九一九	政友	〃
		◦牛場清次郎	一三、八二六	民政	新
		◦池田敬八	一三、五一五	〃	前
		角源泉	一一、一三一	〃	新
		岸本康通	九、〇一三	政友	前
		上田音市	二、九九二	地無	新
		楠多一	一、五〇四	中立	〃
		堀田馨一	一、三二九	社民	〃

第18回総選挙（一九三二年（昭和七）二月二十日）

選挙区	定数	候補者	得票数	党派	新旧
第2区 宇治山田市 飯南郡 多気郡 度会郡 志摩郡 北牟婁郡 南牟婁郡	4	○浜田国松	一九、九六〇	政友	前
		○尾崎行雄	一五、三三四	中立	〃
		○後藤脩	一五、〇九三	政友	新
		○池田敬八	一一、〇一三	民政	前
		牛場清次郎	九、七五四	〃	〃
		長井源	八、九二二	〃	新

第19回総選挙（一九三六年（昭和十一）二月二十日）

選挙区	定数	候補者	得票数	党派	新旧
第2区 宇治山田市 飯南郡 多気郡 度会郡 志摩郡 北牟婁郡 南牟婁郡	4	○尾崎行雄	二三、五九八	中立	前
		○長井源	一七、八四七	民政	新
		○浜田国松	一三、八〇四	政友	前
		○角源泉	一三、二四三	民政	新
		浜地文平	一〇、三九三	政友	〃
		石原円吉	七、三三三	〃	〃
		別当好平	三、〇九七	〃	〃

第20回総選挙（一九三七年（昭和十二）四月三十日）

第2区 宇治山田市 飯南郡 多気郡 度会郡 志摩郡 北牟婁郡 南牟婁郡	4	○尾崎行雄	一九、九七一	中立	前
		○浜地文平	一五、六五八	政友	新
		○長井源	一三、三七〇	民政	前
		○浜田国松	一三、〇一二	政友	〃
		角田源泉	一〇、〇五六	民政	〃
		田村伶	七、九六八	政友	新
		別当好平	一、五八五	〃	〃

第21回総選挙（一九四二年（昭和十七）四月三十日）

第2区 宇治山田市 飯南郡 多気郡 度会郡 志摩郡 北牟婁郡 南牟婁郡	4	○浜地文平	二一、二七〇	翼協推（旧政友）	前
		○田村伶	一四、五五七	〃	新
		○尾崎行雄	一四、五二五	無所属（中立）	前
		○長井源	一三、六三〇	無所属（旧民政）	新
		石原円吉	一〇、四七七	無所属（旧民政）	〃
		南岩男	九、七三七	翼協推（中立）	〃
		加藤松之助	八一六	無所属（旧養正）	〃

V・戦後時代（一九四五年（昭和二十）選挙法、一九四七年（昭和二十二）選挙法）

第22回総選挙（一九四六年（昭和二十一）四月十日）

婦人参政権

9

○尾崎行雄	一六三、〇八四	男	八八	無	前	無職
○伊藤幸太郎	一〇四、四四九	〃	六〇	〃	新	国民学校長
○長井源	四三、三六〇	〃	五三	進	前	弁護士
○九鬼紋十郎	四一、八七四	〃	四五	〃	新	九鬼産業事業主
○川崎秀二	四〇、六七二	〃	三六	〃	〃	著述業
○沢田ひさ	三九、〇八五	女	五〇	社	〃	無職
○松田正一	三八、七五四	男	六三	進	前	会社重役
○石原円吉	三六、五三五	〃	七〇	自	新	会社員
○田中久雄	三五、七一八	〃	四二	諸	〃	無職
水谷昇	三五、三八八	〃	五一	自	〃	会社社長
足立梅市	三一、二七八	〃	四六	社	〃	弁護士
田山八十吉	二八、六六三	〃	六五	進	〃	会社重役
中村菊男	二六、七八四	〃	三八	無	〃	慶應義塾大学助教授
増田亮一	二五、三八一	〃	四七	自	〃	農業兼著述業
西村美樹	二三、六〇八	〃	五八	共	〃	弁護士
永井久兵衛	一九、八〇三	〃	四九	諸	〃	新聞販売業
丸岡尚	一八、三四〇	〃	三八	社	〃	会社社長
柴山昇	一八、一七三	〃	五四	無	〃	無職
田畑盤門	一七、六三八	〃	四八	〃	〃	著述業

横山高雄	一五、一一五	〃	四〇	自	〃	会社重役
東善二	一五、〇二二	〃	五三	進	〃	農業
森岡三八	一四、六五三	〃	五四	無	〃	弁護士
鈴木参治	一四、五五五	〃	四九	社	〃	女子商業学校長
木村粂三	一四、四四八	〃	五六	諸	〃	株式会社桂屋商店顧問
田中佐武郎	一三、九二三	〃	四七	社	〃	農業
谷口秋市	一一、七三五	〃	三三	自	〃	新聞記者
藤井稔	一一、四七九	女	四〇	進	〃	医師
草深慶太郎	一〇、八〇七	男	五一	社	〃	三重化成会社社長
畑石治	一〇、二五六	〃	四六	〃	〃	新聞記者
政本祭	一〇、〇六四	〃	四六	〃	〃	医師
山崎市太郎	八、三四八	〃	四四	諸	〃	精米業
奥村教介	八、一一六	〃	五七	無	〃	宗教教師
山川喜蔵	七、七八七	〃	五三	〃	〃	繊維業
小野市太郎	六、八四六	〃	五七	自	〃	化粧品製造業
坂義一	六、五八〇	〃	七一	社	〃	養鶏業
吉田政	六、五二一	〃	六三	自	〃	農業
国府重周	六、五〇八	〃	六一	無	〃	鉱業
井口延次郎	六、四九一	〃	六五	自	〃	無職
小坂八郎	四、六七三	〃	五三	無	〃	製紙会社社長
渡辺勝	四、六〇九	〃	二七	〃	〃	近畿日本鉄道株式会社社員
内田寅市	四、五八一	〃	四五	〃	〃	会社社長
青山樹左郎	三、三八九	〃	五六	自	〃	弁護士
本庄修	三、二一七	〃	三三	無	〃	無職

		加藤松之助	一、八九六	〃	四〇	諸	〃	〃
		藤岡栄三郎	一、五七三	〃	四〇	〃	〃	〃
		松井覚次郎	一、三九八	〃	四八	〃	〃	農業
		中村久次郎	一、二四五	〃	三三	無	〃	町村長会主事
		北沢謙吉	八三三	〃	四八	〃	〃	農業
		高山庄五郎	三三〇	〃	五九	〃	〃	畳職

第23回総選挙（一九四七年（昭和二十二）四月二十五日）

第2区 宇治山田市 松阪市 飯南郡 多気郡 度会郡 志摩郡 北牟婁郡 南牟婁郡	4	○尾崎行雄	五七、八〇〇	男	八九	無	前	無職
		○足立梅市	四一、八八三	〃	四七	社	新	弁護士
		○石原円吉	二九、九四四	〃	七一	自	前	水産業会会長
		○生悦住貞太郎	一四、五八七	〃	五〇	民	新	会社重役
		西島好夫	一四、四二〇	〃	三九	無	〃	無職
		森岡三八	一四、〇九五	〃	五五	民	〃	弁護士
		田畑いずほ	九、七一四	〃	三三	〃	〃	昭和学園長
		名古楠郎	八、一四〇	〃	五四	無	〃	地方教官・国民学校長
		遠藤陽之助	八、〇七八	〃	三七	共	〃	日本農業組合三重県連合会
		藤井トシ	六、三五四	女	四五	民	〃	医師
		伊東慧岳	二、九六七	男	四八	無	〃	僧侶
		小川濬治	一、四一一	〃	六三	自	〃	農業

第24回総選挙（一九四九年（昭和二十四）一月二十三日）

第2区	4							
宇治山田市		。中村　清	五〇、五〇二	男	四七	民自	新	無職
松阪市		。尾崎行雄	三四、四九五	〃	九一	無	前	著述業
飯南郡		。石原円吉	二七、三四五	〃	三七	民自	〃	三重県水産業会会長
多気郡		。足立梅市	二六、六三七	〃	四九	社会	〃	弁護士
度会郡		生悦住貞太郎	二三、一四八	〃	五三	民主	〃	会社重役
志摩郡		西島好夫	二一、三九九	〃	四一	〃	新	会社社長
北牟婁郡		田畑いずほ	一八、四九四	〃	三七	民自	〃	著述業
南牟婁郡		梶田茂穂	一六、三三四	〃	四三	共産	〃	〃
		森岡三八	一三、四八〇	〃	五七	民主	〃	弁護士

第25回総選挙（一九五二年（昭和二十七）十月一日）

第2区	4							
宇治山田市		。浜地文平	三五、四七八	男	五九	自	元	日本企業顧問
松阪市		。長井　源	三五、四二五	〃	五八	改	〃	弁護士・党中央常任委員・県支部顧問
飯南郡		。尾崎行雄	三四、八八八	〃	九三	無	前	元文相
多気郡		。生悦住貞太郎	三〇、七八二	〃	五四	改	元	大阪特殊鉄鋼社長・党中央委員
度会郡		橋本清吉	三〇、一七三	〃	五四	無	新	無職
志摩郡		中村　清	三〇、〇一九	〃	四九	自	前	東邦物産顧問
北牟婁郡		田中幾三郎	二七、八〇一	〃	五五	社(右)	新	東京地方調停委員・東京弁護士会委員
南牟婁郡		石原円吉	二五、二七二	〃	七四	自	前	石原鉱業社長・県漁連会長
		足立梅市	一九、九三四	〃	五一	諸	〃	弁護士・日本平和委員会常任委員

第26回総選挙（一九五三年（昭和二十八）四月十九日）

選挙区	定数	氏名	得票数	性別	年齢	党派	新旧	職業
第2区 宇治山田市 松阪市 飯南郡 多気郡 度会郡 志摩郡 北牟婁郡 南牟婁郡	4	◦中村清	四九、八二三	男	四九	自由(吉)	元	会社重役
		◦橋本清吉	四三、一八六	〃	五四	改進	新	会社顧問
		◦浜地文平	三三、二五三	〃	六〇	自由(鳩)	前	会社社長
		◦田中幾三郎	三三、〇四二	〃	五六	社会(右)	新	弁護士
		長井源	三三、六八四	〃	五八	改進	前	〃
		尾崎行雄	二七、〇二一	〃	九三	無	〃	著述業
		田村元	二三、六三〇	〃	二八	〃	新	会社員
		足立梅市	一六、一五〇	〃	五三	社会党再建全国連合会	元	弁護士
		西村勝	五、〇四七	〃	四五	社会(左)	新	無職

2　尾崎行雄の「標準」

自他の幸福を増すことは善事、これを減らすことは悪事なり。

（神奈川県津久井町の尾崎咢堂記念館にこの碑が建てられている）

3　咢堂五訓

一、人生の過去は予備であり、本舞台は未来にあり
二、すべての虚偽を廃し、科学的な合理主義を第一として判断し行動せよ
三、すべての問題は、力闘によらず、理闘によって解決せよ
四、世人の幸福を増す言行はみな善事なり、これを減らす言行はみな悪事なり
五、戦争の絶滅を期し、世界連邦の設立に協力せよ

4　尾崎行雄の選挙広報

第一回総選挙（一八九〇年七月）

謹啓。僕一たび本区の国会議員候補者と為ってより、書を寄せ門を叩いて、僕が主義及び履歴を問うもの多し。政治主義の如きは、諸君の質問なきも、僕自ら進んで之れを説明せんと欲す。独り履歴に至りては、未だ一事の説くに足る者あらず。かつて一たび政府に出仕すと雖も、在職僅かに二ヵ月にして去り、かつて二たび海外に遊ぶと雖も、知見別に増加する所なくして帰る。其の他の月日は皆な学舎と新聞社とに在って、之れを銷過せり。故に徒に憂時の涙有て、毫も献替の功なし。書を好んで読み文を属すと雖も、造詣未だ深からず。常に識者の笑いに遇わんことを怖る。這様の履歴何ぞ以て諸君の耳目を汚すに足らんや。思うに少壮なること僕が如きは、既往の人にあらずして、将来の人なり。世に立つ十年、未だ事功の人に対して語るべきなしと雖も、顧みて将来に及べば、亦多少の企図なきにあらず、すなわちかつて朝野新聞紙上に提出せる政紀十条を付記して、諸君の採択に供す。是れ僕が懐抱する政治主義の一端なればなり。其の細目の如きは、別に説明書一巻あり。諸君もし一閲の労を恪むことなくんば、何の幸い之れに加えん。頓首再拝。

明治二十三年六月

尾崎行雄

三重県第五区選挙区選挙人御中

政紀十条

吾人の代議士が国会議場に立って親しく政務に参与するの期既に近きにあり。この時に当たり吾人は如何なる事物を以て我が代議士に望むべき乎。吾人予め意見を一定し、是れに基づいて国会議員の候補者を取捨するにあらずんば、選んで議員を出すものは其の的を達する能わず、選ばれて議員となるものも亦進退去就に苦しむべし。是れ余輩の自ら優劣を図らず政紀十条を掲げて天下の世論を問わんと欲する所以なり。

第一　国用節省
第二　地租軽減
第三　責任内閣
第四　国権回復
第五　学政改革
第六　地方自治
第七　登記法改正
第八　選挙権拡張
第九　選挙区拡張
第十　憲法実施

以上の十項目は余輩の認めて以て其の施設を今日に必要なりとする所のものたり。世間若し余輩と其の意見を同じうするものあらば、其の位置の如何を問わず、余輩はあい共に提携扶持して、右十項の趣意を国会の内外に主張せんと欲す。苟も其の実行を見るにあらずんば、余輩同志者は死すと雖も止まざるべし。而して余輩は世人に向って悉く之れに同意せられんとを求むるにあらず。十中の六七に同意して他の三四に反対するものは、余輩之れを認めて政友と見ん。十中六七以上に反対するものにあらずんば吾人は之れを認めて政敵となさず。請う試しに其の略を説かん。

第一　国用節省

今や徒費多端にして歳用貲られずと云うと雖も、今日の政務を施行するに於いて必ずしも今日の政費を要するにあらず。若し真に之れを節省せんと欲せば、決して其の方法なきを憂えず。事務少なくして官吏の多きと世間復た本邦の如きものある乎。社会生計の程度低くして官吏の俸給独り高きと世間復た本邦の如きものある乎。之れを欧米諸国に求むるに未だ其の比類あるを見ず。今本項の目的を達せんと欲せば（甲）官制改革、（乙）冗員沙汰、（丙）冗費節減、の三者を実行せざるべからず。その細目の如きは他日を待って之れを論述すべし。

第二　地租軽減

天下広しと雖も地租の重きこと復た本邦の如きはあらず。之れを支那トルコに比するも尚、二三倍の多きに及び、之れを英国に比すれば、殆ど三十倍の多きに及ぶ。我が農民の生計の困難にして地力の開発せざるも亦宜しからずや。而して既に国用を節省すれば他の租税を増加せずして地租を軽減することを得べし。他日国権を回復し我が海関税を増加するに至らば、地租軽減資金は益々増加すべし。

第三　責任内閣

民間日常の細事と雖も尚之れが責任を負うものなかるべからず。況んや国家の政務に於いておや。内閣若し一体となって之れが責めに任ぜずんば、万機の責任遂に天皇陛下に帰せざるを得ず。今国家のために計るに内閣をして責任を負わしむると陛下をして之れを負わしむると孰れか果たして利益なる。三尺の儒子と雖も尚容易に弁ずるを得べし。

第四　国権回復

本邦がそのまさに保有すべき位置と権利とを保有せざるは、独り欧米諸国に対してのみ然るにあらず。支那朝鮮の関係に於いても亦然るを見る。故に条約を改正して法税二権を回復するの必要なるは素より弁を待たず。支那朝鮮に対する条約書の如きも亦文面通りに之れを実行するを要す。苟も然らざる以上はたとえ欧米諸国に対して法税二権を回復するも、我が国権は未だ完全無欠なりと云うことを得ず。

第五　学政改革

上、帝国大学より下、小学校に至まで本邦今日の学政は未だ決して完全なりと云うべからず。且つ其の基礎未だ定まらずしてしばしば動揺し、ために弊害を国家後世に及ぼすや深し。而して教育は文明開発国勢進歩の基礎根源にして、是れより生ずる人民直接の利害も亦極めて大なり。故に熟考詳査の後充分に其の基礎を確定し、容易に変改すると能わざらしむるは国家の一大急務なり。

第六　地方自治

世の地方自治を論ずるもの、動もすれば其の形に泥んで其の実を問わず。欧米万里外の制度を移し来て直ちに之れを本邦に実施せんと欲す。余輩未だ其の可なる所以を知らざるなり。然れども既に市町村制度を実行せる以上は、未だ其の利害を実験するに暇あらずして、妄りに之れを変改するは非なり。故に成るべく市町村制度と齟齬せざる方法を以て郡府県の政務を改革し、之れをして益々自治の精神を近づかしめんとを期す。

第七　登記法改正

此の法の不便にして且つ煩雑なるや、之れを逃脱せんと欲するもの極めて多し。其の弊遂に登記法布かれて登記の実益々減ずるに至る。是れ豈に該法頒布の目的ならんや。其の大に改正せざるべからざると明けし。

第八　選挙権拡張

物賤しく、貨幣貴きの本邦に於いては、現行資格の貴きに過ぎるや必せり。其の漸次低減せざる可からざると論なきのみ。又年令制限の如きも亦之れを拡張するを要す。

第九　選挙区拡張

選挙区域狭小なれば、戸ごとに説いて選挙人を誘導することを得べし。故に賄賂恐喝の盛んに行わるるは、常に狭小なる選挙区にあり。而して凡そ代議政体の本旨に悖戻するもの、賄賂恐喝より大なるはなし。況んや区域広大なれば、人物を代議士に得るの便利も亦大に増加すべきに於いておや。

第十　憲法実施

是れ殆ど吾人の政紀中に置くに足らざるほどの条項なりと雖も、吾人尚之れを割愛すると能わざるは何ぞや。欧米立憲国と雖も尚時に或いは憲法の成文を実施せざるとあるを以てなり。而して裁判権を確立するが如き、言論集会の自由を許与するが如き、万種の法律みな之れを文面通りに実施し、内訓密令の類を以て之れを矯動せざるが如き、又保安条例を廃止するが如きは、憲法実施中の最も重要なるものとす。余輩は当局者の一日も早く之れを実施し、吾人同志者をして之れを唱えて国会開設後は及ぶの必要を見ざらしめんとを希望する。

右の十ヵ条は余輩の爾今以後公に私に絶えず之れを主張して遂に与論を動かすに至らんと欲する所のものたり。其の詳細なるは乞う之れを他日に論弁して江湖識者の教えを請わん。

この他、諸税則中多少の改正を要するもの少なからずと雖も、今世紀の大要を挙ぐるに於ては之れに論及するにいとまあらず。他日国会開設の後に至らば余輩は代議士諸君に向って、委員を設けて密かに之れを調査し、其の弊害あるものは、漸次之れを改良せられんとを勧告すべし。

第二〇回総選挙（一九三七年四月三十日）

選挙公報

三重県第二区選挙人諸君に告ぐ

昭和十二年四月十五日

尾崎行雄

私は又も同志諸君の御推薦に依って、衆議院議員候補者となりましたが、是れが二十回目であります。諸君も随分お厭きになりましたろうが、私も少し厭きもし、失望もして来ました。数十年間の尽力に依って、漸く藩閥政府を倒し、政党内閣の出来るまでに進歩しました所、近来の政党は漸次に行政部から駆逐せられ、四百名近くの議員を擁しながら、歴代の政府に盲従して、僅かに其の生命を保つようになりました。実以て残念至極な次第であります。此の頽勢を挽回する為には、私は死ぬまで働かなければならないと思うから、ここに再び候補者となって、諸君に見えるのであります。国家の大問題に関する私の意見は、第七十議会に於いて四回も述べて置きましたから、それは官報に就いて御読覧を願う事に致し、此処にはこの度の解散に関する事柄だけを少し記述して、御参考に供します。いつ迄もこんな茶番狂言を繰り返していると、我国の内治外交は、共に非常の窮地に陥り、御同様は安寧幸福に暮すことが出来なくなると思います。

第七十回議会解散の顚末

今回の解散は何のための解散か、私には少しも解らないが、恐らく閣員諸君にも解るまい。元来総選挙は、国家の重大事であって、其の費用も多大だが、精神的の労費は更に多大だ。全国人民が、真に国家と自己の生活とを認識するなら、七千万人中、丁年以上の者は、一人として総選挙を度外視するわけには行かない。国家の方針も、人民の生活の難易も、すべて総選挙の結果によって定まるのだから、確たる目的がなくて、軽率に行うべきではない。普通は、政府と衆議院と衝突した末、政府の力に勝つ見込みがある場合に於いてのみ之れを解散すべき筈のものである。即ち万機公論に決するための解散でなければならぬ。

国家の大事は総て公論に拠って決するのが、最も宜しい事だが、其の方法は総選挙以外にはない。言論を自由にし、投票の結果に待つのが、最も明確な方法であって、世界中の文明国は悉く之れを実行している。ところがこの度は政府と議会との間に何等の衝突もなかった。最も大切な二十八億円の予算案と数億円の増税案は、共に衆議院を通過した。即ち政府と議会は、時局の認識に於いて全く同一であった事の証拠がここに現われているのである。

実はこの大予算には種々の欠点がある。何故に二十八億円の予算を必要とするのか、其の原因については、議会は何等の研究をも為さず之れを鵜呑みにした。十二年度には使わない筈の四千余万円をそのまま削らずに存置するのは憲法違反の嫌いさえあるが、一片の警告だけで之れを通過した。故に其の結果から見れば「時局認識」に於いては、政府と衆議院の間には何等の差もなかったのだ。

解散の為せめては政府の寿命でも延びれば不都合ながらも、そこに多少の理由はあるが、事実は却って政府の寿命を縮める事になる。解散しなければ、次の議会に於いても多分政府に盲従するだろうと思われた所の両大政党も、之れがため反発して政府反対の決議をした。一方が敵となれば、他の一方が味方となりそうであった所の両大政党は、双方ともに政府の敵となってしまった。此の両大政党の地盤は、六十年来培養せられたものだから、二回や三回の解散で総崩れになろう筈がない。この度の総選挙においても三百名以上の絶対過半数を得、来たるべき臨時議会では、必ず政府に反対するだろう。その結果、政府は三四ヵ月で辞職せねばならなくなるであろう。よし再解散を奏請しても、政府の与党が多数になる気遣はない。辞職するより外は行く道はなかろう。されば何れの方向から見ても、この度の解散は全く無意味である。そのためでもあろうが、世間では之れを「食い逃げ解散」と言っておる。

政党の内部にも、新政党を作って政府の御味方をしたいと思っている者もあろうが、選挙前に発表すると、落選の危険が多くなるから、当選後、食い逃げをして政府党に走るかも知れない。似たもの夫婦の諺通り、政府は之れを歓迎するだろう。

かくて選挙人は、投票の入れ方がないから、止むなくほぼこの前の選挙のように入れるだろう。今回の総選挙は一年前の際とほぼ同様の国家内外の情勢であり、選挙人としては、国家のため投票の入れ方を改めねばならぬ必要を見出だすことは出来まい。前一年間に起った大事件は、二月二十六日の反乱と予算の大膨張と大増税との外にはない。二・二六事件は国情変化の結果ではなく、主として当局の取締りが不充分であった為に過ぎない。法律の命ずる通り、軍人の政治関与を禁じ、規律を厳重にして置けば、かかる事件の起ろう筈がない。されば此の事変を標準として投票の入れ方を改める事は出来ない。

之れに反して、予算の大膨張と租税の大増加については、大いに研究し、修正もしなければならぬ筈であったが、議員の大多数は、一議に及ばず之れに賛成した。その理由は、政府案が好いというより、寧ろ之れを研究し修正すれば、解散されるということを恐れた為のように見える。然るに鵜呑みにしても矢張り解散された。全く盲従の効果がなかった訳である。この点については両大政党も、又之れに投票を入れた選挙民も定めし不満であろうが、身から出た錆で今更どうすることも出来ない。

世の中には今回の解散を懲罰的解散という者があるが、実に心得違いの甚だしきものである。懲罰の目的は少数の悪人を罰して多数の人を戒めるにあるが、解散が若し懲罰であれば、全議員が懲罰されることになり、之れを選んだ全国人民も亦、政府の味方と敵たるとを問わず、総て懲罰される事になる。国民を懲罰するなどという事は、神仏でも行いにくい事柄である。況んや十人足らずの普通の政治家が、自分等より優った多数の人物を含む所の全国民を懲罰するが如きは、正気の沙汰とは思われない。懲罰を受けた議員中には、政府の味方もあれば、内閣大臣もある。自分達の敵を懲罰するなら、間違いながらも理解出来るが、同時に味方をも懲罰し、内閣大臣自身をも懲罰するとは何の事か解らない。之れを要するに何れの方面より見ても、今回の解散ほど不可解なものはない。然し両大政党を始め、之れに投票した選挙人も、こんな解散に出会っては、多分目が覚めるだろう。国家人民のために議案の善し悪しをも究めず、政府に盲従しても尚解散を免れ得なかった以上、今後は忠実にその職責を尽くすようになるかも知れぬ。

明治年間における衆議院の各派が、藩閥政府打倒のため、身命を擲って努力したと同様の働きを為せば、現在の状態を改善する事は不可能ではない。唯、両大政党が官職をあせったり、目前の無事を祈ったりするから、その頭数だけは増加しても、其の勢力は益々減縮して、遂に政党内閣の如きは夢にも見ることが出来ないような状態になったのだ。全く自ら招いた禍である。

選挙人諸氏も、こんな筈ではなかったかと、今更喫驚しているだろう。今回の総選挙を機として、政党関係のものは候補者も選挙人も、顔を洗って出直すべきであろう。

喜壽米壽
越へて白壽も近づきぬ
百年までは國に捧げん

第二十六回の總選擧に立候補するに當り選擧民の方に私しの決意を申述べます。

一、世界人類を滅亡より救ふ道は戰爭をなくすることである。力によらず智で世界秩序を樹てる道卽ち世界聯邦を建設したい。

一、日本の獨立は未だ完全でない國民の總力を擧げて復興に努力せねばならない今日徒らに私しの爭をする政黨は謹愼せねばならぬ。眞の民主政治を確立するため選擧を通じて政界を淨化する事である。

一、『戰に負けた國は勝つた國より疲弊しているから賠償金などとるべきでない。むしろその復興の援助をいたすべきである』このことを道義の上に於て世界の人々に訴へたい。

私しが唱へる事が實行せらるれば激動する世界情勢の中にあつて眞に世界より愛される日本が生れるであらふ。世界人類の人々が眞の文明を享樂出來る桃源境が現出せらるゝことゝ信ずる。

尾《オ》崎《ザキ》行《ユキ》雄《ヲ》

第26回総選挙（1953年 4 月19日）

5　尾崎行雄の政治に関する短歌

大正期

大君に捧げまつれる我が身なりいざ抛たん国民のため

議会にて

武士のまことの道を教えてん仇の病を祈るやからに

弾丸刃来て得もふれじふるるとも得も傷つけじ身の清
き為

五月雨のそぼふる窓に書みれば息ぞつかるる国の行末

不義と叫び不忠とぞ呼ぶ大君とみ民のためにあらがう
我を

人はみな戦の庭にきほふ世に筆を剣に代ふる人われ

五十年は仇にくらしつ今日よりは生まれがいある人と
ならまし

我れ逝かば誰か護らん憲法《のり》の道老ゆとも逝かじ人続く
まで

国のためわが幾度か責めし人辞すとし聞けば哀れにな
りぬ

我れ生れ始めて誇る心あり白刃の前に微笑みて居ぬ

塵の世の誇り栄えはみなすてて山に入らんと思ふ日も
あり

惜しからぬ生命なれども君故に長きを祈る擲《なげう》たんため

普通選挙の主張

国のため行くべき道の一筋を面《おもて》もふらず我れ進みゆく

与謝野晶子女史の心頭雑草を読みて

益良夫も遠く及ばじ国の為世の為運ぶ水茎の跡

異国《とつくに》の春の光を添えなむと寄せし桜の花この日咲く

今日とても我同胞をはげまして進まばなどて後れとるべき

いかにせば覚まし得べきぞ百年も世に後れたる国の熟睡《うまい》を

悟らざる民を諭すの甲斐なさは河原の石に道説くごとし

国民の掟定むる人かとよ酔てわめきぬ議事堂にて

大君の御言畏み憲法のこの大道を踏みな違へそ

投票も裏の畑の唐茄子も共に売るべきものと思えり

福沢先生遺墨に題す

隔ればいよよ高くも覚ゆなり優れたる人勝れたる山

天地を震い撼す魔力は人の心のまことなりけり

天地の正しき道をふみ行けば神も仏も我身なりけり

違憲問題のため憲政会より除名せられし折

鶏群をはなれて高く舞う田鶴も嬉しとのみは思わざらまし

片岡健吉君を偲びて

その像は花の吹雪の包めども心ありげに我を眺むる

天地の内に一人の我ありと夢みし頃の若かりしかな

大正十年

我が説きし如く来にけり世を挙げて夢と笑いし平和の
提議

またも来ぬ七十年のその後の夢をば破る音づれ

大いなる心の人よ我を思い我に代わりて死なんとぞ云
う

大隈重信侯逝去の折

百代の師と仰がるる君なれば死の面影も安げなるかな

此の人の為に死なんと幾度か昔思いき今さえも尚

山県公薨去の折

この民を我物のごと振舞いし人も逝きけり唯人の如

過激法案の通過を阻止して―大正十一年

強きもの常に勝つとし定まらば世は豺狼の棲家となら
ん

軍艦一つますごと二つ三つ敵を造らば危ふからずや

大阪公会堂の普選大会

溢れたる人幾万ぞ大阪の普選求むる人の集ひは

シベリア出兵の総勘定

六億の金三千の命をば捨てて買いつる国の恥これ

元老等の不心得を責めるとて

新しき人の心の流れをば老いの手もて堰んとやする

大正十二年九月一日関東大震災の折

大君の宮のあたりは事なしと聞きて思わず声を放ちぬ
新しく我も生れし心もて世には立たまし大地震《おおなみ》の後

大正十三年十二月十九日夜我を刺さんと欲して我宅を窺い居たる一青年の捕えられたるを聞きてよめる

老い朽ちて世に惜からぬ身とならば我を刺すべき人もあらじな
国のため我を刺さんと人ねらう活き甲斐のある生命なるべし
国のため命惜まぬ誠あらば我を刺すてふ人も貴し

大正十三年十二月二十五日暴徒一三名我が家に乱入したる折よめる

大御代につくす誠はひとしきを知らでや人の我に仇する

大正十三年歳末所感

時し得ば我は五州の民草を救わんものと夢みたりしが
政事しげきがなかにおのづからすぐれたまへる大御歌かな

普選案通過の日

年長く吹きつる笛の甲斐ありて今日うれしくも踊る若人
我庭をわが掃く如く人の世を掃い清めん術もあれかし
世の眠り人の惑いを諫めんとまだきに起きて今日も書《ふみ》かく
自動車をさかしまにして今日こえし評議峠と似たる我が道

加藤首相の訃音

悲しくも避けがたしとは知りつれど逝くとし聞いて驚きにけり

旅行中婦人読本著述の腹案を練りつつ

国民の半ばを占むる女らの人となるべき道を我説く

大正天皇崩御

大君は今日こそ安くましまさめ富士にかがやふ朝日麗わし

大方に年の暮るるは淋しきを大君の喪に歳くれて行く

昭和戦前期

新たなる春の初めに大君の御浜清めて今日も暮らしつ

大正天皇御大葬の御供しける折

寒き夜の土に座りて御柩を送りまつれる千万の人

大海の船の如くにゆるる汽車これさえ国の姿なるべし

手弱女が鋤鍬とりて牛馬の務めに代るお国なるかな

亡ぶべきアイヌの国に来てぞ思う我が民草の行末の道

七十路を越えて初めて家を為す世のため常にさまよいし身は

九条武子夫人重病ついで逝去の報に接して

君一人去りて淋しき世のさまは月のなき空花のなき国

世を挙げて我を罵る今日なれど花のみ独り我を稿ふ

四つの国巡り巡りて思うかなわが道遠しわが日暮れなん

経済的国難に関する質問書提出の時

命もて書ける文なり等閑によみな過ぐしそ世を思う人

大君の御楯たるべき若人を罪してあらぬ方に行かしむ

大御代に生くる限りは仕えんと老を忘れて欧羅巴行く

今日わたる太平洋は和《な》ぎたれどくもり勝ちなりふるさとの空

Imperial Valley にて講演せし時

日の本の人あまたありメキシコも遠き国とは覚えざるかな

国民を救うすべなき身を忘れ天を恨みぬ人を咎めぬ

危うきを救う能わず苦しくも御国のさまを遠きより見る

犬養木堂の横死を聞きて

我が友の殺されたるを夢として聞かんと祈り真《まこと》かと問う

犬養木堂の横死に関する余感

大君の重き職司《つかさ》をみだりにも殺して好しと思う軍人

たのぶべき国の柱の少なきに親しき友の又も殺さる

夏の夜も夢成り難し身を恨み国を憂えて心冴えつつ

満州をまこと命と思いなばそら言をすな天つ日のもと

いくさ人　恣《ほしいまま》　なりひんがしのお国のひかり曇る日のきぬ

幾度も言わじとしつるわれなれど止みがたくして又も筆とる

五千年ここに黙せるスフィンクス一言放て今の世のため

友人某氏が暗殺扇動の檄文を持参しける折

御民らの活くべき道を述べつれば人あやまちて国賊と呼ぶ

寝もやらで国の行方を思う身にやがて白みぬ夏の短夜

五・一五事件の論告と被告らの陳述を読みて

事遂げて忽ち清く腹切らば後の国人あわれとも見ん

国防のためとし云えど限りなく敵《かたき》作らば甲斐なかるらん

一夜西園寺公訪い来て、余が聾にして世上の惨状を聞く能わざるを羨む旨を縷説せるを夢む

奇しき人夢に入り来てもの云いぬ国の行く手に思い悩むと

東郷元帥の薨去を聞きて

亡きのちもいさをは朽ちず地のかぎり世の末にまで人の伝えん

東郷元帥の葬儀に列して

国葬に三度会えどもわが涙今日いと繁し君を惜しめば

玉串を捧げてしばし去りがたきここちに立ちぬみ棺の前

売家と唐様に書くことわざも知らざるごとく驕る国びと

過去はみな未来の業の備えぞと知れば貴し善きも悪しきも

昨日まで経験《ためせ》る事も見し事も明日往く道のしるしなる

べし

老いの日の短き事は来し方に学べる道の長かりしため

去年よりも今年は増して尽くし得ん又一と年の知識積れり

寇《あだ》防ぐ力ますとも其寇をふやさば国の危うかるべし

昭和十年

英米をともに敵とし戦いを開ける夢に心をののく

普選の実施とその後の経過を見て

敗れても撓まざりける甲斐ありて貧しき者の勝つ世となりぬ

勝つ力もちつつ尚もひれ伏すか哀れなる群いつ悟らん

衆議院が満場一致で余が功労顕彰の決議を為せる折

四十年に余る勲を認めてか敵も味方も今日は額ずく

政友、民政、其の他の議員等、美濃部博士の天皇機関説を非難し、政府に向て其の処分を求む

己が責忘れやしけん省みず他人《ひと》を咎むるをこのしれもの

余等が衆議院において表彰されたるを祝するとて、官民合同祝賀会を東京会館に開ける折

喜びをそえる心か幾百の人のつどいて盃を挙ぐ

国の為時に為すなる我が獅子吼この滝つ瀬の声と何れぞ

所謂中堅将校なる者の会合及び謀議に関する情報を読みて

大君の御胸に銃をつきつけて御沙汰乞わんと説くもの

もあり

レニンらが踏みける道を学び来てすめら御国に施さんとす

英京軍縮会議より脱退の報に接して

予期の如会議を終えて軍さ人独りほほえむ世とはなりぬる

ロンドンの会議も予期の如く終え更に御国を孤立せしめぬ

両大政党の選挙民に告ぐる意見書を読みて

水はみな軍さの庭に漕ぎつつ尚民草を活かさんという

粛選の終われば雪のふりいでぬ清きを競う天の心か

2・26事件につきて

大君の手足もぎ取りたよるべき人なき御代となさんとはする

大君の御楯たるべき軍さ人国の礎《いしずえ》打ち毀しつつ

広田弘毅氏の組閣について

陸軍と云える魔力《まちから》あれすさび勅《みことのり》だにかいもあらじな

一歩譲り二歩退きて反軍に降るが如き姿なりけり

帝国議会開院式の勅語中に二・二六事件に言及し玉えるを畏れ多く思い侍りて

僻事の度重なれば大君の悩ませたもう色もしるけし

昭和十一年二月十日、与謝野女史及び門弟二〇人ばかりを風雲閣に迎えて

雲霧をへだてて花を眺むるに聊か似たりこのごろの世は

幕末の世にも均しき今日のさま誰か救わん我ならずして

愛国の心持ちつつ亡国の道を進むか痴人の群

帝国議会開院式の折、次期より新議事堂に移る予定

物言わぬ家にもわかれ惜まれぬわが一生の戦いの跡

5・15事件の陸軍軍人は満期出獄

反乱を企つごとに軍閥の力いや増すことわりなしに

殺されし家の涙はまだ乾かぬに殺せし人は既に放たる

日支の関係を憂えて

目ざめなば強さも得まし富みもせんゆめ侮るな四億の民を

粛軍は謝罪の一端《はし》と思いつれ誇りがに説くかの軍さ人

新議事堂にて

めでたかる此の議事堂にふさわしき議員を得るはいつの代ならん

憲政の為としあらば此堂を枕となして討死もよし

独裁政治を排撃せる余が小冊子の発売頒布を禁止せしかば

危機と云う笛に踊れば増税の幕開くとも知らぬ痴人

大君を思う心の一すじに直くし説けば怒る司ら

昭和戦中期（一九三七年日中戦争以後）

天機奉伺のため参内したる折

憲政の危機に臨みて議員らは震えおののき言挙もせず

御園生の梅はわりなし大君の深き悩みも知らで薫れる

辞世を懐にして軍部を攻撃す

正成が陣に臨める心もて我は立つなり演壇の上

大君も聞こしめせかし命にも代へて今日なす我言あげを

身をすてて国救わんと思うにぞ老も忘れて演壇に立つ

長らえし甲斐ぞありける大君の御楯となりて命すてんは

国のため命すてんと定めしは幾度なりし一人指折る

一つよりあらぬ命を幾度か棄てて尚活く恵まれし身か

死ぬ事の覚悟をすれば怖るべきものなくなりぬ弱き此の身も

都度都度に辞世よみしが尚死なず恵まれし身か呪われし身か

大君を思う余りにあらがえば不敬の罪に問わんとはする

刺されざる内に見んとて来しと云い高く笑いぬ蘇峰学人

大命を阻止せる人を責めずして之れを咎むる我を責むるか

林内閣の衆議院解散

食い逃げの客の管まく春の宵長閑ならずや月おぼろにて

政民両党の七十議会における行動

数頼み横に車を推し行きて身を亡ぼしぬ車と共に

林内閣総辞職について

国賓と呼ぶは嘲る心かも我が言挙げにうなづきもせで

解散を請わで進まばあえぎつつ丑の年をば過ぐべかりけん

戦いを好まぬ我も信濃より登院ぞする協賛のため

軽井沢より参内す

大君の深き憂いを分たんとまだきに起きて参内ぞするるか

支那の戦場を思いて

血の川も屍の山も照らすらん妙高山に冴ゆる月影

憲政を布かせ玉いて五十年を経れど悟らず其の恩沢を知りがたし

ドイツによりて国体を護らんとする人の心は

黙しなば安からましを道のため弱きを援け危うき踏む

米国バーネット少将夫人よりポトマック河畔の桜の花片と河水を送られしかば

桜さくポトマク河の清き水送り来にけり歌を書けとや

幾千里へだたる河の水をもて歌書きやりぬ贈りし友に

除州落つされど平和は尚遠し不死身の如き対手国とて

勝つことは知れども勝ちし後のこと知らで勇める人多くして

血に泳ぐ御軍人を思うかな赤城のつつじ見るにつけても

偶々感ずることありて

見苦しき幹にさくなるサボテンの花にも似たる我身ならぬか

伊太利や独逸の国の今日の状《さま》わが北条の代にも酷似す

新聞記事をよみて

何事も知らさず民を欺きて世を暗くするかのやからかな

国民の耳目をふさぎ筆舌を禁じて我意を募る官僚

日独協定について

かかることあらんを兼てわれ知りて無頼と結ぶことを
咎めぬ

浜田国松君の訃音に接して

敵となり味方となりて幾十年共に尽くせし君先に行く

米人ボラー氏の訃音に接して

軍縮をともに唱えて西東心許せる人逝きにけり

書を焼き儒を坑にせる古を今に返して御代を汚すか

ヒトラーをくびり殺せる夢を見ぬ殺すを嫌う我が性《さが》に
似ず

陸軍が、前年は宇垣内閣の成立を妨げ、今また阿部、
米内両内閣を倒せるを見てよめる

かくまでも陛下の御稜威汚しつつ尚も忠義を軍人の説
く

蔣介石は依然としてその地位を保てるに、支那事変
以後、我が内閣は四度替われり

敗れても蔣介石は依然たり勝てど倒るるあわれ内閣

何故に捨つる命と知らずして戦に臨む人ばかりなり

明治こそ建国以来類いなく栄えし御代とさえ知らぬか
な

弱くと正しき方に与みするを大和心というべかりけり

日独伊三国同盟の報に接して

善悪を問わで勝負を問う国とついに結びぬ同盟の約

懲りずまに又も踊りぬヒトラーが吹く笛の音に心狂い
て

憲政五十年式典に臨みて

五十年祝う心か葬式かわれに分かねば天に問わまし

西園寺公の訃音に接して

人の世の高く楽しき事は皆知りて逝きます九十二の秋

惜しからぬ命長らえ国民の落ちつく先を見届けて死なん

国民の落行く先の思われて冬の長夜もめざめがちなり

政党は我が説けるごと自殺せり憲政もまた殉死するらし

この日、米国との衝突を予防するため極論せんと欲して登院せるが果たさざりき

この日われ血祭りになる覚悟にて言挙せんとせしが果たさず

議員中翼賛会の使用人となれるものあるを嘆きて

最高《いと》き立法府員の身を忘れ他所なる人の命令を受けるとか

このままに行きて独伊が敗れなば我大君を如何にせんとか

依らしめて知らしめざるを好しとする人の招ける今日の国難

昭和十六年二月二十八日、三度決死して登院せるがまたまた敵と友とに妨げられて演説すること能わず

今日こそは捨てる覚悟の我生命あわれかいなし拾いて帰る

敗れなばヒ氏とム氏とは自殺せん我大君はいかがしたまう

天祐は又も来れり独露戦ふたたび之れを逆に受くるか

大島大使がヴェルサイユ条約を痛罵する記事を読み

て

ヴェルサイユの約を罵る其事を懺悔の道と知るか大島

支那事変四周年にあたり、軍部が発表したる敵の死傷者及捕虜等の報告を見て

五ヵ年に三百万の人命をたちてかち得しものは何物

共栄と口には云えどわが国の今行く道は共倒の道

さびれ行く事も知らで国民は今行く道を興亜とぞ云う

上下の秩序乱れて権力の所在もわかぬ国となりけり

武士道は地にや落ちけん国難を招ける人の切腹もせぬ

反軍と世に捨てらるる思想こそ国民救う基とは知れ

国難は天より降るか地より湧くか其責を負う人のあら

なく

共栄の夢に耽りし人も亦国難を説く世とはなりけり

英米の方へ支那をば駆り立てて興亜と称し共栄という

我が説ける国難は来ぬ世を挙げて共栄の夢さめやらぬ時

重臣の数はもろ手に余れども国に殉ずる人一人なし

重臣と呼ぶも忌わし秋風にちりしく葉より尚軽くして

衰亡の道たどりつつなお説きぬ東亜の盟主八紘一宇

帝国が露支英米と和親せねば全世界をも救い得べきを

英米の傲れる隙に打ち込みて勝を制せしいさをしにし

て

帝国議会の開院式に竜顔を拝し奉りて

御けしきのいと麗しく拝まれぬ独り社稷を憂いたまうに

真珠湾奇襲攻撃の成功に戒めて

桶狭間の奇勝に傲り本能寺の奇禍を招ける人な忘れそ

さなきだに狂えるものを海陸の勝ちに傲りて更に狂うか

昨日まで国難来ると叫びしを今日は忘れて勝鬨に酔う

戦勝に直ちにつづく軍政の負けず劣らず見事なれかし

循環の理法もあらん日英の栄枯盛衰さかしまになる

聞くだにも畏れおののく罪名を我に負わせぬ司直の臣ら

勅許《みゆるし》も請わず我身を拘禁す朝威を汚すしわざならずや

いわれなく我を捕えて拘禁し又いわれなく釈放したり

獄吏が、我を優遇せしを誇れりと云うを聞きて

建物のつづかん限り此の部屋は国宝のごと伝えらるべし

罪なくて獄舎に一夜明かしつつ国の行末思う我かな

刑前の身にはあれども温かき人の情けに瑤台《ようたい》に臥す

旭さす湯船のなかに浸りつつ霊までも洗い清めし

予審判事の公訴状を受領せる折

五十年わが忠節を抹消す言葉の末を咎め立てして

不敬罪の嫌疑を受けて

父母の外には聞かぬ言の葉を今日耳にしぬ裁きの庭に

罪人を多くつくるを勲功と思うとおぼしき法の人々

勝敗にもとづく平和条約は目先ばかりの休戦にして

大神の冥助をいのる大君の大御心を知る人もなし

大君をこの窮境に落としたる人はなお活く恬然として

昭和十七年十二月二十一日、不敬罪の宣告を受けて

火災に遇うて家の宝はみな焼かれ今日は奪わる位階勲等

連合艦隊司令長官山本五十六大将戦死の報に接して

奇勝あり奇禍もあるべき理は兼て知りしが悲しみに耐えず

人はみな死ぬる運命《さだめ》の身なれど君が死にばえめでたかりけり

君が捨てし生命一つは千万の生霊よりも貴かりける

アッツ島の悲報に接して

守るべき道を講ぜず盲進し御楯三千を犠牲としたり

伊国の政変を聞きし日に

人と物共に缺けつつ進むべき道の絶えしか哀れイタリア

中野正剛君の自殺を聞きて。是れより先小野塚博士は貴族院議員を辞せりと聞きしかば

友二人一人は辞職他は自殺遺されし我如何せよとや

再び中野正剛氏の自殺について

日毎逝く千万人に流さざる涙なれども君ゆえに泣く

勝つとても後を善くする道なくばかいなく捨てし命とぞならん

始めて伊国降伏の報に接して

杞憂ぞと嘲けられたる我が思い顕現《うつ》し来れる今日の悲しさ

身を捨てて君と民とに謝罪《わび》むより外に道なき身とは知らずや

心ある人誰人か眠りえんイタリヤ降る秋の幾夜を

言葉まで禽獣《けもの》に倣う世となりて食うか食われるかなどと唱える

死ぬことを栄ゆる道と思う人地獄の鬼の荷担人《かたうど》となれ

戦艦は二た年にして浮かべども戦士は要す十倍の年月《とし》

満州に事を起こせしその日より憂いし事の遂に来るらし

伊が踏みて独の倣える覇道こそ我が満州に創めたる道

連盟の理想をたどり獣力を抑ゆる外にいきる道なし

理りに依らで勝ち負け定むるは獣の道と知るや世の人

決戦という年迎え思うかな詰手知らで将棋さす人

凱歌《かちどき》の声に浮かれて踊る間に活き行く道の辛くなりゆく

昭和十九年七月二十七日、大審院より、余の不敬問題につき無罪の判決を受けて

有罪も無罪も我を高下せず我名節に関係《かかわり》もなし

直き道直くも踏みぬ法《のり》の司我も祝わん御国のために

すめらぎの道はくもらずしかすがに砲煙弾雨血河の世にも

世を救う道は知らねど人説かず国策違犯の罪を怖れて

総統を殺して国を救わんとたくらめる人は元帥大将

萩さきて今年も半ば過ぎにけり御国を救う道も得立てず

矛とらぬ手弱女までも幼児も自害せしめぬサイパンの将

大君はいかに淋しく聞きまさん逃げつつ揚げる撃滅の声

重臣会議について

国を挙げ一つとなして進む世に貴衆二院の議長あづからず

新内閣について

国難を重ねる外に知らぬ人列びたり新内閣も

伊は降り独は破れて英米露制覇の時を思え世の人

其の敵と結べるなればソ連とて我に好意を寄する筈なし

挺身隊に関する大本営の報告及び其の他の記事をよみて

若人は先を争い死地に就く死にがいのある世となすは誰れ

「共栄」の笛はいつしか「興亡」の警鐘となり国民の

泣く

小磯内閣総辞職の報に接して

その生命続かん限り職責を尽くすことさえ知らぬ大臣

全世界を水火の裡に投げ込みしヒトラー、ムソリニ共に殺さる

ソ連と結び、英米に当らんと欲する廟議あるを聞き

皇族を殺し尽くしてあき足らず天帝をさえ亡ぼせる国

勝つ道の絶たる後の犠牲は国を亡ぼすもとと知らずや

戦場に斃るる人の数よりも飢餓に死ぬる人多からんとす

勝つ道のなきを知りつつ傲語する大臣の罪は亡国の罪

大君の御身に戦禍の及びなば如何にせんとや側近の人

皇統のつきせぬかぎり屈辱を忍びて活きよ弱き若人

人力の限り尽くし道つきて降るこれまた武士道と知れ

特攻隊員を憐れみて

勝算のなきを知りつつ若人をオダテ欺き犬死をさす

昭和戦後期

降伏発表

五十年に積みし明治の大御業今日一日に消え失せにけり

ためす日は遂に来れりあな哀れ天下無双の大和だましい

降伏後、往時を回顧してよめる

新しき世につくすべき天職のわが上にある身と思うべし

民主主義の世となりて

我が思い報いはすれど外国《とつくに》の力に因るぞ悲しかりけり

国という魔物なおあり天地を我物顔に振舞うぞ憂き

全世界一家の如きせまき世に独り栄ゆる道のあらんや

時は来ぬ世界連邦打ち建てて五洲の民を救うべき時

八十八の誕生日にあたり岩波茂雄氏より「おん命なお長かれと祈るなり生きがいのある世となりぬれば」とありければ

生きがいもあらぬ身なれど長らえん世に逆らいて世を救うべく

憲政の神と呼ばれてつぶやきぬ神より貴き我と知らずや

神々と民といづれを君はとる神国降り民国は勝つ

国という魔物のありて千万の人の命ぞすてられにける

攻防の権を捨つれば国の名はムサシ、サガミと同じかるべし

天地の内に最も貴きは神にはあらず人にぞありける

世を救い人活かす道一つあり世界にわたる廃藩置県

飢え凍え住むに家なき神の国人の傲りしたたりなるらん

人殺し強奪までもあなかしこ国のためには聖業となる

迷信と虚偽を教うる教え草刈りつくさばや国民のため

世情の変遷を嘲りて

昨日まで我を罵り嘲りし人今日は来て我をおろがむ

降伏の恥も忘れてひたすらに私党の私利を図る群かな

農村の青年

忠君や愛国などはうわのそらドブロク飲んでバクチをばする

乱れ行く国の姿を見かねはやまだきに起きて又も旅立つ

おのがじしその幸福をましゆかば国は栄えん民安からん

雨風のあれ狂う日の祝い事国の行末のしるしとや見ん

平和会議は、強弱勝敗を主とせず、正邪曲直を主として進行せざる可らずと云う意見提出に際してよむ

けものにも似たる戦闘の後始末人のふむべき道な忘れそ

昨日まで鬼畜といいて罵れる敵にへつらう大和ますら夫

大君の譲りたまえる御大権挙国拝受す醜業婦まで

神聖のやかたなるべき議事堂に悪罵乱闘の声みつるとは

国のため懇談熟議すべき場所動物園となりにけるかも

我国人の喪心状態を嘆きて

愕きて気をうしなえる姿かも我同胞の今日の振舞

首相の選挙日

乱れゆく人の心に競うてや雨風あれぬ議事堂の空

衆議院の解散を説く者を戒む

国権の最高機関解散の力はあらじ神のほかには

世を挙げて凡て狂えるさまを見て我れ狂えりと惑いけるかな

九十歳を越えてふみ行く我が道は正しかるらん求めなければ

国よりも党を重んじ党よりも身を重んじる人のむれかな

ワシントン府ポトマック河畔の桜樹三千株は東京市長たりし余が寄贈したるもの

人の世は移り変われどこの花は永く栄えて好意《よしみ》結ばん

ポトマック河畔にて

真珠湾奇襲の年も桜花ここに栄えて春飾りけん

瀕死の重病より奇跡的に癒えたりと主治医よりの報告をききて、昭和二十七年三月一日

はしたなき命なれども捧げなん百年までは国救うため

6　尾崎行雄の著書

『公会演説法』丸屋善七、一八七七年
『権理提綱』（ハーバート・スペンサーの抄訳）丸屋善七、一八七七年
『続公会演説法』丸屋善七、一八七九年
『米州連邦治案策』慶応義塾出版部、一八七九年
『泰西名家幼伝』集成社書店、一八八〇年
『尚武論』新潟新聞社、一八八〇年
『演釈推理学』丸屋善七、一八八二年
『英国議院政治論・内閣会議編』自由出版会社、一八八二年
『同　・至尊一名王室編』自由出版会社、一八八二年
『同　・内閣更迭史』自由出版会社、一八八二年
『同　・首巻総論並制度沿革史』自由出版会社、一八八二年
『同　・王権政府会議編・議院政府枢密院編』自由出版会社、一八八二年
『同　・内閣執政編』自由出版会社、一八八三年
『同　・王権編』自由出版会社、一八八三年
『通俗地租改正私議』丸善書籍店、一八八五年
『経世偉勲　前編』集成社書店、一八八六年
『同　後編・付外編』集成社書店、一八八六年
『新日本　初巻』集成社書店・博文堂書店、一八八六年
『同　二巻』集成社書店・博文堂書店、一八八七年
『小年論』博文堂書店、一八八七年

『志士処世論』博文堂書店、一八八七年
『退去日録』集成社・博文堂、一八八八年
『帝室論付伊太利国王の言行一班』博文堂・朝陽堂、一八八八年
『信任投票の原理・国会解散の準備』博文堂、一八九一年
『内治外交』博文堂・朝陽堂、一八九三年
『咢堂集』読売新聞社、一九〇九年
『学問と生活』大日本国民中学会、一九〇九年
『咢堂回顧録』実業之日本社、一九一三年
『咢堂叢書』国民書店、一九一七年
『立憲勤王論』秀英社、一九一八年
『戦後の列強』耕文社、一九一八年
『英文・立憲勤王論』ケリー・アンド・ウオルシKK、一九一八年
『欧米の空気』冨山房、一九二〇年
『我思う所・軍備制限について』文会堂書店、一九二一年
『我思う所・政界革新について』文会堂書店、一九二一年
『軍備制限論』紀山堂書店、一九二一年
『政戦余業第一輯』大阪毎日新聞社、一九二三年
『同第二輯』大阪毎日新聞社、一九二三年
『咢堂漫筆』大阪毎日新聞社・東京日々新聞社、一九二三年
『普選の準備』報知新聞社、一九二五年
『政治読本』日本評論社、一九二五年
『婦人読本』日本評論社、一九二六年
『咢堂漫談』日本評論社、一九二九年
『軍備制限』日本評論社、一九二九年
『日本はどうなる?』昭和出版協会、一九三一年
『世界審判の岐路に立つ日本』千倉書房、一九三二年
『Japan at the Cross roads』ロンドンにて発行、一九三三年
『外遊断想』中央公論社、一九三四年
『近代快傑録』千倉書房、一九三四年

『随想録』紀元社、一九四六年
『政府・与党に与う』立川印刷所、一九四六年
『回顧漫録』岩波書店、一九四七年
『明日の日本のために』万世書房、一九四七年
『日本国民に告ぐ』香柏書房、一九四七年
『民主政治読本』日本評論社、一九四七年
『咢堂自伝』大阪時事新報社、一九四七年
『人生を語る』研文書院、一九四八年
『客と語る』太平社、一九四八年
『わが遺言』国民図書刊行会、一九五一年
『咢堂回顧録上』雄鶏社、一九五一年
『咢堂回顧録下』雄鶏社、一九五二年
『民憲闘争七十年』読売新聞社、一九五二年
『処世記』千倉書房、一九三五年
『人生の本舞台』青光社、一九三五年
『咢堂自伝』咢堂自伝刊行会、一九三七年
『日本はどうなるか』五城楼、一九三七年
『日本の進むべき道―敢て全国民に問う』時局社、一九三七年
『日本憲政史を語る上』モナス、一九三八年
『日本憲政史を語る下』モナス、一九三八年
『風雲閑話』岡倉書店、一九三八年
『咢堂放談』今日の問題社、一九三九年
『敗戦の反省』岩波書店、一九四六年
『国民政治読本』明文堂、一九四六年
『戦時回想』明文堂、一九四六年

7　尾崎行雄に関する参考文献

桐井宗雄『大臣になるまで―尾崎咢堂』国民書院、一九一三年
桐井宗雄『咢堂評論』同人発行、一九一三年

九一六年
桐井宗雄『大正の青年と尾崎行雄』大文館、一九一七年
『尾崎行雄全集』一〇巻、平凡社、一九二六年
鈴木正吾編『咢堂座談』戊辰倶楽部、一九二八年
伊佐秀雄『尾崎行雄その人と思想』朋文堂、一九四五年
伊佐秀雄『尾崎行雄伝』一洋社、一九四七年
伊佐秀雄『偉人尾崎行雄』文宣堂、一九四七年
伊佐秀雄『尾崎行雄の行き方』文苑堂、一九四七年
伊佐秀雄『尾崎行雄』文苑堂、一九四七年
真下五一『尾崎行雄物語』目黒書店、一九五一年
伊佐秀雄『尾崎行雄伝』尾崎行雄伝刊行会、一九五一年
高野清八郎『人間尾崎行雄』新使命社、一九五三年
尾崎咢堂全集編集委員会編『尾崎咢堂全集』尾崎行雄記念財団、一九五五年
石田秀人『咢堂言行録』時局社、一九五八年
伊佐秀雄『尾崎行雄』吉川弘文館、一九六〇年
沢田謙『尾崎行雄』上・下、尾崎行雄記念財団、一九六一年
NIRA研究報告書『尾崎行雄の政治理念と世界思想の研究』総合研究開発機構、一九九二年
川越智子『まんが尾崎咢堂』尾崎行雄を全国に発信する会、一九九四年
相馬雪香『心に懸ける橋』世論新報社、一九九五年
竹田友三『憲政の人・尾崎行雄』同時代社、一九九八年
上田博『尾崎行雄―『議会の父』と与謝野晶子』三一書房、一九九八年
相馬雪香・富田信男・青木一能編著『咢堂　尾崎行雄』慶応義塾大学出版会、二〇〇〇年

なお、尾崎行雄記念財団からVTR『遙かな道―尾崎行雄』が出されている。

8 尾崎行雄関係の記念館・団体

憲政記念館（尾崎メモリアルホール）

（東京都千代田区永田町一―一―一）

国会議事堂前の公園の中にある。もとは尾崎記念会館として建てられたが、衆議院に寄付され、憲政一般の記念館となった。入口に「尾崎行雄の銅像」が立っているのは、そういう経緯があったからである。玄関を入ると直ぐの右手に「尾崎メモリアルホール」があり、その隣に「尾崎行雄記念財団」の事務局がある。

尾崎行雄記念財団

（東京都永田町一―一―一憲政記念館内）

尾崎行雄の調査研究をはじめ議会政治・民主主義の向上発展と世界平和に寄与するための活動を行っている。一九五六年に設立された民間公益法人。時の衆議院議長が会長を務める。機関誌（月刊）「世界と議会」の発行、講演会・シンポジウムの定期開催、「尾崎咢堂賞」選定、「咢堂塾」など幅広い活動を行っている。ビデオ「遙かな道―尾崎行雄」も作製された。

尾崎咢堂記念館・尾崎行雄を全国に発信する会

（神奈川県津久井町又野）

尾崎行雄の旧生家跡地に建てられた町立の記念館。同所を事務局に「尾崎行雄を全国に発信する会」が設立され、川越智子『まんが尾崎咢堂』の出版など、活発に活動している。

尾崎咢堂記念館・咢風会

（三重県伊勢市川端町）

尾崎行雄の旧宅を伊勢市に寄付し、記念館が建てられた。尾崎の生存中は、地元の拠点として長男彦麿氏が居住し、後援会として「咢堂会」が組織され、尾崎の選挙を担った。咢堂の死後、記念館の設立とともに、咢堂会も解散となったが、一九九四年（平成六）「咢風会」が結成された。阿竹仙之助会長、副会長に、林金之助、倉井藤三、加藤一子、土井孝子の四氏、事務局長馬瀬安男氏、で活発に活動している。近年女性部と青年部が設置され、「はなみずきの女王」の選出によるアメリカの「さくらの女王」との交流などが行われている。九八年から竹田友三氏が会長となり、二〇〇〇年七月から中村計吾氏が会長となっている。

松阪大学尾崎行雄政治研究会

（三重県松阪市久保町松阪大学内）

尾崎行雄の地元ということで、阪上が中心になって設立した。阪上ゼミの学生と市民の有志で組織され、研究会や政治に関する討論会などを咢風会の協力を得て行っている。大学祭では、「尾崎行雄展」を開催するほか、十二月に津リージョンプラザで、尾崎行雄展と「韓国理解の夕べ」などのイベントを行うなどの活動を展開している。また、松阪大学地域社会研究所の研究助成を得て、「尾崎行雄の選挙実態調査」を行った。

咢風会発行の「尾崎行雄の生涯」　絵と文　石田正一

尾崎行雄の生家跡地に建つ、尾崎咢堂記念館（神奈川県津久井町）

伊勢市の尾崎旧宅の尾崎咢堂記念館（三重県伊勢市）

◀松阪大学尾崎行雄政治研究会・咢風会共催の「尾崎行雄展」。毎年松阪大学SHOREI祭と津リージョンプラザで開催している。

（第3種郵便物認可）

民主政治　世界平和

尾崎行雄に学ぼう

松阪大に15日「政治研」発足

『語る会』で旗揚げ

研究会や機関誌を発行

松阪大学（松阪市久保町）の阪上順夫教授や同大学の学生が中心になって「松阪大学尾崎行雄（尾崎咢堂）政治研究会」が設立されることになった。十五日に研究会の発足を兼ねた「二十一世紀の日本をどうするか」を語る会が、同大学で開かれる。

三重が生んだ偉大な政治家・尾崎行雄

尾崎（一八五八―一九五四）は三重の生んだ偉大な政治家。日本の民主政治の発展に大きな実績を残し世界連邦設立という二十一世紀の世界平和への目標を示した。総選挙で二十五回当選。大隈内閣の法相、東京市長も務め、潔癖孤高の政治家として知られる。

研究会は、この尾崎の政治、思想の調査・研究を地元大学として深め、尾崎精神の普及を図る一方、日本や世界の政治についても研究し、尾崎の目指した民主政治、世界平和の実現に努めるのが目的という。

尾崎の死後半世紀近くがたち、名前すら忘れられようとしていることから、尾崎行雄記念財団（東京）の理事も務める阪上教授らが発起人となり、会を組織することにした。会は同大学の教職員と学生を中心に組織するが、趣旨に賛同する人はだれでも参加できる。

研究会では発足後、伊勢市の尾崎咢堂記念館に事務局を持つ「咢風会」や尾崎行雄記念財団とも協力。毎月の研究会のほか、機関誌の発行など幅広い活動を展開し、目的の達成に努めることにしている。

十五日の語る会は「日本の政治の転換点―総選挙の課題」「今こそ尾崎行雄の政治理念を」と、二十日投票の総選挙にも目を向け、咢風会の協力を得て開催。阪上教授の基調講演の後、咢風会の倉井藤三、加藤一子両副会長が尾崎の思い出や現代政治への尾崎精神の必要性などを中心に語る。

午後四時三十分からで、参加無料。一般の聴講を呼び掛けている。阪上教授は「日本の現在の政治は、転換期、混乱期にあり、今こそ尾崎の求めた政治、世界連邦の理念が必要ではないか」と話している。

▶松阪大学尾崎行雄政治研究会発足の報道（一九九七年十月三日付、中日新聞）

初出一覧

三　日本の選挙の問題点と咢堂選挙
（総合研究開発機構「尾崎行雄の政治理念と世界思想の研究」一九九二年、所収―第四章　明るい選挙と尾崎行雄）（修正）

四　尾崎行雄の選挙の足跡
（「松阪大学地域社会研究所報」第九号、一九九七年、所収―「尾崎行雄と三重県（民）」）（修正）

五　尾崎行雄の選挙を支えた人々
（「松阪大学地域社会研究所報」第十号、一九九八年、所収―「尾崎行雄の選挙実態調査報告(1)」、同　第十一号、一九九九年、所収―「尾崎行雄の選挙実態調査報告(2)」）

七　二一世紀日本の民主主義の危機と咢堂精神
（飯塚繁太郎・片岡寛光・阪上順夫・富田信男編「民意・政党・選挙」一九九八年、新評論、所収―「二一世紀日本の民主主義の危機」）（加筆・修正）

その他は、新たに書き下したものである。

■著者紹介

阪上順夫（さかがみ　のぶお）

1932年　東京に生れる。東京教育大学文学部法律政治学科卒業、東京都立大学大学院博士課程修了（政治学専攻）。教育学博士（筑波大学）。国立国会図書館、埼玉大学を経て東京学芸大学教授（1996年定年退官）、1975—6年英国エセックス大学に文部省在外研究員。

現在、松阪大学政策学部教授、東京学芸大学名誉教授
中央選挙管理会委員、尾崎行雄記念財団理事、日本政治総合研究所運営委員、日本公民教育学会顧問、日本社会科教育学会顧問、全国疎開学童連絡協議会会長、松阪まちづくりセンター理事長

主要著書

『現代選挙学』『日本選挙制度論』『現代選挙制度論』（以上政治広報センター）、『社会科における政治教育』『戦争体験の教材化』（以上明治図書）、『平成の政治学』『小選挙区制が日本をもっと悪くする』（以上ごま書房）、『現代政治教育論』『21世紀を創造するための社会科教育の改革』（以上東京書籍）、『現代における政治教育の研究』（第一学習社）、その他、著書・論文多数

松阪大学地域社会研究所叢書 2

尾崎行雄の選挙
—世界に誇れる咢堂選挙を支えた人々—

二〇〇〇年三月二八日初版第一刷発行©

著　者　阪上順夫
発行者　廣橋研三
発行所　和泉書院

〒543-0002　大阪市天王寺区上汐五-三-八
電話　〇六-六七七一-一四六七
振替　〇〇九七〇-八-一五〇四三

印刷・製本　亜細亜印刷
装訂　濱崎実幸

ISBN 4-7576-0091-7 C3331